# MÉMOIRES
## DU
# DUC DE ROVIGO,

POUR SERVIR A L'HISTOIRE

DE

L'EMPEREUR NAPOLÉON.

TOME PREMIER.

PARIS,
A. BOSSANGE, RUE CASSETTE, N° 22.
MAME ET DELAUNAY-VALLÉE, RUE GUÉNÉGAUD, N° 25.
1828.

# HISTOIRE
# CONTEMPORAINE.

DE L'IMPRIMERIE DE CRAPELET,

RUE DE VAUGIRARD, N° 9.

# PRÉFACE.

On m'a accusé d'avoir été le séide de l'empereur, et de l'être encore.

Si on entend par là d'avoir compris que les convulsions qui ont agité le monde, n'étaient autre chose que la lutte des principes de la révolution contre ceux de l'aristocratie européenne; si on entend par là que je n'ai pas songé à mettre de borne à l'étendue de mes devoirs; oui, je fus le séide de Napoléon.

Si se souvenir des bienfaits au temps des revers, si ne pas abandonner son chef après sa chute, si se résigner à l'exil pour avoir voulu partager le sien, si ne pas craindre de braver l'inimitié de ses ennemis, naguère ses courtisans ; si rendre hommage à sa mémoire lorsqu'il n'est plus, c'est être séide ; oui, je suis encore le séide de Napoléon.

Ce grand homme m'a honoré de sa confiance; j'étais près de lui sur les champs de bataille, il m'a appelé près de sa personne dans le conseil, il m'a donné des preuves éclatantes de bienveillance, j'oserais presque dire d'affection ; pouvais-je, devais-je y répondre autrement que par un dévouement sans bornes! fallait-il, tout couvert que j'étais de ses bienfaits et investi de sa confiance, fallait-il m'ériger en censeur au moment du danger et offrir du blâme au lieu d'aide. Le rôle de censeur est commode et facile, mais ce n'est pas le plus honorable à jouer. Ce n'est pas celui que j'ai choisi : qu'on ne s'attende donc pas à trouver dans ces Mémoires de longues critiques ou de graves dissertations politiques; je n'ai pas voulu écrire autrement que je n'ai agi.

# PREFACE.

On a cherché à calomnier le beau et noble caractère de l'empereur, c'est tout simple, il n'a plus rien à donner; mais si faire son éloge était faire sa cour au pouvoir, que de gens rassembleraient complaisamment leurs souvenirs, et retrouveraient tout à coup la mémoire.

On a voulu peindre l'empereur comme un homme insatiable de guerres, et cette idée, qui sera reconnue fausse, passe encore pour vraie dans beaucoup de bons esprits; j'espère que la lecture de ces Mémoires contribuera à les éclairer. Napoléon avait essentiellement besoin de la paix; chef d'une dynastie née au milieu de la guerre, le repos seul pouvait la consolider.

Je m'attache à faire connaître l'empereur tel qu'il était et tel que je l'ai connu; mais je cherche plus encore à faire connaître les motifs des actes de sa politique.

J'ai passé rapidement sur les récits de batailles et sur les opérations militaires, non pas que je les trouvasse dénués d'intérêt, mais parce que plusieurs habiles généraux ont rempli cette tâche avec un talent supérieur et digne du génie dont le nom brille dans chacune de leurs pages.

Je ne sais si un auteur doit compte au public des motifs qui l'ont déterminé à écrire; mais quant à moi, je n'ai aucune objection à dire les miens.

Prisonnier à Malte, pendant que l'empereur était captif à Sainte-Hélène, j'ai vu, à mon retour en France, que de généreux amis, et quantité de fonctionnaires bien intentionnés, avaient trouvé commode de se justifier à mes dépens. Il faut que la calomnie soit une fort belle chose par elle-même, car, bien qu'on la méprise, force

## PRÉFACE.

est d'y répondre. Je n'ai cru pouvoir mieux faire que de publier mes Mémoires.

Aussitôt que j'ai fait connaître cette intention, une grande inquiétude s'est manifestée; beaucoup d'existences se sont crues compromises ; l'alarme s'est répandue, et quelques consciences se sont troublées. Sans doute, personne mieux que moi ne pourrait faire des mémoires de scandale, car je n'ai rien oublié de ce que j'ai su ; mais qu'on se rassure. J'aime à penser qu'on conviendra tout au moins de ma modération, et si je faisais un usage plus étendu des nombreux documens secrets que je possède, il n'y aurait pas de ma faute.

Quelques amis ont cherché à me persuader que je ferais mieux de différer la publication de mes Mémoires, et de laisser ce soin à mes enfans. J'ai été sensible à la bonne intention qui les dirigeait, et cependant je publie, parce que je ne partage pas leur opinion. C'est pendant que j'existe encore que j'ai voulu que ces Mémoires parussent; je suis encore là, du moins, pour convenir de mes erreurs si j'en ai commis; mais je suis encore là aussi pour répondre aux attaques calomnieuses; il m'a semblé d'ailleurs qu'il y avait plus de courage et de loyauté à choisir, pour parler, le moment où il y a encore tant de témoins qui peuvent me réfuter.

J'ai occupé de grands emplois, j'ai reçu de grands honneurs, j'ai joui d'une immense fortune; on se console de perdre tout cela; mais on ne se console pas de se voir attaquer dans ce que tout homme de cœur a de plus cher. J'aime à penser que la lecture de ces Mémoires prouvera que si j'ai été honoré de la confiance et comblé des faveurs du plus grand homme des temps modernes, j'ai su les mériter par mes services et y répondre par un dévouement honorable.

Je ne dis plus qu'un mot. Je n'ai pas cherché à faire une œuvre littéraire : le lecteur trouvera donc sans doute beaucoup de négligences dans mon style; on ne me les reprochera pas, car je raconte, je ne compose pas; et d'ailleurs, mes compagnons d'armes savent que le talent d'écrire a toujours été chez moi la disposition la moins développée. J'aurais pu emprunter le secours d'une plume étrangère et plus exercée, le public y aurait sans doute gagné, mais son jugement n'aurait pas été aussi rigoureux que si je me montre à lui tel que je fus et tel que je suis.

# MÉMOIRES
## DU
# DUC DE ROVIGO,
### POUR
### SERVIR A L'HISTOIRE
### DE L'EMPEREUR NAPOLÉON.

## CHAPITRE PREMIER.

Entrée au service. — Les représentans du peuple aux armées. — Exécution de M. de Tosia. — Je suis en danger d'être arrêté comme royaliste. — Premiers faits d'armes. — Intelligences de Pichegru avec le prince de Condé. — Périlleuse mission à l'armée de Sambre-et-Meuse. — Pichegru, soupçonné, est remplacé par Moreau. — Je suis nommé chef de bataillon, au passage du Rhin. — Cessation des hostilités après les préliminaires de Léoben. — Aide-de-camp du général Desaix ; je l'accompagne à Paris.

Fils d'un officier qui avait vieilli sous les drapeaux, et qui n'avait obtenu, pour prix de ses longs services, que le grade de major et la croix de Saint-Louis, je finissais à peine mes études lorsque la révolution éclata. J'avais ma fortune à faire. La carrière des armes pouvait seule m'offrir des chances d'arriver au but : je résolus d'en courir les hasards.

Mon frère aîné servait dans l'artillerie ; mon père désirait que j'y entrasse aussi, parce que l'avancement y était fixé de manière à ce qu'il n'y eût pas de passe-droit à redouter ; mais je préférais la cavalerie ; et bien qu'alors on regardât cette arme comme fort dispendieuse et convenable seulement aux jeunes seigneurs riches, je persistai à y entrer. Il me sembla qu'une résolution forte, du courage, et mon épée, devaient suppléer au défaut de fortune.

Je partis pour rejoindre le régiment de Royal-Normandie, où mon père avait servi, et qui était alors en marche pour se réunir à la petite armée que rassemblait M. de Bouillé, pour soumettre la garnison de Nancy révoltée. J'arrivai au moment décisif ; de sorte que, dès mon entrée au service, ma première nuit se passa au bivouac, et le premier jour je fus au feu.

Je faisais partie du corps qui entra par la porte de Stainville, et le premier mort que je vis fut le brave chevalier des Isles, tué par ses propres soldats en voulant les empêcher de faire feu sur nous. Quelques jours après cette expédition, M. de Bouillé renvoya son armée dans ses garnisons. Ce général avait pour le régiment dans lequel je venais d'entrer une bienveillance particulière, et le régiment tout entier y répondait par un dévoûment sans bornes : mais qu'il n'eut plus occasion de lui prouver.

A cette époque, la plus grande partie des officiers de grosse cavalerie professaient des principes opposés à ceux qui se manifestaient déjà de toutes parts ; aussi s'attirèrent-ils l'animadversion des novateurs. Les provocations et les menaces amenèrent des résistances ; les proscriptions suivirent. Les officiers de Royal-Pologne égorgés à Lyon, ceux de Royal-Berri guillotinés à Paris, ceux de Royal-Bourgogne destitués en masse, ceux de Royal-Navarre poursuivis à Besançon et obligés de quitter la ville, en furent les victimes. Nous dûmes craindre à notre tour ; mais heureusement pour nous la déclaration de guerre vint faire diversion.

Nous fûmes dirigés sur Strasbourg. C'est alors que je fis la connaissance de Desaix, et que je fus assez heureux pour me lier d'amitié avec lui. Il était alors capitaine, et aide-de-camp du prince Victor de Broglie, chef d'état-major de l'armée qui se rassemblait sur ce point. Peu après survint le 10 août, qui servit de prétexte à de nouvelles violences. Le prince de Broglie fut destitué, et Desaix fut attaché au corps du général

Biron. Les officiers de mon régiment furent presque tous obligés de quitter le service ; quelques uns émigrèrent, presque tous se retirèrent dans leurs terres. Je me trouvai sous les ordres du général Custine.

Sur ces entrefaites, l'invasion de la Champagne eut lieu. Verdun et Longwy avaient été livrés. L'armée rassemblée entre Landau et Wissembourg marcha par la Lorraine pour rejoindre l'armée qui combattit à Valmy, et arrêta les Prussiens. En même temps, nous avions pris Mayence, franchi le Rhin et poussé jusqu'à Francfort. Ces succès firent éclater une joie qui ne fut pas de longue durée. Les revers suivirent : battus presque partout, nous fûmes ramenés jusque sous Landau, après avoir laissé garnison à Mayence.

C'est par les assertions les plus ridicules et par les soupçons les plus absurdes qu'on voulut expliquer ces défaites, et nous vîmes arriver des représentans du peuple aux armées. Envoyés pour découvrir de prétendues conspirations, ils ne voulaient voir partout que des conspirateurs, et je dois le dire, ils ne trouvèrent que trop de misérables que l'espoir des récompenses fit descendre au rôle de délateurs. On a dit que, dans un temps de désordre et d'anarchie, l'honneur français s'était réfugié aux armées. On put dire aussi que, avec ces proconsuls d'espèce nouvelle, la méfiance vint s'y établir. On s'évitait; chacun craignait celui qui jusqu'alors avait été son plus dévoué compagnon d'armes; mais surtout on fuyait un représentant du peuple presque comme on fuit une bête enragée. Chose étrange! pendant que leurs mesures de terreur l'inspiraient autour d'eux, leurs décisions, qu'ils rendaient avec toute l'importance de l'ignorance, les couvraient de ridicule. On riait de pitié tout en frémissant d'horreur.

Aux lignes de Weissembourg, on nous fit un jour monter à cheval à huit heures du matin, pour reconnaître comme général de brigade un certain chef d'escadron de dragons, nommé Carlin. A onze heures, on nous y fit monter de nouveau, pour le reconnaître comme général de division! Le lendemain, il était à l'ordre comme général en chef. La perte des lignes de Weissembourg eut lieu quelques jours après, avant que le nouveau général eût eu le temps de les parcourir! il ramena l'armée à Strasbourg, y trouva sa destitution, et s'il ne fut pas condamné à Paris, c'est qu'il y fut protégé par son incapacité, qu'on reconnut. On croyait alors que le meilleur moyen de se justifier des malheurs publics ou des revers de la guerre, était de faire tomber sous le *glaive de la loi* les braves que le fer de l'ennemi avait épargnés. Sur les champs de bataille, la mort vole au hasard, mais là, elle mettait du discernement dans le choix des victimes. Qui pouvait se croire à l'abri de ses coups? MM. de Custine, de Biron, de Beauharnais, périrent sur l'échafaud. Dumouriez ne sauva sa tête que par une prompte fuite.

J'ai vu arrêter M. de Tosia, colonel du régiment Dauphin, cavalerie, sur la dénonciation d'un maréchal-des-logis de son régiment, qui avait eu l'audace de s'adresser au représentant du peuple en pleine revue. Tosia fut traduit à l'instant même à la commission militaire, qui était toujours en permanence, et fusillé deux heures après la dénonciation.

Je ne me souviens pas si ce maréchal-des-logis, nommé Padoue, a été récompensé, mais je me souviens parfaitement qu'il devint l'objet de l'exécration de toute l'armée.

A cette même époque, je rencontrai de nouveau le général Desaix; à la suite de quelques actions d'éclat, il avait été nommé adjudant-général, et commandait l'avant-garde sur la route de Strasbourg au Fort-Louis. Il m'apprit que mon colonel, quelques officiers et moi avions été dénoncés comme fort suspects, et que je devais agir avec prudence. La position était grave, comme on va le voir, et l'événement prouva que Desaix était bien instruit.

A quelques jours de là, j'étais de grand'garde en face du village de Hofeld, sur la route de Saverne à Haguenau, lorsque mon domestique vint m'y joindre et m'apprendre que le colonel venait d'être arrêté, qu'on me cherchait, et que je n'avais pas un instant à perdre pour me sauver. L'honnête garçon était si persuadé que j'allais prendre la fuite, qu'il m'apportait mon bagage; mais, quelque pressant que fût le danger, pouvais-je quitter le poste dont le commandement m'avait été confié? D'ailleurs, je pouvais prendre des dispositions afin d'être informé à temps si on était venu me chercher aux avant-postes : je préférai attendre l'événement.

On vint relever le poste, et l'officier qui venait me remplacer me tira d'anxiété en m'apprenant que, satisfaits sans doute d'avoir enlevé le colonel et un autre officier, les gendarmes étaient partis avec leurs prisonniers sans reparler de moi. Quoi qu'il en soit, je me tins pour bien averti, et, au lieu de retourner au régiment, je fus rejoindre l'adjudant-général Desaix à son avant-garde, sur la route de Strasbourg à Fort-Louis; mais comme j'aurais pu le compromettre en restant près de lui, j'obtins du lieutenant-colonel d'être attaché, en qualité d'officier d'ordonnance, au quartier-général de l'armée.

Sur ces entrefaites, le général Pichegru vint prendre le commandement en chef de l'armée. Dès son arrivée il se prononça ouvertement contre les mesures de terreur que déployaient les représentans du peuple ; dès son arrivée aussi il se disposa à reprendre vivement l'offensive. Le jour même où l'armée commença son mouvement le général en chef me confia une mission pour l'armée de la Moselle, à notre gauche. Je me hâtai de la remplir, et comme je revenais on se battait entre Belheim et Haguenau. Je ne tardai pas à reconnaître que c'était mon régiment et le 11e de cavalerie qui étaient aux prises avec le corps émigré que commandait le duc de Bourbon. C'était une belle occasion que le ciel m'envoyait. Je courus prendre ma part du danger ; je me mis à la tête de mon peloton, et je fus assez heureux pour me faire remarquer. Après l'action, je fus en rendre compte au général en chef, et ma bonne fortune voulut qu'il se trouvât dans ce moment avec le représentant du peuple. Je profitai de la circonstance pour parler de moi, et Pichegru prenant mon parti assura ma tranquillité d'un seul mot.

Quoique fort jeune alors, j'étais déjà connu à l'avant-garde de l'armée. Dur à la fatigue, sobre par habitude, ayant fait preuve de quelque témérité, et doué par la nature d'une bonne mé-

moire, j'étais devenu l'objet des préférences de
mes chefs, quand il s'agissait d'exécuter quelque
entreprise hasardeuse, et je fus bientôt attaché
au général Ferino en qualité d'aide-de-camp.
Par malheur, ce général, qui avait été quelque
temps au service d'Autriche, était inexorable
pour les moindres fautes de discipline ; l'extrême licence des nouvelles recrues le mettait
en fureur ; il n'en pouvait cacher son mécontentement; aussi fut-il bientôt destitué.

Je me serais trouvé sans emploi, si Desaix,
devenu général de division, ne m'eût appelé
près de sa personne, et je fis avec lui le blocus
de Mayence pendant ce rigoureux hiver qui
fut signalé par la conquête de la Hollande. L'amitié de Desaix pour moi ne se démentait pas ;
il m'employait activement à toutes les affaires
d'avant-poste, genre de guerre qu'il aimait,
parce qu'il y trouvait l'occasion de former les
jeunes officiers sur lesquels il avait des projets.

Avant la fin du blocus de Mayence, Pichegru
revint de Hollande prendre le commandement
de l'armée du Rhin. Il la trouva dans un état de
délabrement complet. Le Directoire lui enjoignait de passer le Rhin entre Brissac et Bâle, et
il ne trouvait dans les arsenaux aucun des objets indispensables pour cette opération. Il n'en
cacha pas son mécontentement, et le ton de ses

dépêches s'en ressentit. J'ai toujours cru que ce fut alors que germèrent dans son esprit les sentimens haineux qui plus tard lui firent commettre une action criminelle.

La division du général Desaix avait quitté le blocus de Mayence pour prendre position entre Brissac et Bâle. Son avant-garde était commandée par Bellavene, et j'étais attaché à l'état-major, dont le quartier-général était à Ottmarsheim. Le corps de Condé était campé à Neubourg, sur la rive droite en face. Je commençai à remarquer que le général Pichegru allait bien souvent à Bâle, quoique son quartier-général fût à Illkirck près Strasbourg.

Un jour qu'il retournait de Bâle à son quartier-général, il me fit appeler, et me donna une lettre à porter à M. Bacher, notre chargé d'affaires à Bâle, qui devait me remettre une réponse pour Illkirck ; et comme à cette époque il n'y avait pas un écu dans les caisses de l'armée, je remarquai que le général avait établi des relais à poste fixe pour que la communication fût plus facile. Pendant quinze jours je fus toujours sur cette route, et certes, je ne me doutais guère que je portais les lettres destinées au prince de Condé.

Nous nous attendions à passer le Rhin dans ces parages, lorsque tout à coup nous reçûmes l'ordre de partir pour Manheim, qui venait d'ouvrir ses portes d'après une influence intérieure toute dévouée à la France. Le général Pichegru avait chargé le général Desaix de prendre l'offensive sur la rive droite, et obtenu le rappel du général Ferino. Ce dernier voulut bien témoigner le désir de m'avoir près de lui. Le général Desaix m'ayant engagé à ne pas refuser, je suivis son conseil, et joignis le général Ferino à Manheim.

L'armée ne tarda pas à s'ébranler; elle s'avançait par les deux rives du Necker, lorsqu'elle vit déboucher les Autrichiens qui venaient à sa rencontre. L'action s'engagea; nous succombâmes, et fûmes vivement ramenés. Les troupes qui occupaient les lignes de Mayence ne combattirent pas d'une manière plus heureuse. Elles firent une perte d'artillerie énorme, et furent rejetées dans la direction de Kaiserlautern.

Le général Pichegru, dont ce double revers compliquait la position, fut obligé de repasser le Rhin au plus vite, et vint s'établir sur la petite rivière de Pfrim pour recueillir les fuyards. La position devenait difficile; il n'y avait qu'une prompte coopération de l'armée de Sambre-et-Meuse qui pût garantir la Lorraine et l'Alsace d'une invasion : il importait donc qu'elle fût prévenue sans perdre de temps.

La mission était délicate. Sur l'indication du général Desaix, Pichegru me la confia. J'associai Sorbier, un de mes camarades, à ma périlleuse entreprise, afin qu'il pût prendre les importantes dépêches, si je venais à être tué.

Nous nous mîmes à la tête de cinquante cavaliers choisis, tous gens audacieux et intrépides, et quittâmes l'armée à la nuit tombante. A l'aide des précautions que des officiers d'avant-garde ne doivent jamais négliger, nous traversâmes tout le pays qu'occupaient les troupes légères autrichiennes, et nous eûmes le bonheur d'atteindre Kaisemark sur la Nahe, où nous joignîmes la division Marceau, de l'armée de Sambre-et-Meuse. Nous lui remîmes nos dépêches; et, comme il importait que le général Pichegru fût fixé au plus vite sur la position qu'occupait le général Jourdan, nous nous hâtâmes de partir pour le rejoindre. Nous ne savions trop cependant quelle direction nous devions prendre; car l'armée devait avoir continué son mouvement. Redoublant de précautions, ne marchant que la nuit, évitant les villages, nous arrivâmes enfin à la hauteur d'Allzée.

Le jour naissait, quelques paysans commençaient à se répandre çà et là dans la campagne. Nous joignîmes une jeune fille, qui nous apprit que nous n'étions qu'à quelques pas des Autrichiens. Ils marchaient à nous : quelques pas encore, et nous étions découverts. Nous lançâmes une seconde fois nos chevaux à travers champs, et nous atteignîmes bientôt la route de Gremdstadt à Mayence, à une bonne lieue des avant-postes du général Desaix. A peine y fûmes-nous, que nous vîmes accourir un escadron de chevau-légers autrichiens. Il n'y avait pas à reculer ; nous fîmes nos dispositions : elles furent simples. Je dis à Sorbier de se mettre en tête du détachement et de le faire marcher par quatre, en prenant le côté gauche du chemin, de manière qu'en faisant demi-tour à droite, par quatre, nous devions avoir l'ennemi sous le coupant de nos sabres : nous fûmes bientôt vivement poursuivis. Nous nous mîmes au galop, afin de rompre l'ennemi, que nous ne pouvions aborder en masse, et faisant brusquement face en arrière, nous accablions ceux des siens qui s'abandonnaient trop imprudemment à leur ardeur. Nous fîmes cette manœuvre deux ou trois fois, et à chaque fois nous prîmes quelques hommes et quelques chevaux. Néanmoins nous n'étions pas hors de danger, mais heureusement le feu des carabines fut entendu des avant-postes, d'où on envoya un détachement à notre secours.

Cette expédition nous valut les félicitations du corps d'armée : le général Pichegru y joignit la sienne, et le général Desaix me témoigna plus de bienveillance que jamais.

Le jour même Pichegru, pressé par l'armée autrichienne, se mit en mouvement pour se porter sur Landau. Il prit position derrière le Queich ; l'avant-garde en avant de Landau, où, en cas de blocus, le général Ferino eut ordre de se renfermer. Il y était depuis quelques jours, lorsqu'un parlementaire autrichien vint proposer un armistice, qui devait être commun aux deux armées du Rhin et de Sambre-et-Meuse. Ce fut le premier armistice conclu dans le cours de cette guerre.

Pichegru profita de ce moment de repos pour se rendre à Paris. Il s'y plaignit vivement de l'état de dénûment dans lequel on laissait l'armée. Le Directoire, qui n'aimait pas à rencontrer des difficultés de ce genre, lui déclara que s'il trouvait le fardeau trop lourd, il pouvait le déposer. On a dit, depuis, que déjà le Directoire commençait à soupçonner ses manœuvres : je ne saurais l'assurer; mais ce qu'il y a de certain, c'est que l'armée, qui n'avait aucune connaissance de la perfidie de son général, crut qu'il n'avait été sacrifié que pour avoir trop chaudement pris ses intérêts.

Moreau, qui avait remplacé Pichegru à l'armée du Nord, vint encore, cette fois, le remplacer à l'armée du Rhin. L'armistice fut presque aussitôt dénoncé. L'archiduc Charles avait succédé au feld-maréchal Clairfait : c'était la première fois que ce prince paraissait à la tête des armées autrichiennes; il était impatient d'en venir aux mains. Moreau, de son côté, se proposait de marcher à lui, mais il fallait franchir le fleuve : il s'appliqua à lui donner le change sur ce périlleux projet.

Il concentra ses troupes sous Landau, feignit de vouloir tenter des entreprises auxquelles il ne songeait pas; et quand tout fut prêt, tout disposé, il se porta, en deux marches, sous la citadelle de Strasbourg. Je n'étais que capitaine alors, mais j'étais déjà connu dans l'armée, et quoique d'un grade subalterne, je fus chargé d'exécuter le passage avec un bataillon qui fut mis sous mes ordres immédiats. Mes instructions portaient de me détacher, à minuit, de la rive gauche, de prendre rapidement terre à la droite, et de fixer le plus que je pourrais l'attention de l'ennemi, afin de favoriser le grand passage, qui devait se faire à Kehl. Malheureusement la nuit était noire, le fleuve très rapide; une partie de mes bateaux céda au courant, une autre s'engrava; je ne pus conduire à bon port que quelques embarcations. Je marchai néanmoins aux Autrichiens, mais j'étais si faible que je fus obligé de régagner la rive gauche, et m'estimai heureux d'y être parvenu sans accident. Je passai alors à la division de droite, que commandait le général Ferino. Nous quittâmes Kehl presque aussitôt. Nous nous portâmes sur le Brisgau; nous traversâmes la forêt Noire par le val d'Enfer, pendant que le reste de l'armée s'avançait par la route de Wirtemberg. Nous franchîmes toute la Souabe; nous marchions sans coup férir, lorsque nous rencontrâmes le corps de Condé dans les environs de Memingen. Il occupait le petit village d'Ober-Kamlach. Nous l'abordâmes. L'attaque fut vive, meurtrière : l'infanterie noble fut presque entièrement détruite, et, je dois le dire à la louange de nos troupes, quoique les animosités politiques fussent alors dans toute leur force, la victoire fut morne et silencieuse; nos soldats ne pouvaient, en contemplant cet horrible champ de carnage, retenir les regrets que leurs coups ne fussent tombés sur des étrangers.

Nous continuâmes le mouvement; nous marchâmes sur Augsbourg, qu'occupait encore l'arrière-garde autrichienne. Elle se retira; nous la suivîmes et arrivâmes sur les bords du Lech. Nous fîmes nos dispositions pour le franchir. Je fus chargé de reconnaître un gué au-dessus de Friedberg, où devait passer la division Ferino, et de conduire la colonne à la rive opposée. Mon opération réussit à souhait. J'eus le bonheur de ne perdre que quelques maladroits qui se noyèrent pour n'avoir pas su tenir le gué.

La bataille s'engagea immédiatement : nous la gagnâmes, et poursuivîmes les ennemis jusqu'à Munich. Je reçus, à cette occasion, une lettre du Directoire, qui me félicitait du courage que j'avais montré.

Pendant que nous poussions sur le Lech, l'armée de Sambre-et-Meuse, qui avait passé le Rhin à Dusseldorf, s'était portée sur la Bohême; mais soit animosité, soit défaut d'instructions, Moreau négligea les nombreux passages qui existent sur le Danube, depuis Donawerth jusqu'à Ratisbonne. Cette faute nous devint fatale. L'archiduc Charles déroba sa marche au général qu'il avait en tête, franchit le Danube à Ingolstadt, à Neubourg, et fit sa jonction avec les troupes autrichiennes qui se retiraient devant l'armée de Sambre-et-Meuse. Il reprit aussitôt l'offensive, s'avança sur Jourdan avec toutes ses forces réunies, le battit, et le poursuivit jusqu'aux bords du Rhin sans qu'il vînt à la pensée du général Moreau de répéter ce que son adversaire avait fait. Au lieu de repasser sur la rive gauche du Danube, de chercher à se rallier à l'armée de Sambre-et-Meuse, et de forcer l'archiduc à lâcher prise, il se mit en retraite avec sa magnifique armée, qui comptait plus de quatre-vingt mille combattans. Pendant qu'il rétrogradait à petites journées, l'archiduc poussait Jourdan à tire-d'ailes, et passait le Mein à Francfort. Ce fleuve franchi, il remonta rapidement la vallée du Rhin et intercepta la route de Wurtemberg. Prévenu par cette marche, à laquelle cependant il aurait dû s'attendre, Moreau fut obligé de se jeter par le val d'Enfer, et repassa le Rhin, partie à Brisach et partie à Huningue. Ainsi finit cette campagne, qui paraissait devoir amener des prodiges, et qui se termina comme l'accouchement de la montagne.

Pendant que nous faisions cette promenade militaire, le général Bonaparte poursuivait le cours de ses victoires en Italie. Les armées autrichiennes qui combattaient sur le Rhin étaient incessamment obligées d'envoyer au secours de celles qui périssaient sur l'Adige. Elles s'étaient affaiblies par les détachemens qu'elles avaient fait partir. La circonstance était favorable pour reprendre l'offensive. Le Directoire résolut de mettre en mouvement les armées de Sambre-et-Meuse et du Rhin; mais, soit qu'il fût mécontent de la mésintelligence qui régnait entre elles, soit toute autre cause, il donna le commandement de la première au général Hoche, et leur ordonna à l'une et à l'autre de repasser le Rhin.

J'étais alors aide-de-camp du général Desaix. Je fus chargé de prendre le commandement de l'avant-garde du général Vandamme, qui devait passer la première. Il fallait aborder en plein jour sous le feu des batteries autrichiennes. L'opération était périlleuse, mais tout fut au mieux; nous débarquâmes sous la protection de la compagnie d'artillerie légère que commandait Foy, depuis officier-général et député. Nous fûmes l'un et l'autre faits chefs de bataillon à cette journée.

Le général Desaix fut blessé le lendemain. Je continuai de combattre à la tête des troupes avec lesquelles j'avais franchi le fleuve. L'ennemi fut obligé de céder. Nous le suivions vivement, lorsque nous vîmes accourir à nous un officier français; c'était le général Leclerc, qui arrivait d'Italie par l'Allemagne, et venait nous donner avis des préliminaires de paix arrêtés à Léoben. Le feu cessa aussitôt, l'armée prit position, et les généraux des deux partis se réunirent pour arrêter les lignes de démarcation.

Je fus encore employé à ces conférences, qui eurent lieu à Heidelberg. J'y suivis le général Reynier, qui était chargé des intérêts de l'armée du Rhin. Tout fut bientôt réglé, et je pus rejoindre le général Desaix, qui se rétablissait à Strasbourg.

Ce fut pendant sa convalescence qu'il conçut le projet d'aller en Italie pour voir le général Bonaparte. Jusqu'alors il ne le connaissait que de renommée, mais il était grand admirateur de sa gloire. D'ailleurs, blessé de l'infériorité dans laquelle le Directoire tenait ceux qui portaient les armes, Desaix appelait de ses vœux secrets un homme de caractère et de génie qui pût remédier au mal. Le vainqueur d'Arcole devait être cet homme ; lui seul avait acquis assez d'ascendant pour se déclarer le protecteur de ceux qui s'étaient couverts de gloire aux armées.

Il voulut aller conférer avec lui, et je fus passer dans ma famille le temps qu'il employa à ce voyage. Je le rejoignis à son retour, et la paix ayant été signée sur ces entrefaites, je ne tardai pas à l'accompagner à Paris.

## CHAPITRE II.

Retour du général Bonaparte à Paris. — Réception que lui fait le Directoire. — Sa nomination à l'Institut. — Faux projet de descente en Angleterre. — Mission secrète du général Desaix en Italie. — Préparatifs pour l'expédition d'Égypte. — Bernadotte à Vienne. — Port de Civita-Vecchia. — Forçats. — Départ pour l'Égypte.

Les fureurs de la révolution s'étaient déjà calmées en France; on commençait à ne plus s'y effrayer à la seule émission d'idées raisonnables; mais rien de ce qui avait été jeté hors de son orbite, par les commotions révolutionnaires, ne pouvait encore être replacé; les destructions étaient achevées, et bien que le besoin de réédifier se manifestât déjà, il n'existait point de centre autour duquel on pût graviter avec quelque sécurité. Il ne se présentait nulle part de main assez ferme pour rassembler les débris que la tempête avait dispersés. On était en présence d'un amas de ruines; on mesurait avec effroi l'étendue, les ravages causés par la tourmente populaire, mais personne n'entrevoyait de terme à cette misère, personne n'osait envisager l'avenir.

Les chefs des différens partis de la guerre civile, que le Directoire était parvenu à désunir, pour les désarmer, plus étourdis par la gloire que nos armes avaient acquise et par la paix qui l'avait suivie, que confians dans la tranquillité qui leur avait été promise, pensaient bien qu'un gouvernement ombrageux leur ferait tôt ou tard payer chèrement la célébrité qu'ils avaient obtenue. Les têtes volcaniques paraissaient calmées, à la vérité, mais on n'osait croire qu'elles fussent rassurées, et les rivalités s'apercevaient de toutes parts, particulièrement parmi les hommes que la guerre avait formés.

Les armées du Nord et de Sambre-et-Meuse, pleines d'officiers de mérite, ne voyaient qu'avec regret la plus belle part de gloire qu'avait eue l'armée d'Italie; elles étaient envieuses des préférences du Directoire exécutif pour tout ce qui appartenait à cette armée, et offraient ainsi des moyens de trouble à des agitateurs qui se rencontrent facilement parmi des esprits médiocres, surtout après des événemens comme ceux dont on était à peine sorti. Les ambitions de toute espèce étaient en mouvement, et ne pouvaient qu'amener quelque nouveau 18 fructidor, ou tout autre événement de cette nature.

Le général Bonaparte venait de quitter l'Italie pour se rendre à Radstadt en traversant la Suisse;

son voyage n'avait été, pour ainsi dire, qu'une marche triomphale. La population entière se portait sur son passage; on le saluait comme le héros des idées libérales, comme le défenseur des intérêts de la révolution.

D'après le traité de paix, il devait se rassembler, à Radstadt, un congrès pour y régler les affaires des princes dépossédés, tant en Allemagne qu'en Italie, et sur la rive gauche du Rhin. Ce travail exigeant, par sa nature, de fort longs préliminaires d'étiquette et des renseignemens de détail difficiles à réunir, le général Bonaparte ne s'occupa, à Radstadt, que de régler sommairement les bases des opérations qui devaient occuper ce congrès.

Il revint à Paris, où l'impatience publique l'attendait pour lui voir décerner, par le gouvernement, les témoignages de reconnaissance et d'admiration qui remplissaient depuis long-temps le cœur de chaque Français.

L'automne finissait, l'hiver et ses plaisirs avaient ramené la population dans la capitale : soldats et citoyens se portèrent en foule au-devant de lui.

Le Directoire, qui avait mis en délibération s'il ratifierait les préliminaires de Léoben, se vit contraint, par cette manifestation de l'opinion nationale, de faire une réception solennelle au pacificateur qu'il avait été sur le point de désavouer.

Une estrade magnifique avait été dressée au fond de la cour du palais du Luxembourg. Le Directoire y prit place sous un dais, et le général Bonaparte lui fut présenté par M. de Talleyrand, alors ministre des affaires étrangères. Les acclamations de la multitude contrastèrent avec les éloges froids du Directoire.

A cette époque, l'armée de Sambre-et-Meuse était réunie à celle du Rhin, sous le commandement d'Augereau, qui avait commandé à Paris au 18 fructidor.

Moreau venait d'être destitué, après avoir dénoncé Pichegru, qui fut déporté à Cayenne.

Après la réception du Directoire au général Bonaparte, commencèrent les bals et les grands dîners, parmi lesquels il faut remarquer celui que lui donna la Convention nationale; il eut lieu dans la grande galerie du Muséum; la table tenait toute la longueur de ce vaste local, et cette fête n'aurait été qu'une véritable cohue, sans les grenadiers de la garde du Directoire, qui, en armes, bordaient la haie d'un bout à l'autre de la galerie, et présentaient un spectacle imposant.

A quelques jours de là l'Institut décerna une couronne au général Bonaparte; son aréopage l'élut au nombre de ses membres. Il fut reçu par M. Chénier, et sa réception eut lieu, un soir, dans la salle du Louvre, où l'Institut tenait alors ses séances. Cette salle est au rez-de-chaussée, il y a devant un balcon ou une grande tribune en menuiserie antique, et soutenue par d'énormes cariatides; c'est là que fut déposé le corps de Henri IV après que ce prince eut été assassiné. J'assistais, avec le général Desaix, à la réception du général Bonaparte : il était en costume, assis entre Monge et Berthollet; c'est, je crois, la seule fois que je l'aie vu porter l'habit de ce corps savant. Sa nomination eut l'effet qu'il en avait attendu : elle lui donna les journaux, les gens de lettres, toute la partie éclairée de la nation. Chacun lui sut gré d'avoir mêlé aux lauriers de la victoire les palmes académiques. Quant à lui, simple, retiré, en quelque sorte étranger au bruit que son nom faisait dans Paris, il évitait de se mêler d'affaires, paraissait rarement en public, et n'admettait dans son intimité qu'un petit nombre de généraux, de savans et de diplomates.

M. de Talleyrand était du nombre; il avait le commerce aimable, le travail facile, un esprit de ressources que je n'ai vu qu'à lui. Habile à rompre, à tisser une intrigue, il avait tout le manége, toute l'habileté qu'exigeait l'époque; il s'empressait auprès du général Bonaparte; il s'était fait, pour lui, intermédiaire, orateur, maître des cérémonies. Touché de tant de zèle, le général accepta son dévoûment. Cette sorte de transaction amena des bals, des soirées, où le ministre avait pris soin de rassembler les débris de la vieille bonne compagnie.

C'est dans une de ces réunions que le général Bonaparte vit madame de Staël pour la première fois. Le héros avait toujours vivement intéressé cette femme célèbre. Elle s'y attacha, lia conversation avec lui, et laissa échapper, dans le cours de cet entretien, où elle voulait s'élever trop haut, une question qui trahit l'ambition qu'elle nourrissait. « Quelle est la première femme, à « vos yeux? lui demanda-t-elle. — Madame, ré- « pondit-il, c'est celle qui fait le plus d'enfans. » Madame de Staël fut stupéfaite : elle attendait une tout autre réponse.

Mais ces félicitations, cet empressement, qui suivaient partout le général Bonaparte, ne tardèrent pas à faire ombrage aux membres du Directoire. Faibles dépositaires de l'autorité, ils sentaient l'opinion se détacher d'eux; la nation comparait leur nullité personnelle à l'illustration du héros. Ils craignirent que l'enthousiasme public n'amenât quelque mouvement, quelque entreprise contre leur pouvoir, et ne songèrent plus qu'à éloigner celui qui en était l'objet.

Le général Bonaparte jugeant encore mieux des conséquences dont pourrait être suivie la prolongation de son séjour à Paris, où il n'avait cependant voulu s'immiscer en rien de ce qui concerne les affaires de l'intérieur, songea dès-lors à s'éloigner d'un lieu qui offrait encore la triste perspective de tant de moyens de discordes, d'autant que nous approchions de l'époque propre à l'exécution du projet qu'il avait conçu en faisant la paix, et dont il avait rassemblé les premiers matériaux avant de quitter l'Italie.

A peine le Directoire avait-il fait la paix, qu'il avait décrété la formation d'une armée d'Angleterre que le général Bonaparte devait commander en chef, mais dont il avait lui-même fait donner le commandement au général Desaix, en attendant qu'il eût fait son voyage d'Italie à Radstadt.

Le général Bonaparte envoya le général Desaix visiter les ports et arsenaux de la marine depuis l'embouchure de la Loire jusqu'au Havre, pour reconnaître dans quel état ils étaient, et quelles ressources ils pourraient offrir pour une descente en Angleterre. J'accompagnai le général Desaix dans ce voyage, et nous revînmes à Paris en même temps que le général Berthier, que le général Bonaparte avait envoyé faire la même reconnaissance dans les ports de la Manche.

Ces deux observateurs furent de l'opinion unanime qu'il ne fallait pas compter sur les ressources de ces ports pour effectuer une descente en Angleterre, et que, conséquemment, il fallait lui faire la guerre avec d'autres moyens. Néanmoins on tint un langage contraire; on laissa se persuader que l'idée de la descente était la pensée unique du gouvernement, en sorte que l'opinion s'y arrêta.

On fit partir de Paris tous les généraux qui avaient de l'emploi dans l'armée d'Angleterre; on les envoya à leurs postes sur les côtes : on parvint à faire complétement adopter l'idée que c'était de l'Angleterre qu'on s'occupait, et que tous les préparatifs de la Méditerranée n'avaient été faits que pour détourner l'attention de l'ennemi, tandis que c'était justement le contraire.

Tout cela fait, le général Bonaparte n'eut pas de peine à démontrer l'insuffisance des moyens de la république pour attaquer l'Angleterre dans son île, et à décider le Directoire à entreprendre de porter une armée en Égypte, comme le point le plus rapproché et le plus vulnérable de la puissance commerciale anglaise, et dont les difficultés n'étaient pas disproportionnées à nos moyens d'attaque. Il lui fit l'énumération de ceux qu'il avait réunis dans les ports d'Italie avant de la quitter, et demandait le commandement de la flotte et de l'armée, se chargeant de pourvoir à tout le reste.

On démontra au Directoire que l'on ne parviendrait jamais à tranquilliser la France, tant que cette foule de généraux et d'officiers entreprenans ne serait pas occupée; qu'il fallait faire tourner l'ardeur de toutes ces imaginations au profit de la chose publique; que c'était ainsi qu'après leurs révolutions, l'Espagne, la Hollande, le Portugal et l'Angleterre avaient été obligés d'entreprendre des expéditions outremer, pour employer des esprits remuans qu'ils ne pouvaient plus satisfaire; que c'était ainsi que l'Amérique et le cap de Bonne-Espérance avaient été découverts, et que les puissances commerciales d'au-delà les mers s'étaient élevées.

Il n'en fallait sans doute pas tant pour déterminer le Directoire à saisir l'occasion d'éloigner un chef dont il redoutait la popularité, et la proposition convint à tous deux.

Dans ce temps-là, l'ordre de Malte existait encore, et ses bâtimens de guerre devaient protéger tous les pavillons chrétiens contre les Barbaresques et les Turcs, qui ne respectaient que celui de la France.

Les bâtimens de commerce de Suède et de Danemarck qui fréquentaient la Méditerranée, étaient protégés par des bâtimens de guerre de leur nation qui y venaient en croisière.

Ceux d'Amérique y venaient en petit nombre, et l'Angleterre n'avait une flotte de guerre dans cette mer que depuis que la France en avait armé une pour venir dans l'Adriatique protéger les opérations de l'armée d'Italie ; mais depuis la paix cette flotte était rentrée à Toulon, où elle avait emmené l'escadre vénitienne, et la flotte anglaise était rentrée dans les ports de Sicile.

Elle avait pour but d'observer Toulon ainsi que l'escadre espagnole de Cadix, et tenait pour cela une croisière à la pointe sud de la Sardaigne. Le commerce de Marseille n'était pas encore tout-à-fait éteint. Cette ville, par suite de la sûreté de son pavillon, était presque exclusivement en possession de tout le commerce qui se faisait par les Turcs dans le Levant ; elle avait un nombre considérable de bâtimens connus sous la dénomination de bâtimens de caravane, qui, toute l'année, allaient dans les ports du Levant se noliser, et qui venaient hiverner à Marseille, où ils rapportaient leurs profits. Marseille comptait jusqu'à huit cents de ces bâtimens employés à cette navigation. Ceux des nations du Nord hivernaient dans les ports d'Italie, où ils cherchaient des nolis pour le printemps.

Avant de quitter l'Italie, et sous le prétexte d'une expédition contre l'Angleterre, le général Bonaparte avait fait mettre l'embargo sur tous les bâtimens de commerce qui se trouvaient dans les ports de la Méditerranée occupés par les troupes françaises. Il les fit fréter et bien payer, en sorte que ceux qui étaient dans les ports de Naples et de l'est de l'Adriatique, s'empressèrent de venir chercher des nolis dans les ports que nous occupions.

Les États romains venaient d'être occupés par les troupes françaises; le Directoire, qui cherchait à établir la république partout, n'avait pas manqué de prétextes pour susciter une querelle au pape, qui vit la métropole chrétienne envahie, et lui-même transporté à Valence en Dauphiné.

Depuis son retour à Paris, le général Bonaparte avait fait donner les ordres nécessaires pour que ( toujours sous le prétexte de la descente en Angleterre) l'escadre de Toulon, forte de quinze vaisseaux, dont un à trois ponts, fût mise sur-le-champ en état de prendre la mer avec des troupes à bord.

Il fit également donner des ordres pour que l'on équipât et frétât tous les vaisseaux de commerce que l'on pourrait réunir dans Marseille et dans Toulon.

Il venait d'envoyer le général Reynier, que le général Desaix lui avait recommandé (1), pour organiser les bâtimens réunis à Gênes, d'après l'embargo dont je viens de parler, et en même temps pour commander les troupes qui venaient s'y embarquer.

Il y avait également un grand nombre de bâtimens semblables retenus dans les ports depuis Venise jusqu'à Livourne. Il fit partir de Paris, fort incognito, le général Desaix, qui eut l'air d'aller faire à Rome un voyage d'amateur, parce qu'il aimait beaucoup les arts. Étant son premier aide-de-camp je partis avec lui dans sa propre voiture, ainsi que l'adjudant-général Donzelot (2), qui était son chef d'état-major ; et je suis arrivé jusqu'à Rome sans qu'il soit échappé au

---

(1) Le général Reynier était chef d'état-major de l'armée du Rhin ; il n'était pas connu du général Bonaparte, qui n'en avait entendu parler que depuis l'arrivée d'Augereau au commandement de l'armée du Rhin, et qui avait demandé au Directoire d'en retirer le général Reynier.

(2) Le même qui depuis a commandé à Corfou et à la Martinique.

général Desaix un mot qui m'ait donné à juger de l'objet de notre voyage. Il traversa la France comme un trait, et commença ses investigations scientifiques, en conservant toujours son incognito, dès qu'il fut au-delà des Alpes.

Il s'arrêta à Turin, Parme, Plaisance, Bologne et Florence, visitant tout ce que ces villes offrent de remarquable, et arriva à Rome.

Il n'avait l'air d'y être venu que comme curieux; il était en course continuelle dans tous les célèbres environs de cette cité fameuse, pendant que Donzelot exécutait les ordres qu'il lui avait donnés pour la réunion, dans le port de Civitta-Vecchia, de tous les bâtimens qui avaient été rassemblés dans tous les autres, depuis Livourne jusqu'à Venise.

Nous restâmes six semaines à Rome, menant une vie aussi active qu'en pleine campagne; enfin tous les moyens matériels ayant été préparés, il en fut rendu compte au général Bonaparte, qui était toujours à Paris, d'où il envoya ses derniers ordres, en désignant les troupes qui devaient composer chaque convoi. Il n'y eut aucune disposition particulière à leur faire prendre; tout ce dont elles auraient pu avoir besoin, tant pour la traversée que pour la guerre, avait été mis à bord des vaisseaux avant qu'elles dussent y monter.

A Civitta-Vecchia, nous embarquions neuf bataillons d'infanterie, pris dans les troupes qui occupaient les États romains ;

Un régiment de dragons, mais seulement avec les chevaux d'un escadron ;

Un régiment de hussards ;

Une compagnie d'artillerie légère, avec ses pièces et tous ses chevaux ;

Deux régimens d'artillerie à pied avec leurs pièces et leurs chevaux ;

Un parc ;

Et enfin un état-major, une ambulance et une administration complète. (1)

Le célèbre Monge, qui se trouvait à Rome, avait reçu du général Bonaparte l'ordre de se procurer à tout prix des caractères arabes d'imprimerie, des protes, des interprètes, et de s'embarquer avec eux sur notre convoi.

Il trouva les interprètes dans l'école de médecine de Rome, où l'on envoie des jeunes gens des Échelles du Levant pour étudier la médecine ; il parvint à exécuter en tout point les ordres du général Bonaparte, pendant que lui-même composait à Paris cette troupe de savans dans tous les genres, et dont les travaux ont immortalisé cette célèbre expédition.

(1) Les autres convois étaient composés et organisés de même.

C'étaient le général Caffarelli, Dufalga (1) et M. Berthollet qui les lui avaient désignés.

Tout ce qui fut embarqué d'accessoire pour cette grande opération ne peut se comprendre : il n'y manquait rien de ce que la prévoyance la plus minutieuse et la plus étendue avait pu imaginer.

Il y avait des savans de toutes les classes, et des artisans de toutes les professions; en un mot, de quoi créer, perfectionner, civiliser, et même polir tout à la fois les populations au milieu desquelles on allait s'établir, quelque barbares qu'elles eussent pu être.

Ce fut à la fin de mars 1797 que furent achevés tous ces préparatifs. Le général Bonaparte avait fait partir de Paris tout ce qui devait s'embarquer avec lui à Toulon et à Marseille; les troupes qui devaient de même s'y embarquer y furent envoyées de l'armée, qui depuis la paix était rentrée en France.

Le général Kléber, que le général Desaix avait aussi fait connaître au général Bonaparte,

(1) Officier du génie qui avait perdu une jambe à l'armée de Sambre-et-Meuse; il perdit un bras au siége d'Acre en Syrie, et mourut regretté de l'armée et du général Bonaparte, qui ne cessait d'en parler, quand il voulait comparer le zèle de quelqu'un à quelque chose d'extraordinaire.

fut chargé du commandement de celles qui s'embarquèrent à Toulon.

Il venait d'arriver de ce port dans celui de Civitta-Vecchia une frégate que le général Bonaparte envoyait au général Desaix, pour escorter son convoi. Ce ne fut qu'après l'arrivée de cette frégate que lui-même partit de Rome pour Civitta-Vecchia, où il fit diriger les troupes qui devaient s'y embarquer.

Au commencement d'avril, tout le matériel était déjà à bord des vaisseaux, lorsqu'il survint un incident qui faillit faire ajourner toute l'entreprise.

Après la paix de Campo-Formio, le Directoire avait envoyé le général Bernadotte à Vienne en qualité d'ambassadeur; à cette époque, il professait chaudement les idées républicaines, qui, dans ce temps-là, étaient une route assurée de fortune pour toutes les ambitions.

Il avait arboré sur son hôtel, à Vienne, un drapeau tricolore, qui, à tort ou à raison, fut regardé par le peuple de cette ville comme une provocation. Y eut-il de l'excitation? je ne l'ai pas su; mais après quelques jours de fermentation, il éclata une émeute; la populace s'étant portée à l'hôtel de l'ambassadeur, en fit retirer le drapeau, et se livra à des désordres, au point que le commandant de la garnison fut obligé de faire marcher les troupes pour protéger l'ambassadeur et sa légation, qui avait été composée à Paris dans le but de ce que voulait faire le Directoire à Vienne, à l'ombre même du traité de paix qui venait à peine d'être signé.

Le ton des premières dépêches par lesquelles le général Bernadotte rendait compte de cet événement était si alarmant, que le général Bonaparte, auquel le Directoire les avait communiquées, envoya contre-ordre dans tous les ports, afin que non seulement on n'embarquât point, mais que de plus l'on fît débarquer tout ce qui pouvait être déjà à bord, et que l'on se tînt prêt à marcher.

Huit jours après, le ton de la correspondance de Vienne étant devenu moins hostile, l'on reçut de nouveaux ordres pour continuer l'embarquement, qui n'avait éprouvé que cette perte de huit jours, qui étaient autant de pris sur ceux que la fortune semblait nous avoir accordés.

Pendant ce court intervalle, le général Desaix, qui était avide de connaissances, alla visiter les mines d'alun de Rome, qui sont situées à quelques heures de chemin de Civitta-Vecchia; elles sont très abondantes, et l'alun que l'on en extrait passait dans ce temps-là pour le plus estimé. Monge était avec nous, et nous expliquait tout ce qui était nouveau pour nous.

Nous allâmes aussi voir l'embouchure du Tibre, ainsi que tous les environs de Civitta-Vecchia : ce port a été construit par Trajan ; il est devenu peu spacieux en raison de la grandeur des vaisseaux d'aujourd'hui, comparativement à ceux pour lesquels il a été construit.

A peine la frégate que l'on nous avait envoyée de Toulon put-elle y entrer, et une fois qu'elle fut dedans, il y avait si peu de place pour la faire évoluer sur elle-même, que ce fut une affaire d'État quand vint le moment d'appareiller.

Le bassin du port a été construit avec tout le luxe et la solidité qui caractérisent l'époque des Romains : ses quais réguliers sont composés d'assises de blocs de marbre énormes ; la dernière est en marbre blanc ; tout le pourtour du port est garni de muffles de lions en bronze, tenant dans la gueule un anneau de bronze ; il n'en manque pas un. Ce sont encore les mêmes qui ont été posés du temps de Trajan pour amarrer les vaisseaux, et ils servent encore aujourd'hui au même objet : ceux de notre convoi y étaient attachés.

Le port est fermé par une jetée formée de main d'homme à la même époque. Elle est composée d'assises de laves qui, jusqu'à ce moment, ont résisté à la mer et au temps.

Malheureusement les nobles souvenirs que

ces travaux rappellent sont flétris par l'ignoble population qui s'agite au milieu de ces vestiges de la grandeur romaine.

La plupart des forçats de Civitta-Vecchia étaient alors des artisans étrangers qui étaient venus chercher fortune dans la Romagne, et qui avaient fini par y commettre des crimes. Comme la marine du pape ne faisait faire aucuns travaux, on avait permis à ces malheureux de chercher du travail dans la ville, et les habitans les employaient volontiers.

Il nous sembla même que cette mesure avait été calculée par l'administration dans la vue d'empêcher ces misérables de s'abandonner au désespoir, et peut-être aussi dans le dessein d'en tirer quelque profit pour elle-même. Il en était résulté que peu à peu la honte des fers s'était affaiblie, et qu'un forçat ne rougissait plus de l'être. Ce degré d'abjection nous navrait, et nous faisait déplorer l'influence qu'un pareil gouvernement pouvait avoir sur les destinées de tout une population.

Le général Desaix avait remarqué deux belles demi-galères nouvellement construites; il les fit armer et réunir au convoi. Les forçats s'offraient à l'envi, prévoyant bien que leur liberté serait le résultat des services qu'ils pourraient nous rendre.

Les convois de troupes qui sortirent de Marseille, Toulon et Gênes, sous la protection de la flotte de guerre de Toulon, partirent à peu près ensemble, et se rallièrent à la baie de Saint-Florent en Corse. En sortant de Toulon, le général Bonaparte avait eu des nouvelles de la mer par des frégates espagnoles qui entraient dans ce port; elles venaient de Mahon, et apprirent que l'escadre anglaise n'était pas dans ces parages, que seulement deux vaisseaux de cette escadre étaient en réparation à l'île de Saint-Pierre de Sardaigne. (1)

Le convoi de Civitta-Vecchia était trop loin pour ne pas être livré entièrement à la conduite du général Desaix qui le commandait; il avait reçu l'ordre de sortir à jour fixe, et de faire route directement pour Malte, en venant reconnaître le Maretimo à la pointe de Sicile; et arrivé devant Malte, il devait y attendre de nouveaux ordres.

(1) Ils en partirent aussitôt que notre flotte mit à la voile, et allèrent rejoindre l'amiral Nelson à Syracuse.

## CHAPITRE III.

Arrivée devant Malte. — Réunion de la flotte. — Attaque de la place. — Capitulation de l'Ordre. — Rencontre de nuit avec la flotte anglaise. — Arrivée à Alexandrie. — Débarquement. — Le commandement de l'avant-garde m'est confié. — Expédient pour débarquer les chevaux. — Attaque et prise d'Alexandrie. — Première marche dans le désert. — Rencontre d'une femme arabe.

Nous étions au commencement de mai, lorsque nous arrivâmes devant Malte; la grande escadre ni les autres convois ne paraissaient pas encore, et conformément à l'instruction donnée par le général Bonaparte au général Desaix, le convoi se tint en croisière devant le port.

Des calmes survinrent, à l'aide desquels les courans qui règnent dans cette partie dispersèrent les bâtimens du convoi assez loin les uns des autres.

Nous étions arrivés le matin; l'après-midi du même jour, le grand-maître de l'ordre de Malte, voyant un convoi aussi considérable, composé de bâtimens de toutes nations escortés par une frégate, et qui non seulement n'entrait pas dans le port, mais qui ne le faisait même pas fréquenter par la plus légère embarcation, commença à concevoir de l'inquiétude, ou à éprouver de la curiosité.

Il envoya une chaloupe, montée par un des grands-baillis de l'Ordre, en qualité de parlementaire, pour nous arraisonner.

Cette chaloupe s'était dirigée sur la frégate que montait le général Desaix, et sous le prétexte des lois de quarantaine, le bailli ne voulut pas monter à bord, quelques instances qu'on lui fît ; il parla de sa chaloupe, qui avait passé à la poupe de la frégate.

Sa mission n'était qu'un motif de curiosité, et comme il vit à bord des vaisseaux une grande quantité de soldats qui grimpaient sur les épaules les uns des autres pour le voir, il se hâta de retourner en rendre compte. Il allait prendre congé, à la suite d'une conversation par monosyllabes entrecoupés, lorsque, pour la ranimer un peu, le général Desaix lui demanda d'entrer dans le port pour prendre de l'eau. Le bailli s'éloigna en promettant de faire faire une réponse.

Il revint effectivement le même soir dire que le grand-maître ne pouvait accorder l'entrée du port qu'à quatre bâtimens à la fois. La défaite était ingénieuse ! il ne lui avait pas fallu faire de grands efforts d'esprit pour calculer que nous avions plus de quatre-vingts voiles, et que l'aiguade du convoi eût demandé vingt jours ; certes, nous n'avions pas ce laps de temps à perdre devant cette gentilhommière. Toutefois nous feignîmes de prendre la chose au sérieux, et tout en refusant poliment M. le bailli, nous dîmes quelques mots des dangers auxquels nous serions exposés, si les Anglais venaient à paraître. Cette dernière considération ne parut pas le toucher beaucoup, et il s'éloigna en nous annonçant que l'Ordre ne pouvait rien nous accorder de plus.

Nous étions presque à l'entrée de la nuit, et le parlementaire était parti, lorsque notre vigie signala deux voiles à l'est et venant droit sur nous.

Elles furent bientôt assez près pour que nous reconnussions un vaisseau et une frégate ; l'inquiétude nous prit, et elle devint extrême lorsqu'à deux portées de canon de nous, nous ne les vîmes point hisser leur pavillon, jusqu'au moment où ils nous traversèrent en hissant l'un et l'autre le pavillon maltais ; c'étaient le vaisseau et la frégate de l'Ordre, qui, au retour d'une croisière, rentraient dans le port. On les désarma dans la nuit même pour armer les galères qui devaient nous combattre le jour suivant.

Le lendemain, à la pointe du jour, notre vigie nous signala des voiles au nord-ouest, et bientôt après elle nous fit connaître que les voiles aperçues étaient sans nombre : c'était l'escadre avec ses convois, qui arrivait de la baie de Saint-Florent.

Le général Desaix ainsi que M. Monge passèrent de la frégate sur une des demi-galères du pape que nous avions amenées, et allèrent à la rencontre de l'escadre pour rendre leurs devoirs au général Bonaparte.

Dans la matinée, toute l'escadre et l'armée furent réunies en face de l'ouverture du port. Tout prit dès-lors une face nouvelle. On se disposa partout au débarquement.

Le général Bonaparte fit débarquer à droite les troupes de la division du général Bon. En même temps, il faisait débarquer le général Desaix à gauche; nous prîmes terre à la baie de Maira-Sirocco.

Le commandement des troupes en tête de ce débarquement m'avait été confié; je marchai droit aux redoutes qui défendaient l'atterrage, et de là au fort. Nous trouvâmes peu de résistance; tout semblait à l'abandon. A peine le grand-maître avait-il pu rassembler quelques détachemens pour défendre les ouvrages avancés. Les chevaliers étaient sans élan. La population, accoutumée à l'idée qu'elle ne devait courir aux batteries que dans le cas d'invasion de la part des Turcs, refusait de prendre les armes contre nous. Toutes ces belles fortifications qui annonçaient la puissance de l'Ordre et la force de la place devinrent inutiles. Nous poussâmes ce jour-là jusqu'au pied des remparts du côté de la terre ; nous nous étonnions d'une défense aussi faible ; nous cherchions à nous expliquer comment une place qui nous paraissait inexpugnable présentait une conquête si facile : nous ne tardâmes pas à le comprendre.

Le général Bonaparte était resté toute la journée à bord de *l'Orient ;* il avait fait attaquer les galères maltaises et les avait forcées de rentrer au port : c'en était fait de la croix maltaise. Le général débarqua le soir même, et c'est alors que nous pûmes juger, aux indiscrétions qui échappaient autour de nous, que tous les membres de l'Ordre n'étaient pas étrangers au succès que nous venions d'obtenir.

Depuis la révolution française, et surtout depuis la dissolution des corps d'émigrés, le rocher de Malte était devenu le refuge d'un grand nombre de jeunes nobles qui s'enrôlèrent sous le drapeau de l'Ordre. Ces nouveaux chevaliers n'avaient pas la ferveur des anciens chevaliers de Saint-Jean de Jérusalem. Leur éducation mondaine ne s'accommodait pas de la vie monacale, et le mal du pays augmentait leur désir de quitter le rocher qui leur avait servi d'asile.

L'apparition de notre flotte devant Malte leur présentait l'occasion de rompre des engagemens qu'ils commençaient à regarder comme des chaînes, et de se créer une existence nouvelle. Doit-on les plaindre ou les blâmer?

Quoi qu'il en soit, les pourparlers ne tardèrent pas à s'établir entre le quartier-général et le gouvernement de Malte. Le grand-maître de l'Ordre, convaincu trop tard sans doute de l'impossibilité de sauver la place et de l'inutilité d'une résistance sans objet, consentit à capituler.

Les principales conditions furent la remise des forts à nos troupes, la liberté pour lui et les siens, et la faculté pour tous les chevaliers de se retirer où bon leur semblerait.

Nous prîmes en conséquence possession de la place.

Le grand-maître, M. de Hompesch, s'embarqua sur un bâtiment neutre qui fut mis à sa disposition, et qui fut escorté jusqu'à Trieste par une de nos frégates. Ceux des chevaliers qui étaient Français entrèrent presque tous dans nos rangs.

Le général Bonaparte s'occupa sur-le-champ

d'organiser l'île : garde nationale, administration, moyens d'attaque et de défense, tout fut arrêté et exécuté en moins de huit jours. La garnison maltaise fut incorporée dans les demi-brigades; une partie de la division Vaubois la remplaça, et la flotte eut ordre de mettre à la voile.

Le général Desaix resta encore quelques jours à Malte, parce que sa frégate devait recevoir à son bord l'intendant des finances, qui avait quelques opérations à terminer. Nous employâmes ce petit retard à visiter ce rocher dont le nom était si célèbre dans l'histoire. J'éprouvai un vif intérêt de curiosité à parcourir cette île, dont on nous avait toujours parlé comme d'un point inexpugnable, et qui était si vite tombée devant nous.

Civitta-Vecchia, située sur une éminence au milieu de l'île, et qui avait été le seul point fortifié par les chevaliers à leur arrivée dans l'île, fut le lieu où nous nous rendîmes d'abord; de là nous visitâmes successivement les ouvrages dans l'ordre où ils avaient été construits. Tout le monde sait qu'après la chute de Rhodes, les chevaliers s'occupèrent avec ardeur à fortifier Malte.

Tous les grands-maîtres de l'Ordre, depuis cette époque, n'ont semblé désirer d'autre titre de gloire que celui d'avoir ajouté quelque nouvel ouvrage au port ou à la ville : c'était l'unique soin du gouvernement. L'ostentation avait fini par s'en mêler, et on construisait des fortifications à Malte, comme on élevait des palais à Rome depuis que le Saint-Siége y a remplacé le trône des Césars. Malte est ainsi devenu un amas prodigieux de fortifications, et nous ne savions ce que nous devions le plus admirer, ou de la persévérance qu'il a fallu pour les élever, ou du génie qu'il a fallu pour les concevoir. Ce que nous y vîmes de plus étonnant est l'ouvrage de la nature, c'est le port : il est si spacieux, que l'armée navale et les six cents bâtimens de convoi n'en remplissaient que la moindre partie. Le mouillage en est si facile et si sûr, que les plus gros vaisseaux de guerre peuvent s'amarrer contre le quai.

Au milieu de toutes ces merveilles, nous fûmes attristés par la vue d'un spectacle dans le genre de celui qui nous avait déjà indignés à Civitta-Vecchia. Les galères de l'Ordre étaient montées par des forçats, composés de prisonniers faits sur les bâtimens turcs. Nous eûmes d'abord peine à croire qu'il arrivât souvent que, lorsqu'on manquait de forçats, des hommes libres consentissent à s'engager comme tels sur les galères pour une somme d'argent. Il fallut bien cependant nous rendre à l'évidence et en croire le témoignage de nos yeux. Nous vîmes de ces misérables, qu'on appelle *bonovollio*, servir sur les mêmes bancs que les forçats, enchaînés comme eux, et partageant leurs pénibles travaux comme ils partageaient leur opprobre.

A la vue d'une pareille dégradation, nous fûmes moins surpris d'avoir trouvé si peu de résistance. Il est tout simple de voir insensibles à un appel aux armes, des hommes prêts à répondre à un appel au déshonneur.

M. Monge nous avait quittés à Malte pour s'embarquer sur *l'Orient*, parce que le général Bonaparte aimait à l'avoir près de lui.

Le général Desaix, avec lequel j'étais, ne partit donc que huit jours après l'armée; en sortant du port, nous rencontrâmes une belle frégate française qui venait d'Italie; elle mit son canot à la mer; il amena à notre bord M. Julien, aide-de-camp du général Bonaparte.

Depuis la rencontre des frégates espagnoles, cette frégate avait été envoyée par son ordre au général Desaix, pour le prévenir de l'existence de deux vaisseaux anglais à Saint-Pierre de Sardaigne, d'où ils venaient de partir au moment de l'appareillage de l'escadre de Toulon.

Cette frégate (*la Diane*) avait été jusqu'à Civitta-Vecchia, où elle n'était pas entrée; M. Julien avait été à terre prendre des informations sur le jour où nous en étions partis, et ce fut pendant qu'il était à terre à Civitta-Vecchia, que l'escadre anglaise passa fort loin au large. Comme la frégate *la Diane* était près de terre, l'escadre anglaise, qui se trouvait dans le point le plus éclairé de l'horizon, ne l'aperçut pas, ou du moins ne la fit pas reconnaître, en sorte qu'elle échappa, et elle continua sa route pour rejoindre l'armée.

Peu de jours après, nous rencontrâmes la frégate qui revenait de conduire à Trieste le grand-maître de Malte; elle rejoignait aussi l'armée, et telle était notre fortune, qu'en entrant et en sortant de l'Adriatique, cette frégate avait croisé et recroisé le sillage que traçait l'escadre anglaise, sans que celle-ci se fût douté de rien.

Pendant que nous mettions à profit les faveurs de la fortune, qu'avait fait l'escadre anglaise? Elle était partie à Naples et partie à Syracuse ou Palerme, où son amiral, le célèbre Nelson, avait trouvé une Capoüe aux pieds de lady Hamilton.

Les deux vaisseaux qui étaient partis de Saint-Pierre à notre approche, avaient été lui donner l'alerte, et sur-le-champ il avait mis à la voile pour Toulon, en longeant la côte d'Italie. De Toulon il fut à Saint-Florent, de Saint-Florent il fit route pour le Levant, sans s'arrêter ni faire reconnaître Malte en passant.

Nous venions aussi de rejoindre l'armée, lorsque le général Bonaparte fit donner à toute la flotte le signal de quitter la route que l'on suivait, pour se diriger sur l'île de Candie, que nous n'apercevions pas, mais qui se trouvait à notre gauche en avant de nous.

L'ordre fut ponctuellement exécuté : le soir, tous les vaisseaux étaient ralliés sous la côte de Candie, ayant la flotte de guerre rangée sur deux colonnes à leur droite.

Dans la même nuit, nous entendîmes plusieurs coups de canon tirés à notre droite; et comme ce n'était pas notre escadre qui les tirait, cela nous donna fortement à penser. Après la perte de notre escadre au combat d'Aboukir, les Anglais comparèrent le journal de navigation de notre escadre à celui de la leur, et il fut reconnu que cette nuit-là les deux armées avaient navigué, pendant plusieurs heures, à quatre ou cinq lieues l'une de l'autre. Les coups de canon que nous avions entendus étaient des signaux que l'amiral anglais faisait faire à ses vaisseaux; et si le général Bonaparte n'avait pas, la veille, fait faire route sur Candie à la sienne, nous nous serions infailliblement trouvés au jour en présence de l'armée navale anglaise.

Peu de jours après, on découvrit la terre d'Égypte; nous étions en face d'Alexandrie, dont nous n'apercevions que les minarets, quoique nous en fussions fort près, parce que la côte est très basse sur ce point.

Le général Bonaparte avait envoyé en avant une frégate pour chercher le consul de France qui résidait dans cette ville. Celui-ci venait d'arriver à bord de *l'Orient*, lorsque l'on fit le signal à toute l'armée de se préparer au débarquement.

Il avait appris au général Bonaparte que, quarante-huit heures auparavant, l'escadre anglaise, forte de treize vaisseaux, avait paru devant Alexandrie, où elle avait pris langue pour savoir ce que pouvait être devenue l'escadre française, qu'elle poursuivait la croyant devant elle; et que, ne l'ayant pas trouvée, elle avait continués sa route vers les côtes de Syrie, ne pouvant, sans doute, se persuader qu'elle l'avait devancée.

Aussitôt que le général Bonaparte eut entendu le rapport du consul de France, il s'écria : « Fortune! fortune! encore trois jours! » et fit commencer de suite le débarquement de toutes les troupes, en ordonnant de le hâter. On le commença le soir même de notre arrivée; la flotte de guerre, avec ses convois, était au mouillage très près de la ville; toutes les chaloupes furent mises à la mer en peu d'instants et chargées de soldats : elles s'approchèrent du rivage en laissant la ville à leur gauche. La mer devint grosse, au point que l'on ne put aborder, et que les chaloupes furent obligées de revenir s'amarrer aux vaisseaux qui étoient les plus rapprochés de la côte; elles passèrent la nuit dans cette position, chargées de leur monde et ballottées d'une manière insupportable : aussi dès que la mer fut calme, elles larguèrent bien vite leurs amarres, et gagnèrent la côte, qui, en quelques heures, fut couverte de soldats. Je commandais le premier détachement du général Desaix, et j'avais aussi été obligé de revenir m'amarrer à une demi-galère, où je passai une nuit fort orageuse, pendant laquelle je courus risque d'être englouti. On ne pouvait pas remonter à bord des vaisseaux, qui eux-mêmes étaient encombrés de soldats.

En Égypte, le jour paraît vite, et le soleil ramène ordinairement le calme, en sorte que l'angoisse cessa bientôt; après avoir débarqué les troupes, ce qui fut achevé dans la matinée, on procéda au débarquement des chevaux. Je fus encore chargé de faire mettre à terre ceux qui avaient été embarqués sur notre convoi.

Cette opération devait être fort longue, et je n'en avais pas encore vu; je m'avisai d'un moyen qui me réussit; je commençai par en faire débarquer six, en mettant les dragons dans une chaloupe et en descendant les chevaux dans la mer : chaque dragon tenait son cheval par la longe. Le premier ainsi débarqué était obligé de se soutenir en nageant jusqu'à ce que le dernier fût descendu à la mer ; après quoi j'ordonnai à la chaloupe de gagner le rivage en traînant à la remorque les six chevaux qui nageaient, et de les établir à terre le plus près possible du bord de l'eau, de manière que tous les chevaux que j'allais successivement faire jeter à la mer, pussent les voir.

Je fis ensuite placer tous les dragons, hussards, canonniers et soldats du train avec leurs selles et harnais dans des chaloupes pour aller attendre à terre leurs chevaux ; et pendant qu'ils faisaient le trajet, je fis successivement hisser les chevaux de chaque bâtiment par les deux bords à la fois, et les fis déposer dans la mer, sans aucune précaution que de leur mettre la longe autour du cou.

Une chaloupe était disposée pour saisir celle des premiers qui furent ainsi débarqués et les conduire lentement rejoindre les autres à terre ; ceux que l'on débarquait allaient par un instinct naturel se joindre à ceux qui étaient déjà dans l'eau, et il s'établit ainsi une longue file de chevaux qui nageaient et suivaient en liberté la chaloupe qui conduisait la tête ; il n'y en eut pas un seul de perdu : tous, en arrivant à terre, furent saisis par leurs cavaliers qui les attendaient sur le rivage, au bord du désert, leur mettaient la selle et les montaient.

Mon opération eut un plein succès, et le général Desaix, qui était sur le rivage, m'en témoigna sa satisfaction en voyant arriver toute cette file de chevaux.

A peine le soleil était-il à son déclin, que le débarquement du personnel de toute l'armée était effectué, et l'armée entière, à très peu de chose près, réunie près de la colonne de Pompée, à quelques centaines de toises d'Alexandrie. C'est le premier monument que nous avons vu; et nous étions si occupés de ce que nous allions trouver dans un pays qui n'offrait pas même à nos yeux vestige de végétation, que pas un de nous ne fit attention à cette colonne qui se trouve isolée dans le désert.

La division Kléber, qui y avait été ralliée la première, se porta de suite sur Alexandrie.

L'enceinte de cette ville est celle qui fut élevée par les Arabes. A l'angle par lequel nous arrivions, il se trouvait une grosse ouverture régulière qui semblait avoir eu autrefois une destination, mais qui n'était plus qu'un large trou à douze pieds d'élévation du pied de la muraille.

Les Turcs y avaient mis une mauvaise pièce

de canon posée sur des pierres ; ils la chargeaient sans gargousses ni boulets, mais cependant avec de la poudre et des pierres, et ils mettaient le feu avec un tison allumé ; nous vîmes bientôt dans quelle ignorance ils étaient de l'art de l'artillerie.

On aura de la peine à croire que, dans une armée remplie comme l'était la nôtre d'officiers d'un mérite incontestable, on s'entêta à donner l'assaut à ce misérable trou, où l'on perdit passablement de monde, et où Kléber entre autres fut blessé, tandis qu'à deux cents toises plus à droite il y avait la grande porte d'Alexandrie à Damanhour qui n'était même pas fermée.

Des soldats, en rôdant le long de la muraille, qui n'a point de fossé, découvrirent cette porte ; ils y entrèrent, et ils étaient déjà arrivés aux maisons de la ville (1), que l'on s'irritait encore contre ce trou dont on voulait avoir raison ; on vint enfin prendre le chemin qu'avaient pris ces soldats, et Alexandrie fut occupée.

L'armée entière ne tarda pas à être réunie au milieu de ces vénérables ruines, et avec son admiration pour les débris de tant d'antiques souvenirs, commencèrent aussi son méconten-

(1) Il existe une distance assez grande, toute remplie de ruines et de décombres, entre l'enceinte de la ville et les maisons habitées.

tement et ses murmures de ne voir que des tas de poussière au milieu d'un désert, au lieu de tout ce qu'elle s'était flattée de trouver dans le pays où on l'avait amenée.

On s'expliquera facilement cela en remarquant que cette armée était composée de troupes qui venaient de Rome, Florence, Milan, Venise, Gênes et Marseille, et que presque la totalité de l'état-major venait de Paris. Le mécompte était général, et le mécontentement s'accrut encore pendant la marche d'Alexandrie pour arriver à travers le désert jusqu'au Nil.

Avant de quitter Alexandrie, le général Bonaparte fit entrer tous les bâtimens de convoi dans le port; il donna des ordres pour que l'escadre débarquât tout ce qui appartenait à l'armée, et lui donna, en la quittant, l'ordre d'entrer à Alexandrie, si les passes du port rendaient cette opération possible, et, dans le cas contraire, d'aller à Corfou, à l'entrée de l'Adriatique.

L'amiral Brueys, par un sentiment fort honorable sans doute, différa d'obtempérer à cet ordre, et vint prendre un mouillage à la pointe d'Aboukir, entre Alexandrie et Rosette, croyant que dans cette position il pourrait être utile à l'armée, dans le cas d'un revers, qu'il ne regardait peut-être pas comme impossible.

Il resta trop long-temps à ce mouillage, où

nous le verrons bientôt succomber avec toute son escadre.

L'armée partit d'Alexandrie le soir du jour même où cette ville avait été occupée; elle était formée en cinq divisions que commandaient les généraux Desaix, Bon, Reynier, Dugua, et Vial, qui remplaçait Kléber.

Les trois dernières prirent la route d'Alexandrie à Rosette par Aboukir, et les deux autres, celle d'Alexandrie à Damanhour, en suivant les bords du canal, qui, en traversant le désert, amène pendant les temps d'inondation les eaux du Nil à Alexandrie.

Le général Bonaparte resta encore quelques jours à Alexandrie pour y créer une administration; il en donna le commandement au général Kléber, qui avait besoin de se rétablir; il fit organiser une flottille de guerre et de transport, composée des bâtimens les plus légers et les plus petits, qui avaient été amenés par son ordre et dans ce but, par les convois de guerre de Civitta-Vecchia, tels que les deux demi-galères du pape, quelques bricks, avec des chaloupes canonnières.

Après avoir fait embarquer sur cette petite escadrille les munitions de guerre et de bouche dont l'armée aurait pu avoir besoin pour les premières opérations, il y fit aussi mettre tout le personnel de l'administration, ainsi que les hommes à pied de la cavalerie.

Puis il fit sortir cette escadrille devant lui, et lui donna ordre d'aller prendre l'embouchure du Nil, qu'elle devait remonter, toujours à la hauteur de l'armée.

Il laissa à Alexandrie la commission des savans, qu'il ne devait appeler près de lui qu'après son arrivée au Caire.

Toutes ces dispositions faites, il quitta lui-même Alexandrie, et suivit la même route que les divisions Bon et Desaix, qu'il rejoignit à Damanhour.

Je viens de dire que ces deux divisions étaient parties d'Alexandrie le soir; nous marchions en colonnes et n'allions qu'au petit pas pour donner à tout le monde les moyens de suivre; à quelque distance d'Alexandrie, la nuit nous prit, et fut très obscure; nous marchions sur une nappe blanche qui craquait sous nos pieds, comme si c'était de la neige; en en portant à la bouche, nous reconnûmes que c'était du sel, formé par l'évaporation des eaux qui séjournent sur cette plaine dans les temps d'inondation. Notre marche fut pénible; le besoin d'eau était celui qui se faisait le plus sentir, et, comme l'on sait, le canal que nous suivions a été construit dans quelques endroits au moyen de terres rapportées, et creusé dans d'autres, pour amener les eaux du Nil à Alexandrie ; mais comme il n'a pas été réparé depuis sa construction, les vases l'avaient tellement encombré, qu'il n'y avait plus que dans le temps des plus fortes crues du Nil que les eaux pouvaient y entrer, de telle sorte que, pour étancher la soif qui nous dévorait, nous ne trouvâmes que l'eau de l'année précédente, et qui, restée sur la vase au fond du canal, formait par-ci par-là quelques cloaques couverts de mousse et remplis d'insectes dégoûtans ; cela ne nous empêcha pas de la trouver excellente.

En Égypte, on voyage sans s'inquiéter du lieu où l'on couchera le soir, parce que chacun avec soi porte son bagage et sa tente, quand on en a une ; quand on n'en a pas, c'est la voûte céleste qui en tient lieu.

La seule pensée qui occupe, c'est celle de l'eau ; tous les soins du peu d'administration publique qu'offre le pays, sont d'en procurer aux voyageurs et aux bêtes de somme, au moyen des puits.

La première station que l'on rencontre en partant d'Alexandrie par la route de Damanhour, se nomme Beda ; c'était aussi là qu'était notre première destination, et l'on nous avait donné un guide pour nous y conduire. On s'arrêtait de temps à autre pour donner aux soldats le temps de rejoindre; car il n'existait aucun moyen de retrouver son chemin, quand on s'était égaré.

Je marchais en avant avec quinze dragons montés, et ne me tenais éloigné de la colonne qu'à la distance de la voix. Nous étions partis le soir, et nous avions marché toute la nuit pour éviter la chaleur; le jour commençait lorsque nous arrivâmes à Beda, qui n'est point un village, mais un puits de trois pieds de diamètre, sans corde ni seaux, que l'on est obligé d'apporter avec soi. Il n'existe à ce misérable endroit aucun arbre pour se mettre à l'abri du soleil, qui, en Égypte, commence quelques minutes après le jour et dure jusqu'à la nuit.

En arrivant à Beda, je trouvai le puits comblé de sable jusqu'à son ouverture : on ne peut se rendre le sentiment que nous éprouvâmes tous en voyant cette ressource nous manquer. Mes quinze dragons étaient abandonnés à une tristesse que le silence du désert portait jusqu'à l'âme, et ne pouvait se comparer qu'à celui du tombeau.

J'étais fort effrayé de ne pas trouver un être vivant pour le questionner, et de ne pas voir arriver la colonne, qui s'était arrêtée sans que je l'eusse aperçu.

Je croyais m'être égaré, lorsque j'entendis des cris plaintifs et aigus ; quelques dragons coururent du côté d'où ils partaient : les voyant arrêtés près d'un être vivant, je me dirigeai vers eux.

Je vis une grande femme aveugle dont les yeux paraissaient avoir été crevés depuis peu ; elle allaitait un enfant qui s'efforçait de sucer une mamelle épuisée.

Je fis mettre pied à terre à un dragon pour la ramener jusqu'à la citerne ; elle s'aperçut, par un instinct naturel, qu'elle était arrivée aux lieux qu'elle cherchait ; elle tâtait avec ses mains et son pied le bord de la citerne, et la sentant comblée de sable, ses cris recommencèrent sans qu'on pût l'apaiser.

Je compris qu'elle avait soif ; on lui donna à boire du vin, dont nous avions encore de reste de celui que nous avions emporté en quittant les vaisseaux. Elle but avec avidité et mangea de même du biscuit que les dragons lui donnèrent. Nous ne pouvions ni la comprendre ni nous en faire entendre. J'attendis la colonne du général Desaix, qui avait fait une petite halte, et qui n'arriva qu'au bout d'un quart d'heure.

Cette malheureuse femme, revenue un peu de sa première frayeur, nous touchait avec les mains, et en tâtant nos habits, les casques des dragons et leur attirail de guerre, elle jugeait bien que nous n'étions pas les mêmes hommes qui avaient frappé ses derniers regards. La colonne arriva; l'interprète du général Desaix la questionna. Avant de lui répondre, elle demanda si nous n'étions pas des anges venus du ciel pour avoir soin d'elle.

Elle nous apprit que c'était son mari, qui, abusé par une autre de ses femmes, avait conçu des soupçons sur la naissance de son enfant, et l'avait mise dans cet état, après l'avoir menée dans le désert où il l'avait abandonnée loin de la citerne, qu'elle cherchait lorsque nous l'avions trouvée.

Elle nous priait de la faire mourir, si nous ne pouvions pas l'emmener; elle avait vingt-quatre ans, et sans sa couleur basanée, à laquelle nous n'étions pas encore accoutumés, nous l'eussions trouvée belle.

Pendant que l'on s'occupait de l'aventure de cette femme, on ne négligeait pas le désencombrement de la citerne; on s'y était employé dès en arrivant; ce travail demanda quatre heures avant de retrouver l'eau; la première que l'on tira fut distribuée par verres aux hommes les plus altérés; on avait été obligé de mettre une garde d'officiers au puits. Enfin on parvint à triompher de ce premier moyen de défense, mis en usage par ceux qui devaient nous défendre l'entrée de l'Égypte.

On se prépara à se remettre en chemin, après avoir laissé à cette malheureuse femme quelques bouteilles pleines d'eau avec du biscuit; et comme on ne pouvait pas l'emmener, on écrivit son aventure sur un morceau de papier que l'on attacha à sa robe, en lui disant qu'il viendrait encore d'autres hommes comme nous; qu'elle n'eût qu'à rester là et à leur montrer ce papier, qu'ils auraient soin d'elle.

Nous continuâmes notre chemin en partant toujours le soir, et nous sûmes, par les troupes qui passèrent après nous, qu'on l'avait trouvée morte auprès de la citerne, ainsi que son enfant, tous deux percés de plusieurs coups de poignard.

Nous pensâmes que c'était le mari, qui, d'un lieu caché du désert, avait vu les secours qu'on lui avait donnés, et qui, après notre départ, était venu commettre ce meurtre.

## CHAPITRE IV.

El-Kaffer. — Première rencontre des Arabes. — Nouvelle monnaie imaginée par les soldats. — Damanhour. — Danger que court le quartier-général. — Arrivée au Nil. — Ordre de marche dans le désert. — Galériens en Égypte. — Mamelouks. — Combat sur le Nil. — Bataille des Pyramides. — Prise du Caire.

Nous avions passé toute la journée à Beda, où nous avions bien avancé les petites provisions que chacun de nous avait apportées des vaisseaux, et l'aspect de tout ce qui s'offrait à nos yeux ne nous rassurait pas.

L'on se mit néanmoins en marche après le coucher du soleil, pour suivre la direction de Damanhour; le point où nous devions arriver pour trouver de l'eau s'appelait El-Kaffer; c'est la moitié du chemin de Beda à Damanhour. Pendant notre marche nous avions été harcelés par des Arabes, qui avaient frappé le moral de nos soldats par la hardiesse et la vélocité de leurs excursions, qu'ils poussaient jusqu'à cent pas de nos colonnes.

On avait défendu de faire feu, d'abord parce que nous n'avions de munitions que celles que chaque soldat portait dans sa giberne et dans son sac, et qu'il fallait que cela suffît à la conquête d'Égypte, jusqu'à ce que l'on pût les remplacer; et en deuxième lieu, parce que si une fois on s'était engagé avec les Arabes, les tiraillemens auraient été continuels et auraient employé un temps qui aurait été perdu pour la marche.

La nuit était close et obscure lorsque nous arrivâmes à El-Kaffer; nous nous y plaçâmes, sans le voir, du mieux qu'il nous fut possible; chaque colonne se forma en carré, et s'établit pour attendre le jour dans la position où elle se trouvait, en sorte que l'on ne put éviter un peu de désordre résultant de cette situation, à laquelle on ne pouvait remédier que le lendemain.

Les soldats, poussés par la soif, découvrirent au dehors du village une citerne qui servait à arroser quelques cultures. Le bruit s'en étant répandu, tous y coururent; la foule devint si grande, que ceux qui étaient à puiser de l'eau eurent peur d'y être précipités.

Ceux qui ne pouvaient en approcher imaginèrent de crier qu'elle était empoisonnée. Ce stratagème leur réussit : les plus altérés eux-mêmes s'éloignèrent, et la citerne resta aux mieux avisés.

Au milieu de la nuit, une sentinelle crut voir

un Arabe, et fit feu ; l'alerte se répand partout, chacun se lève, et sans réfléchir que l'on n'avait pu rectifier la position des troupes à cause de l'obscurité de la veille, chaque soldat fait feu devant lui. De grands malheurs auraient pu résulter de cette terreur, qui n'eut de suites fâcheuses que la perte de la plus grande partie de nos chevaux.

Le pays étant totalement dépourvu de bois, on n'avait pu les attacher ; ils étaient d'ailleurs si fatigués qu'il n'était pas bien nécessaire d'y songer. Ils étaient donc en liberté quand cette fusillade commença ; ils prirent l'épouvante et s'enfuirent sans qu'on pût les suivre. L'artillerie ne sauva que ceux qui étaient restés attelés ; mais ceux de devant, que l'on avait dételés pour les faire manger en les mettant nez à nez avec ceux de derrière, furent perdus ainsi que la presque totalité de ceux de la cavalerie et de l'état-major, jusqu'à celui que montait le général Desaix.

Ceux de ces animaux qui ne furent pas pris par les Arabes qui rôdaient autour de nous, allèrent, par un instinct naturel, dans la direction du Nil ( vers Rosette), où la division du général Dugua, qui y était déjà arrivée, les recueillit et nous les rendit quelques jours après. Elle avait été bien inquiète en voyant arriver cette déroute de chevaux tout sellés et harnachés; elle crut qu'il nous était arrivé un grand malheur.

Le lendemain matin de cette aventure, nous étions dans une position pénible; on pouvait faire aisément le sacrifice de tous les chevaux de monture; mais il n'en était pas de même de ceux de trait de l'artillerie; aussi prit-on d'autorité les chevaux de tous ceux qui les avaient sauvés; et pour imposer par l'exemple, le général Desaix donna le seul qu'il avait conservé. L'artillerie avait heureusement une voiture chargée de harnais qui devinrent d'un secours inappréciable dans cette circonstance, en sorte que tant bien que mal on se remit en état de marcher.

Avant de quitter cette position, nous entrâmes dans le petit village d'El-Kaffer, que ses habitans ont entouré d'une muraille de briques de terre, cuites au soleil; elle a environ dix pieds de haut; elle est surmontée de créneaux, et flanquée de tours pour se défendre contre les Arabes, dont l'occupation de toute la vie est le vagabondage armé.

Un bon Arabe ne possède qu'un cheval, qui est ordinairement superbe, et une lance. Il a pour principe que quand il trouve à faire un vol où il doit gagner le prix de son cheval, plus 20 parats

(15 sous), il ne doit pas hésiter à l'entreprendre. Les Arabes élèvent leurs enfans dans les privations; la qualité qu'ils leur donnent de préférence est de se passer de boire le plus longtemps possible : aussi quand ils vantent leurs enfans, ils font valoir le nombre de jours qu'ils restent sans boire.

Le général Desaix m'envoya à El-Kaffer avec son interprète pour tâcher d'y acheter quelques chevaux. Il était, par caractère, ennemi du pillage et du désordre; il poussait le désintéressement et la probité jusqu'à la plus rigoureuse vertu; ses soldats en souffraient quelquefois; mais leur respect pour lui commandait leur admiration et entraînait leur attachement.

Je parvins à lui acheter une bonne jument, qui est la seule qu'il ait eue pour monture pendant tout le temps qu'il a été en Égypte, et j'en achetai une autre pour moi. Le moment du paiement arriva; chaque cheval m'était donné pour 50 piastres d'Espagne (cette monnaie était la seule que connaissaient ces peuples), et je n'en avais pas. J'avais beaucoup d'or de France, dont je ne pus jamais leur faire comprendre la valeur; en vain je leur offris le double de celle de leurs chevaux, il me fut impossible de leur faire accepter de cet or qu'ils ne connaissaient pas, et je fus obligé de revenir changer mon or près des officiers de la division, et de retourner ensuite payer mes chevaux.

Un soldat de l'escorte qui m'accompagnait avait remarqué l'ignorance de ces gens-là; il acheta des dattes et du tabac, et donna en paiement un gros bouton blanc, qu'il tira de sa poche; le marchand turc lui rendit un appoint en petite monnaie appelée, dans le pays, parats. Le soldat les compta devant lui, comme pour vérifier si le compte y était bien, puis se retira satisfait; mais il ne manqua pas d'aller raconter son histoire à ses camarades, pour lesquels la leçon ne fut point perdue, car tous usèrent de ce moyen pour se procurer les petites choses dont ils avaient besoin, et qu'ils n'auraient pu se procurer que par le pillage, qui leur était défendu.

Cette petite fraude continua à être mise en pratique jusqu'à l'époque du paiement de l'impôt, où ces bonnes gens jugèrent bien qu'ils avaient été attrapés, en voyant le percepteur rejeter tous ces boutons.

Nous nous étions un peu réorganisés à ce petit village d'El-Kaffer; nous y avions acheté beaucoup de provisions, hormis du pain, qui y était inconnu. Pour cette fois, nous renonçâmes à marcher trop tard, aimant mieux éprouver un peu de chaleur qu'un autre désastre semblable.

En partant d'El-Kaffer nous suivîmes la route de Damanhour, où nous devions arriver avec la nuit; on nous avait dit tant de belles choses sur cette ville, que chacun de nous y marchait comme s'il eût été question d'arriver à une des belles villes d'Italie.

Nous fûmes bien désappointés en voyant cet amas de masures, que l'on nomme ville, parce qu'elle est le bourg le plus considérable entre Alexandrie et le Nil. Elle est dans une plaine unie, dont l'œil n'aperçoit pas la fin; elle n'a d'eau que par ses puits, et sans quelques pierres qui se trouvent çà et là, dans les débris des monumens antiques, il serait difficile d'en rencontrer une, si petite qu'elle fût; en général, on n'en trouve point en Égypte.

Le général Desaix mit sa division au bivouac dans un très beau clos d'orangers et de grenadiers, dans lequel il y avait un puits à roue, qui servait à les arroser; les hommes furent bien, et l'on trouva à Damanhour quelques provisions.

Le général Bonaparte et tout le quartier-général nous y rejoignit; il avait avec lui MM. Monge et Berthollet. Il témoigna beaucoup d'humeur en voyant celle que tout le monde ne craignait pas de manifester à la suite des privations que l'on avait déjà endurées, et que l'on croyait devoir éprouver encore.

Il n'avait aucun remède à y apporter, et ne demandait qu'un peu de constance pour mettre l'armée dans l'abondance.

On resta deux jours à Damanhour, puis on partit pour Rahmanié, qui est un autre bourg placé à l'ouverture du canal d'Alexandrie dans le Nil.

Le général Bonaparte partit le premier avec une escorte de guides à cheval, emmenant ses aides-de-camp et officiers d'état-major avec lui, et laissant les équipages du quartier-général en arrière pour suivre la division du général Desaix, qui s'était mise en marche en suivant le bord du canal. Il savait la division Dugua rendue à Rosette ; il lui avait envoyé l'ordre de marcher à Rahmanié, où elle devait être arrivée.

L'on n'apercevait encore rien dans la plaine lorsqu'il nous quitta pour se porter en avant avec son escorte.

Nous marchions depuis quelques instans, lorsque nous entendîmes un tiraillement de mousqueterie en arrière de nous.

Nous fîmes halte quelques instans, et nous vîmes bientôt un nuage de poussière qui s'approchait. C'était le quartier-général entier, avec ses bagages, qui partait pour Rahmanié, et qui était attaqué par un tourbillon d'Arabes semblable à un essaim de mouches à miel. L'escorte qui accompagnait ce convoi était composée de guides à pied, et trop faible pour former un carré qui aurait contenu tous les équipages, autour desquels elle tournait elle-même pour éloigner les Arabes qui les harcelaient et les empêchaient d'avancer.

Cette escorte avait heureusement avec elle deux pièces de canon de huit, attachées au régiment des guides, sans quoi elle eût été perdue avant de nous avoir rejoint. Nous l'attendîmes une bonne demi-heure, et il était temps qu'elle se réunît à nous.

Au moment où nous recommencions à marcher, il parut en avant, sur la route de Rahmanié, un très gros corps de mamelouks, qui étaient les premiers que nous rencontrions. Cette apparition nous mit dans une grande inquiétude sur le général Bonaparte, que nous avions laissé moins d'une heure auparavant à ce même point, avec une escorte qui n'était pas le quart des mamelouks que nous apercevions.

Ce n'était pas le moment de résoudre des conjectures, aussi fit-on halte sur-le-champ.

Le général Desaix forma sa division en deux fortes colonnes serrées, et distantes entre elles ; il mit son artillerie à la tête, tous ses chameaux et bagages au centre, et à l'intervalle de ces deux colonnes; pour fermer la marche, les guides à pied avec leurs deux pièces de huit.

Cet ordre une fois rectifié, et les instructions données pour que, dans le cas d'une charge, il n'y eût plus qu'à faire par peloton à droite et à gauche, et à commencer le feu, on se mit en marche; les mamelouks voulurent nous tâter, tant à la tête qu'à la queue de la colonne; mais quelques coups de canon nous en débarrassèrent. Nous continuâmes à marcher dans cet ordre jusqu'au Nil, où nous arrivâmes mourans de soif, et par un soleil qui était encore très élevé.

A peine aperçut-on le fleuve que tout le monde, officier et soldat, s'y précipita sans savoir s'il aurait pied; chacun cherchait à apaiser la soif qui le dévorait, et buvait la tête basse; il semblait voir un troupeau; aucun n'avait pris le temps d'ôter son sac ni de poser son fusil.

En sortant du fleuve on trouva de vastes champs tout couverts d'une grande variété d'espèces de melons et autres productions; en sorte que les souffrances du désert furent bientôt oubliées.

Dans le fait, arrivé au bord du Nil, on prend une tout autre idée du pays : une verdure charmante succède à l'aridité du désert; une fertilité incomparable frappe tous les regards. Des arbres, dont nous n'avions pas vu depuis l'Italie, nous offraient un ombrage dont on ne peut sentir le prix qu'en sortant du désert; enfin l'eau du Nil, après laquelle on soupire en traversant le même désert par le soleil.

Nous eûmes le plaisir d'apprendre que le général Bonaparte était heureusement arrivé; il n'avait même pas aperçu ce corps de mamelouks qui nous avait attaqués.

Toute l'armée était réunie sur le bord du Nil à Rahmanié, et l'escadrille qui était sortie d'Alexandrie pour entrer dans le Nil, était remontée, et à l'ancre à côté de l'armée.

On resta dans cette position un jour environ avant de se remettre en marche pour le Caire, sans quitter le bord du fleuve, que la flottille remontait en même temps que nous.

On ne manquait plus d'eau; on trouvait des melons, des lentilles et du riz en abondance; on trouvait des tas de blé tout battu (1); mais

(1) En Égypte les récoltes de chaque village sont mises en commun, par tas, autour du village; chacun y prend le grain dont il a besoin; on n'y connaît pas les granges ni les greniers, et à peine empêche-t-on les oiseaux et les volailles de s'en gorger, parce que les enfans que l'on aposte pour les chasser sont le plus souvent à jouer ou à dormir.

le pain était ce qu'il y avait de plus rare, et le plus grand nombre d'entre nous est arrivé jusqu'au Caire sans en avoir mangé.

A chaque pas que faisait l'armée, le général Bonaparte reconnaissait tout ce qu'il y avait à faire; d'abord pour utiliser les ressources du plus fertile pays du monde, et en régulariser l'emploi, puis y acquérir une gloire différente de celle dont il était déjà couvert avant d'y arriver.

L'Égypte, comme tout l'Orient, n'attend qu'un homme, et cet homme a moins besoin d'être conquérant que législateur : ce pays a été tant de fois conquis et ravagé, qu'il a les conquérans en horreur; il les compare à la peste. Mais un souverain qui ferait seulement cesser les maux qui accompagnent le joug qui l'accable serait le plus grand des hommes pour ce malheureux peuple, à qui le droit de propriété est inconnu; qui n'a ni la faculté d'acquérir ni celle de vendre. Ne serait-ce pas un moyen de se l'attacher pour jamais que de lui apporter les bienfaits de la civilisation, dégagée de la corruption qui trop souvent l'accompagne ?

Il n'en faut pas douter; le Directoire, en envoyant le général Bonaparte en Égypte, n'avait eu pour but que de se défaire d'un chef que ses victoires avaient rendu populaire, et dont il ne croyait plus avoir besoin ; et lui, de son côté, avait accepté avec empressement, d'abord pour être hors de la portée des atteintes d'un gouvernement ombrageux, puis pour satisfaire la louable ambition de rendre à ce pays et à ses peuples la gloire et la prospérité dont ils avaient joui autrefois. Il s'en serait peut-être déclaré le chef sous un titre quelconque ; je le crois, parce qu'il me l'a dit lui-même depuis ; mais peu importait alors aux affaires du monde.

Le général Bonaparte, en continuant sa marche vers le Caire, eut en chemin une rencontre sérieuse avec les mamelouks au village de Chebreisse.

D'après l'ordre qu'il avait prescrit d'observer, chaque division de l'armée marchait formée en carré de six hommes de profondeur à chacune de ses faces, l'artillerie aux angles, les munitions ainsi que les bagages et le peu de cavalerie que nous avions au centre.

Cet ordre de marche nous mettait à l'abri de quelque événement que ce fût ; mais il ralentissait nos mouvemens, déjà lents, parce que notre cavalerie étant trop inférieure en matériel et personnel à celle des mamelouks, il avait fallu se soumettre à l'inconvénient de ne pouvoir se faire éclairer par elle. Nos mouvemens de marche commençaient donc par un redoublement de nos carrés ; le deuxième ne se mettait en marche que quand le premier commençait à se reformer, s'il y avait du danger ; ou bien lorsque le premier était en pleine marche, si l'éloignement des mamelouks ne nous laissait rien à redouter.

Il y a eu des journées pendant lesquelles nous avons dû faire quatre et cinq lieues en marchant dans cet ordre, obligés de nous rompre et de nous reformer chaque fois qu'il fallait passer un défilé, ce qui arrivait plusieurs fois dans une matinée. Ces défilés étaient le passage des canaux d'irrigation dans lesquels l'eau n'était pas encore ; ils étaient tous larges et surtout profonds ; il fallait d'abord en abattre les bords en pente douce, ce qui demandait beaucoup de temps. On ne peut se figurer ce qu'avaient à souffrir de la chaleur les soldats qui se trouvaient au centre du carré, où il n'y avait aucune circulation d'air, et à la surface duquel un nuage d'une poussière fine gênait la respiration.

La soif était générale et dévorante : plusieurs hommes en moururent sur place ; le sentiment de leur conservation suffisait pour convaincre les soldats qu'on les aurait exposés au malheur d'être taillés en pièces si on les avait laissé courir au Nil pour se désaltérer ; mais lorsqu'on rencontrait une citerne ou un puits à roue, on se plaçait de manière à ce qu'il fût au milieu du carré ; alors on faisait halte, et chacun buvait à son aise, puis on se remettait en marche.

Le général Bonaparte faisait chaque soir mettre sa tente sur le bord du fleuve, au milieu de son armée, et près de son escadrille, quand elle avait pu remonter jusque-là. On avait mis en tête de celle-ci les deux demi-galères que le général Desaix avait amenées de Civitta-Vecchia, parce que les bâtimens extrêmement fins d'échantillon avaient moins à craindre de l'échouage dans un fleuve inconnu où l'on naviguait sans pilote.

Comme l'on sait, ces bâtimens voguent par le calme et contre les courans, au moyen de leurs énormes rames que font mouvoir les forçats, que l'on y embarque uniquement pour cela.

Ces malheureux sont toujours assis et fixés à leurs bancs de peine par une chaîne et un cadenas, depuis l'armement jusqu'au débarquement du bâtiment, en sorte que si par un accident il est englouti, ils périssent tous.

Le général Bonaparte, en voyant du rivage passer cette flottille, remarqua ces malheureux dans cet état : c'était l'avant-veille de la rencontre de Chebreisse ; il ordonna que sur-le-champ toutes ces chaînes fussent rompues, et les hommes mis en liberté.

Ce fut le surlendemain, lorsque l'armée commençait en même temps sa marche, que l'on aperçut l'armée des mamelouks, dont le désordre même, joint à la variété des couleurs de leurs vêtemens et au luxe de leurs chevaux, avait quelque chose d'imposant.

Elle avait aussi une flottille de toutes sortes de bâtimens montés par des Turcs et des Grecs, qui descendait le Nil pour attaquer la nôtre.

Ils étaient déjà près de nous lorsque le général Bonaparte arrêta le mouvement de marche de son armée pour la former en cinq grands carrés placés en échiquier ; celui de gauche appuyé au Nil et protégeant la flottille, et celui de droite dans la direction du désert, et se flanquant tous réciproquement.

Les mamelouks vinrent parader sur notre front, mais n'osant l'attaquer, ils firent le tour de notre droite croyant qu'ils trouveraient nos derrières plus vulnérables ; on leur envoya quelques coups de canon, qui suffirent pour nous en débarrasser, surtout quand ils virent que ce côté ne leur offrait pas plus de chances de succès que le premier. Ils n'entreprirent rien de plus toute la journée.

Il n'en était pas de même sur le fleuve : leur flottille était descendue bravement sur la nôtre. Elle l'attaqua, et l'aborda franchement dans une position où une courbure du fleuve et l'élévation de notre rive nous empêchaient de la protéger du point où nous étions placés. Les deux demi-galères furent un moment enlevées, et tout ce qui fut pris eut la tête coupée. Il y avait à peine vingt-quatre heures que les forçats avaient été détachés, et ils s'étaient, comme le reste des équipages, jetés à l'eau pour gagner le rivage opposé, ainsi que les autres bâtimens qui combattaient toujours. La canonnade était fort vive.

Le général Bonaparte fit appuyer la division de gauche jusque sur le bord du fleuve; un feu de mousqueterie et de mitraille eut bientôt fait lâcher prise aux assaillans, et les deux demi-galères ayant été abandonnées, nos gens revinrent s'en emparer.

La flottille continua à remonter le fleuve en serrant celle des mamelouks. Enfin cette petite affaire ne laissa pas que d'être chaude entre les deux flottilles; celle des mamelouks remonta au Caire dans la nuit qui suivit, et fut brûlée par les ordres des beys : nous ne la vîmes plus.

L'armée marcha tout le reste du jour en remontant le fleuve, et ce fut deux ou trois jours après que nous livrâmes la célèbre bataille des Pyramides, absolument en face du Caire.

Nous arrivions formés en cinq grands carrés, chacun composé d'une division; le nôtre était tout-à-fait au bord du Nil, et notre droite dans la direction des Pyramides.

Les mamelouks étaient placés au village d'Embabé, où l'on passe le Nil pour aller à Boulac, qui est un bourg du Caire.

Au bord du fleuve, ils avaient retranché ce village en l'entourant d'un fossé derrière lequel ils se tenaient à cheval (1). Derrière ce fossé, ils avaient placé, tant bien que mal, une vingtaine de pièces de canon, qu'ils firent jouer sur notre gauche, qui la première s'approcha d'eux. Les quatre autres carrés marchaient à la hauteur de celui de gauche, en suivant la direction qui leur avait été donnée; la division Desaix tenait l'extrême droite et avait à sa gauche la division Reynier.

Le général Bonaparte se tenait au centre, à la division Bon; il fit attaquer le village d'Embabé par la division de gauche, qui en était la

(1) Les mamelouks ne connaissaient point l'arme de l'infanterie, et regardaient comme déshonorant de combattre autrement qu'à cheval. Ils étaient excellens cavaliers, mais d'une ignorance complète sur tout ce qui concernait l'art de la guerre et la composition des armées.

plus rapprochée : le village fut emporté d'emblée, l'artillerie prise et les mamelouks dispersés. Pendant que cette attaque avait lieu, la plus forte partie des beys, suivis de leurs mamelouks, parut tout à coup, à l'extrémité de l'horizon devant les carrés des deux divisions Desaix et Reynier, dont les soldats n'étaient occupés que de ce qui se passait à la gauche. Le mirage qui règne en Égypte, et à l'effet duquel nous n'étions pas encore accoutumés, nous empêcha de les croire aussi près de nous après les avoir aperçus, tellement qu'ils étaient presque sur nous, que nous ne les avions à peine distingués à travers le mirage. (1)

On n'eut que le temps de crier *aux armes!* et de faire commencer le feu, que déjà cette formidable cavalerie nous entourait. La précipitation de sa charge avait été telle, qu'on n'eut pas le temps de rectifier la position de ces deux divisions, qui se masquaient de l'étendue du front d'un demi-bataillon à peu près.

(1) Le mirage est un effet produit par l'ardeur du soleil, qui condense les vapeurs que la terre exhale, et les empêche de s'élever; elles forment un nuage qui tout le jour couvre la surface de la terre, et ressemble à une mer calme vue de loin. La nuit, elles tombent en rosées abondantes, en sorte qu'après le coucher du soleil on découvre de plus loin que pendant la chaleur du jour.

Le danger était pressant; on fit commencer la fusillade, ne pouvant pas s'imaginer que ces deux divisions, qui n'étaient pas à plus de cent pas l'une de l'autre, se verraient dans la nécessité de se servir de leurs feux sur la partie de leurs fronts de flanc qui se masquaient de quelques toises. Il arriva précisément le contraire : la charge des mamelouks fut très audacieuse sur notre front, où un feu de mitraille et de mousqueterie joncha de leurs cadavres et de leurs chevaux tout le front et le pourtour de nos carrés; mais ce qui nous parut d'une audace extravagante, c'est que tout ce qui avait échappé à cette destruction s'était élancé avec une telle rapidité, qu'il vint passer dans l'intervalle des deux divisions Desaix et Reynier, sous le feu roulant des deux faces de ces divisions, qui les fusillaient à moins de cinquante pas de distance. Pas un seul des mamelouks ne rebroussa chemin ; et, chose singulière, il en resta moins sur le carreau, au passage par cet entonnoir, qu'il n'en était resté sur les fronts dans la première charge.

Les deux divisions étaient si près l'une de l'autre, qu'elles s'entretuèrent une vingtaine d'hommes.

Quoique les troupes qui étaient en Égypte fussent depuis long-temps accoutumées au danger et familiarisées avec toutes les chances d'une affaire, à moins de mentir à sa conscience, tout ce qui s'est trouvé à la bataille des Pyramides doit convenir que la charge de ces dix mille mamelouks avait quelque chose de si imposant, que l'on dut craindre un moment qu'ils n'enfonçassent nos redoutables carrés, sur lesquels ils venaient avec une confiance qui semblait avoir jeté au milieu de nous un silence morne qui n'était interrompu que par les commandemens des chefs.

Tous les mamelouks, montés sur des chevaux magnifiques richement caparaçonnés en or et en argent, enveloppés de draperies de toutes couleurs et de schalls flottans, lancés en plein galop en jetant des cris à fendre l'air, semblaient devoir nous anéantir dans un clin d'œil sous les pieds de leurs chevaux.

L'ensemble de cet imposant appareil avait rempli le cœur des soldats d'un sentiment qui y entrait pour la première fois, et les rendait attentifs au commandement. Aussi, dès que le feu fut ordonné, il fut exécuté avec une promptitude et une précision que l'on n'aurait peut-être pas obtenues un jour de parade et d'exercice.

Jamais un champ de bataille n'avait offert un pareil spectacle à des combattans, qui des deux côtés se voyaient pour la première fois. Cette journée décida du sort de l'Égypte, et cet effort fut le dernier que les beys firent en commun pour nous en disputer la conquête.

Le même soir, ils se dispersèrent; les deux plus puissans d'entre eux, Mourad et Ibrahim, que l'histoire de leurs anciens différends avait rendus méfians et extrêmement prudens dans ce qui touchait leurs intérêts personnels, étaient toujours rivaux.

Ibrahim repassa le Nil avec les petits beys qui relevaient de sa puissance, et, sans s'arrêter au Caire, il prit la route de Syrie; il ne séjourna que quelques jours à Salahié, à l'entrée du désert d'Asie, tant pour attendre ceux de ses mamelouks qui ne l'avaient pas encore rejoint depuis la bataille, que pour donner à son harem et à ses bagages le temps de gagner la Syrie.

Mourad, au contraire, prit la route de la Haute-Égypte avec ses vassaux, et remonta la rive gauche du fleuve, sur lequel il avait une flottille qui suivait son mouvement.

La nuit même du jour de la bataille, le général Bonaparte vint coucher dans la résidence de Mourad, au bourg de Gizé (1); l'armée

---

(1) Gizé est un gros bourg situé sur la rive gauche du Nil, en face de l'île de Roda, qui est entre le Caire et la

s'établit autour de lui, et le lendemain il prit possession du Caire.

rive gauche. Ce bourg est clos par une bonne muraille qui se termine aux deux extrémités par le bord du fleuve.

## CHAPITRE V.

Mécontentement des troupes. — Citadelle du Caire. — Pyramides. — Bataille navale d'Aboukir. — Créations d'établissemens de tout genre.

Notre flottille de guerre était arrivée et mouillait devant Gizé. On remplaça les munitions qui avaient été consommées, et l'on fut bientôt en état de recommencer, si le cas en était arrivé.

Les autorités du Caire, les chefs de la loi et les schérifs vinrent, à Gizé, se soumettre au général Bonaparte, qui gagna leur confiance, et tira d'eux des renseignemens qui déterminèrent ses opérations ultérieures.

Il voulait avant tout s'établir militairement en Égypte. Il fit partir sur-le-champ la division Reynier pour suivre les traces d'Ibrahim.

Il envoya la division Vial à Damiette, celle de Dugua à Rosette ; la division Bon appuya le Caire ; la division Desaix, qui était destinée à remonter dans la Haute-Égypte, attendit à Gizé que toutes les autres fussent rendues à leurs destinations.

Cette dispersion de l'armée fut le signal de l'explosion de tous les mécontentemens que les privations de tous genres avaient fait fomenter depuis Alexandrie. On ne ménageait plus rien en propos ; les plus modérés envoyaient de toutes parts leur démission ; et sans la ferme résolution que manifesta hautement le général Bonaparte, de faire un exemple du premier qui se chargerait de venir lui porter la parole pour ramener l'armée en France, ainsi que quelques uns des mécontens en avaient la pensée, il n'y a nul doute que l'armée se serait mutinée et aurait refusé l'obéissance : c'est la fermeté de son chef qui a tout contenu, et qui a préservé ces insensés de la honte dont ils se seraient couverts.

Telle était la confiance que le général Bonaparte avait en lui-même, que, dans cet état de choses, il partit du Caire, emmenant avec lui le peu de cavalerie qu'il avait amenée d'Europe, et prit la même route que la division Reynier, pour aller jeter Ibrahim en Syrie, et fermer l'Égypte de ce côté.

Il chargea le général Desaix du commandement du Caire, pendant que lui-même allait faire cette expédition ; mais, avant de partir, il avait envoyé son aide-de-camp Julien porter à l'amiral Brueys l'ordre d'appareiller pour Corfou ou Toulon : Julien ne devait pas revenir avant d'avoir vu partir la flotte.

Il avait aussi envoyé, comme négociateur près de Mourad-Bey, un sieur Rosetti, consul de Venise, et qui était établi au Caire; mais telle était l'ignorance de ces chefs orientaux, que Mourad refusa les propositions du général Bonaparte, parce qu'il venait d'apprendre la destruction de notre escadre, et qu'il s'était persuadé que cet événement nous forcerait à quitter l'Égypte.

Pendant le commandement du général Desaix, nous allâmes visiter la citadelle du Caire, qui est placée entre la ville et la chaîne du Monquatam, qui sépare le Nil de la mer Rouge.

Cette place a un grand escarpement du côté du désert; elle est, en général, fort bonne, et n'a aucun ouvrage extérieur.

L'on nous y montra une brèche, à plus de cinquante pieds d'élévation, du côté du Monquatam, et l'on nous raconta qu'après la bataille des Pyramides quelques mamelouks s'étaient retirés dans la citadelle, mais qu'ayant vu le Caire occupé par nos troupes, et n'osant risquer de sortir par la ville, dans la crainte d'être pris, ils avaient formé la résolution de s'enfuir par cette brèche. Pour cela, ils avaient commencé par jeter au bas du rempart tous les matelas du divan, coussins et ballots de coton qu'ils avaient pu se procurer; ensuite ils avaient fait sauter l'un d'eux pour disposer tous ces matériaux en plate-forme au-dessous de la brèche, après quoi ils y avaient tous sauté, l'un après l'autre, montés sur leurs chevaux, et, chose incroyable, sans s'être fait le moindre mal. J'ai encore vu les matériaux de cette plate-forme au bas de cette brèche.

L'on nous montra aussi la collection, que l'on gardait dans cette citadelle, d'un assez grand nombre de cuirasses et de casques pris sur les croisés. Ils étaient exposés en trophées au-dessus de la porte d'entrée, en dedans de cette citadelle : la plupart étaient en très bon état, quoiqu'à l'air depuis des siècles; mais, dans ces contrées, le climat est conservateur. Le puits de la citadelle du Caire nous parut de même fort curieux; il prend son eau au niveau du Nil, et, quoiqu'elle soit saumâtre, on n'a rien négligé pour en avoir abondamment.

On a construit dans l'intérieur du puits une spirale en pente douce qui conduit jusqu'à l'eau, ce qui donne à ce puits des dimensions immenses : tous ces beaux ouvrages attestaient l'état où avaient été les arts en Égypte, et n'étaient pas encore dégradés.

Nous avons aussi été visiter les pyramides. C'était la première fois qu'une troupe y arrivait. Chacun voulut venir avec le général Desaix, en sorte que nous étions plus de cent, non compris une compagnie d'infanterie que nous avions prise pour notre escorte.

Nous partîmes de Gizé, et traversâmes la plaine où l'on prétend qu'était la célèbre Memphis. De toutes les anciennes villes d'Égypte, c'est presque la seule dont il ne reste aucun vestige pour déterminer où elle fut placée ; et si, dans la plaine au-dessous des pyramides, on ne rencontrait pas de temps à autre quelques débris de poterie sous ses pas, rien n'autoriserait à penser qu'il y ait jamais eu là, non pas une ville, mais un mur.

Ce qui a dirigé nos conjectures, c'est d'abord le canal qui borde le désert au pied des pyramides, et qui aujourd'hui cependant n'a de l'eau qu'au moment des plus grandes crues du Nil, puis un pont en maçonnerie, qui n'a pu appartenir qu'à Memphis, sans quoi on n'en apercevrait pas l'utilité : il a dû nécessairement être là pour la communication des habitans de Memphis avec leur cimetière, ou ville des morts, qui se voit encore à côté des pyramides, qui n'étaient elles-mêmes que des tombeaux. La ville des morts de Memphis n'est qu'une réunion innombrable de petites pyramides dont beaucoup sont encore sur leurs bases, et dont la grandeur était proportionnée à la fortune des familles.

J'avais entendu émettre l'opinion que les grandes pyramides étaient des temples, fondée sur ce qu'il en existait de semblables dans l'Inde, où elles étaient consacrées au culte, et que les Égyptiens avaient reçu la lumière de l'Orient; mais je ne me rends pas pour cela à cette opinion : celles d'Égypte étaient bien certainement des tombeaux.

Je suis monté un des premiers en haut de la grande; nous y étions seize, et, malgré cela, à notre aise. La vue dont on jouit de ce point, au milieu des airs, est délicieuse.

Le général Bonaparte fut environ douze jours absent. Ce fut pendant ce temps que nous vîmes, au Caire, le spectacle des fêtes du ramadan, qui sont très rigoureusement observées en Orient. C'est le carême. Le jeûne que l'on observe consiste à ne boire ni manger quoi que ce soit depuis le lever du soleil jusqu'à son coucher : il faut travailler, en bravant l'excessive chaleur, et sans se désaltérer; mais à peine le soleil a-t-il disparu de l'horizon, que l'on prend un copieux repas, qui est servi à l'avance, mais auquel on ne touche pas tant que le soleil est encore visible.

Tout était nouveau pour nous; mais ce qui étonna le plus les soldats, ce furent les danses des almées, troupe de jeunes filles d'une taille remarquable par l'élégance et la tournure gracieuse, mais d'une licence dont on ne peut pas se faire une idée quand on ne l'a pas vue, et que la bienséance ne permet pas de détailler. Tout cela néanmoins se passait sur la place publique, en présence d'une foule de tout âge et de tout sexe.

Nous reçûmes un soir des nouvelles du mouvement du général Bonaparte; il avait rencontré Ibrahim près de Salahié, à l'entrée du désert, dans lequel il cherchait à se retirer, lorsqu'il l'avait fait attaquer par sa cavalerie, qui, trop faible en nombre, courut un grand danger; et elle aurait eu une mauvaise journée, si l'infanterie ne fût arrivée promptement pour la dégager. Néanmoins, le but que l'on s'était proposé fut rempli : Ibrahim passa en Syrie et nous laissa tranquilles.

Le général Bonaparte revenait au Caire, lorsqu'il rencontra en chemin l'officier que le général Desaix avait reçu de Rosette, et qu'il avait fait diriger sur Salahié : cet officier apportait la nouvelle du malheureux événement arrivé à notre escadre, et dont il avait été témoin.

Comme l'on sait, avant de la quitter, le général Bonaparte avait donné à l'amiral l'ordre d'entrer dans Alexandrie ou d'aller à Corfou. Soit que les passes d'Alexandrie n'eussent pas été reconnues encore, ou qu'elles n'eussent pas assez d'eau (1), notre amiral était allé prendre un mouillage à la pointe d'Aboukir, où il était depuis près d'un mois.

Les anxiétés du général Bonaparte étaient si grandes, que, pendant sa marche d'Alexandrie au Caire, il avait écrit deux fois à l'amiral Brueys d'entrer à Alexandrie ou d'aller à Corfou, et qu'enfin, avant de partir du Caire pour aller combattre Ibrahim-Bey, il avait envoyé son aide-de-camp Julien pour réitérer cet ordre à l'amiral; mais cet aide-de-camp, qui était parti avec une escorte d'infanterie sur une barque du Nil, n'arriva point et n'aurait pu arriver à sa destination avant le combat de l'escadre.

Il disparut avec toute son escorte dans un village des bords du Nil, où il était descendu pour acheter des provisions dont il avait besoin, et ce ne fut que long-temps après que l'on connut les détails de sa fin tragique.

Notre amiral avait mouillé son escadre sur une seule ligne, ayant son vaisseau de tête très rap-

(1) Après que les Anglais furent maîtres d'Alexandrie, deux ans plus tard, ils firent sonder les passes du port, et ils trouvèrent que celle du milieu avait dans sa moindre profondeur cinq brasses d'eau. Si notre escadre n'avait pas perdu un mois sans chercher à s'en assurer, elle se serait sauvée et aurait été d'un grand poids dans les destinées de l'avenir.

proché d'un petit îlot qui est à la pointe de terre sur laquelle est construit le fort d'Aboukir.

Les Anglais, après l'avoir reconnu, firent passer deux de leurs vaisseaux entre cet îlot et le vaisseau qui tenait la tête de notre embossage. Le premier vaisseau anglais qui essaya ce passage, ayant approché un peu trop près de l'île, échoua; celui qui le suivait passa entre son camarade échoué et la tête de notre embossage. L'amiral anglais, en voyant le premier (1) échoué et le deuxième réussir à trouver un passage, en envoya un troisième pour remplacer celui qui était échoué. Ces deux vaisseaux réunis remontèrent la ligne des nôtres, laissant la terre à leur droite, et combattirent, réunis, chacun de nos vaisseaux l'un après l'autre, pendant que le reste de l'escadre anglaise les combattait en remontant aussi notre ligne sur l'autre bord, ce qui obligeait nos vaisseaux à combattre sur les deux bords à la fois.

Notre escadre fut détruite vaisseau par vais-

(1) Il est remarquable que ce vaisseau anglais était ce même *Bellérophon*, qui, constamment armé depuis ce temps, semblait destiné à poursuivre les débris de l'expédition d'Égypte jusque dans son auteur. C'est le même qui reçut l'Empereur seize ans après : il y avait encore à bord des matelots de cette époque, parce que ce vaisseau n'avait pas été désarmé pendant la paix d'Amiens.

seau aux deux derniers près, qui, avec une frégate, étaient mouillés à la queue de l'embossage, et qui n'attendirent pas que leur tour arrivât pour appareiller et gagner le large: c'étaient *le Généreux* et *le Guillaume-Tell*, avec la frégate *la Diane* ou *la Justice*. Ils firent route pour l'Archipel, où ils se séparèrent encore: *le Généreux* alla à Corfou, et les deux autres parvinrent à entrer à Malte, ce qui prouve que l'ordre donné précédemment par le général Bonaparte pouvait s'exécuter.

Le vaisseau amiral (*l'Orient*) avait pris feu, et avait sauté pendant le combat; de nos quinze vaisseaux, nous ne sauvâmes donc que les deux dont je viens de parler.

La défaite de l'escadre devait nécessairement apporter quelques changemens dans la suite des projets du général Bonaparte, puisque cette escadre devait retourner en Europe chercher un second convoi de troupes sur lequel il ne fallait plus compter.

Néanmoins ce malheur eut quelque chose de moins désastreux qu'on n'avait paru d'abord le craindre. On connaissait peu l'Égypte alors, et les Anglais s'étaient imaginé que c'était un pays où nous allions mourir de toutes sortes de besoins. Ils le croyaient d'autant plus qu'ils avaient arrêté un petit bâtiment qui passait de Rosette à

Alexandrie, et sur lequel il y avait des malles remplies des premières lettres que tout le monde écrivait en France depuis que l'on était embarqué, et par conséquent dans lesquelles on n'avait pas épargné les doléances sur tout ce que l'on avait éprouvé de privations dans la traversée du désert et dans la marche jusqu'au Caire, pendant laquelle on avait à peine mangé du pain.

Tous ces détails confirmèrent les Anglais dans leur opinion, et ils imaginèrent qu'ils aggraveraient nos embarras en augmentant le nombre de bouches à nourrir. Conséquemment ils débarquèrent à Alexandrie tous les matelots, mousses et soldats des équipages et vaisseaux qu'ils avaient pris, et par ce moyen nous eûmes sept ou huit mille hommes sur lesquels nous n'avions plus droit de compter. On en tira parti pour compléter les corps, mais surtout on trouva des ressources inappréciables parmi les nombreux ouvriers de toutes professions qui se trouvaient à bord des vaisseaux. On les adjoignit à ceux qui avaient été amenés à la suite des différentes corporations savantes avec l'armee, de sorte que sous ce rapport, comme sous celui de l'artillerie, nos moyens furent plus que doublés.

On va voir avec quelle admirable sagesse tout cela fut utilisé.

La perte de la flotte avait un peu calmé les murmures de ceux qui demandaient leur retour en France; le général Bonaparte fit donner des passe-ports à tous ceux qui avaient persisté à en demander, et hormis quelques hommes que je ne veux pas nommer, tout le monde prit le parti de rester et de ne plus murmurer.

Les premiers mois de notre séjour en Égypte furent marqués par des travaux prodigieux et des créations de toute espèce.

La commission des savans avait été appelée d'Alexandrie au Caire, et chacun de ses membres avait été mis à la tête de quelque établissement qu'il était chargé de fonder et de diriger.

A Alexandrie, à Rosette, à Damiette et au Caire, on construisit des moulins qui faisaient de la farine aussi belle qu'on aurait pu l'avoir à Paris. On éleva des fours, en sorte que le pain devint aussi commun qu'il avait été rare auparavant.

On établit des hôpitaux dans lesquels chaque malade avait son lit. MM. Larrey et Desgenettes, célèbres à plus d'un titre, aidèrent puissamment ces bienfaisantes créations, et méritèrent l'estime du général en chef et la reconnaissance de l'armée.

On créa des salpêtrières et des moulins à poudre.

On construisit une fonderie avec un fourneau à réverbère, au moyen duquel on refondait des projectiles de gros calibre, dont on avait en abondance pour en faire de plus petits à l'usage de l'artillerie de l'armée.

On établit de vastes ateliers de serrurerie, armurerie, menuiserie, charronnage, charpente et corderie.

Au moyen des matelots trop âgés pour changer de profession, on créa sur le Nil une grande flottille, composée de toute espèce de bâtimens du fleuve, que l'on avait très bien gréés et armés. Ils étaient commandés par des officiers de la marine, et cette flottille fut de la plus grande utilité pour tous les transports de l'armée.

On habilla toutes les troupes en toile de coton bleue, on leur donna une coiffure faite en maroquin noir; on ajouta à cela une bonne capote en étoffe de laine du pays, que le soldat mettait la nuit. A aucune époque il n'avait été aussi commodément équipé.

Il recevait pour nourriture un pain excellent, de la viande, du riz, des légumes secs, et un peu de sucre avec du café pour remplacer les boissons spiritueuses, inconnues en Égypte avant notre arrivée.

On s'apercevait déjà des progrès sensibles que faisaient toutes ces créations. On avait des tables, des chaises, des bottes de maroquin et du linge; on mangeait du pain aussi beau qu'à Paris.

A peine les premiers besoins furent-ils satisfaits, que l'on vit le luxe s'introduire; on fit de la vaisselle plate, très légère et fort portative. Celle dite de chasse, dont l'Empereur s'est servi à Paris depuis, a été faite d'après celle-là, qu'il avait rapportée d'Égypte.

On ne se servait plus que de gobelets d'argent et de couverts du même métal.

On vit s'établir des confiseurs et des distillateurs qui eurent beaucoup de succès.

Peu à peu vinrent les passementiers et les brodeurs; les Turcs eux-mêmes, qui sont grands imitateurs, nous avaient surpassés en ce genre; ils avaient fini par fondre des boutons d'argent aux armes de la république, et les souffler en or avec une grande perfection.

Peu de mois après notre installation, on vit des cartes à jouer, des billards et des tables de jeu faites au Caire; on y imprimait en français et en arabe; tout ce qui était à faire pour nous établir à l'européenne était ou achevé, ou en train de l'être; la cavalerie se montait: tout marchait au mieux et était poussé avec une incroyable activité.

## CHAPITRE VI.

Expédition de Desaix dans la Haute-Égypte. — Combat de Sédiman. — Province de Faïoum. — Faouë. — Lac Mœris. — Ville des morts. — Tentative de Mourad-Bey après l'insurrection du Caire.

Le Nil était dans sa plus grande crue d'eau, lorsque le général Bonaparte arriva au Caire, de retour de son expédition contre Ibrahim-Bey. Il ordonna alors le départ de la division Desaix pour aller occuper la Haute-Égypte, et en même temps combattre Mourad-Bey qui s'y était retiré. Cette division n'était forte que de huit bataillons, parce que, depuis son arrivée au Caire, on en avait envoyé un pour tenir garnison à Alexandrie; elle fut toute embarquée à Boulac, sur des djermes (bâtimens du Nil). On lui avait donné deux pièces d'artillerie seulement. Elle remonta le Nil, sans s'arrêter, jusqu'à Siout, qui est la capitale de la Haute-Égypte. Tout le pays était couvert d'eau par le débordement du fleuve, et les villes ainsi que les villages, qui sont bâtis sur des élévations de terre amoncelée de main d'homme, formaient autant d'îlots.

Le général Desaix apprit à Siout que Mourad-

Bey était redescendu par le bord du désert de la rive gauche, laissant l'inondation à sa droite ; qu'il avait le projet de se rapprocher du Caire : on lui avait donné avis qu'il se préparait une insurrection contre les Français, et il voulait en profiter.

Comme l'inondation l'obligeait à passer par le Faïoum, pour avoir toujours une retraite assurée dans le désert, et qu'il ne pouvait marcher bien vite à cause de ses chameaux de provisions, le général Desaix conçut le projet de le joindre.

La décroissance du Nil commençait lorsqu'il fit descendre son convoi de djermes jusqu'à l'embouchure du canal de Joseph, qui est à environ quatre ou cinq lieues au-dessous de Siout, entre Minieh et Mélaoui ; il fit entrer tous ses bâtimens, à la suite l'un de l'autre, dans le canal, qui a partout dix à douze toises de largeur, et qui, dans toute sa longueur, borde le désert parallèlement au Nil.

Le courant des eaux du canal porta tout le convoi jusque près de Sédiman, petit village à la lisière du désert et sur le bord du canal. On y apercevait les mamelouks, qui s'éloignèrent dans le désert à notre approche. Néanmoins le général Desaix fit arrêter le convoi et débarquer les troupes ainsi que les deux pièces d'artillerie, et on s'avança en carré dans le désert, en présentant la bataille aux mamelouks, qui ne l'acceptèrent pas.

La soif d'une part et l'approche de la nuit de l'autre nous firent rapprocher des bords de l'inondation, où se trouvaient nos barques avec toutes nos provisions; les mamelouks nous suivirent, et bivouaquèrent à deux cents pas de nous, au point que nous fûmes obligés de reposer, formés en carré, chaque soldat ayant son fusil entre ses jambes.

Il faut avoir vécu avec les troupes françaises, pour apprécier tout ce qu'elles valent dans des circonstances périlleuses. Dans celle-ci, chaque soldat était si pénétré du danger, qu'il n'y avait rien à lui dire; la nécessité de l'obéissance avait parlé à sa conviction, et rendait la discipline inutile. Ils auraient fait justice d'eux-mêmes de celui d'entre eux qui serait tombé dans une négligence propre à compromettre le salut de tous.

Le lendemain à la pointe du jour, c'est-à-dire à deux ou trois heures du matin, toutes les troupes étaient déjà debout sans qu'on eût été obligé de battre la caisse; on fit sur-le-champ pousser les barques au large, afin de n'avoir pas à s'occuper de leur défense, et nous nous avançâmes dans le désert, formés en trois carrés, dont un grand flanqué par deux plus petits.

Nous avions nos deux pièces d'artillerie aux deux angles de notre front, et nous pouvions les passer aux angles de derrière par l'intérieur du carré.

Nous montions en cet ordre une colline du désert, pour nous placer à son sommet, afin de découvrir plus loin autour de nous, lorsque, sans avoir été avertis autrement que par le bruit du tam-tam des mamelouks, et par le tourbillon de poussière que leur marche faisait élever, nous vîmes un essaim de cette fougueuse cavalerie fondre sur nos carrés avec une telle fureur, que celui de droite fut enfoncé, et perdit quinze ou vingt hommes par la faute de son commandant. Cet officier, homme de beaucoup de courage, avait imaginé de réserver son feu pour n'en faire usage qu'à bout portant; il usa de ce moyen, mais il arriva que les chevaux des mamelouks, quoique percés de balles, traversèrent encore le carré pour aller tomber à cent pas de l'autre côté, en sorte qu'ils firent dans les rangs des ouvertures par lesquelles pénétrèrent les mamelouks qui les suivaient. Le général Desaix réprimanda sévèrement cet officier, qui avait cru bien faire, et dont la faute nous compromit gravement pendant quelques minutes.

Nous n'eûmes que le temps de faire halte, de mettre nos pièces en batterie, et de commencer un feu de deux rangs, qui, pendant une demi-heure, nous empêcha de rien distinguer à travers la fumée, la poussière et le désordre; mais avec la fin de ce feu nous vîmes celle de la bataille. Il était temps, car il ne nous restait plus que neuf coups de canon à tirer, et les cartouches allaient aussi manquer.

La bataille avait été meurtrière pour les mamelouks, qui prirent la fuite dans toutes les directions. En moins de quelques minutes, il n'y eut plus rien devant nous, et nous achevâmes de monter la colline, du sommet de laquelle nous découvrîmes la belle et riche province du Faïoum.

Pour nous rapprocher de nos barques, qui avaient vu la bataille du milieu de l'inondation, nous redescendîmes la colline par la même pente que nous l'avions montée; nos barques suivirent notre mouvement, et nous rejoignirent au petit village de Sédiman, où nous passâmes la nuit.

Le lendemain nous étions un peu pressés par la baisse des eaux, qui nous laissaient à peine le temps nécessaire pour faire arriver nos barques jusqu'à l'embouchure inférieure du canal par où elles devaient rentrer dans le Nil.

Nous partîmes, en conséquence, de Sédiman à la pointe du jour, et nous vînmes nous placer à l'entrée de la province du Faïoum, qui n'en est distante que d'une lieue.

Le canal de Joseph passe en face de la gorge qui lie cette province à la vallée du Nil.

Au plus fort de l'inondation, le même canal verse le trop plein de ses eaux dans un autre canal qui s'embranche avec lui au village d'Illaon, et les porte à la ville de Faouë, et ensuite au lac Mœris.

Le lit de ce canal est plus bas que celui du canal de Joseph; il existe à leur jonction une digue de séparation, en maçonnerie, fort solidement établie, et surmontée d'un pont en pierre fort ancien, sur lequel nous passâmes pour nous placer tout-à-fait à la gorge de la province où nous voulions aller.

Le général Desaix, ayant fait débarquer tout ce qui appartenait à sa division, renvoya les barques dans le Nil, et établit ses troupes en bivouac sous un bois de dattiers impénétrable au soleil, et au bord du canal d'Illaon.

Nous restâmes quelques jours dans cette position, où rien ne nous manquait. Le canal était assez peu profond pour pouvoir s'y baigner. Épuisés comme nous l'étions après sept ou huit jours consécutifs de marches dans le désert, par une chaleur étouffante, il nous sembla que nous ne pouvions trop user des bains froids de ce délicieux canal d'Illaon. L'abus nous en devint funeste, car au bout de quarante-huit heures, nous eûmes huit cents hommes attaqués d'ophthalmie au point d'être tout-à-fait aveugles. Le général Desaix lui-même était du nombre, et souffrit cruellement.

Nous fûmes si effrayés de cette situation, que nous fîmes sur-le-champ des dispositions pour nous rendre à Faouë, où nous espérions trouver des soulagemens pour tant de malades.

Nous mîmes le général Desaix avec quelques soldats sur une petite barque qui descendait par le canal, pendant que la colonne suivait la route qui, en le longeant, mène à Faouë.

Le nombre des aveugles surpassait celui des bien portans : chaque soldat qui voyait clair, ou qui n'avait qu'un œil attaqué, conduisait plusieurs de ses camarades aveugles, qui cependant portaient leurs armes et leurs bagages. Nous ressemblions plutôt à une évacuation d'hôpital qu'à une troupe guerrière.

Après avoir traversé des champs admirablement cultivés et couverts de rosiers en fleurs (1), pendant l'espace de plusieurs heures, nous arrivâmes, dans ce piteux état, à Faouë. Cette ville est considérable ; elle est située au milieu de la province du Faïoum, dont elle est la capitale,

---

(1) La meilleure huile de rose d'Égypte se fait à Faouë.

et qui est elle-même un bassin de verdure. Elle ne communique à l'Égypte que par une gorge dont l'ouverture est à Illaon. Le canal de ce nom traverse la province et la ville, d'où il se divise en une multitude de ruisseaux d'irrigation, qui vont fertiliser les campagnes avant de verser leur surabondance d'eau dans le lac Mœris.

Cette province est la plus tranquille de toute l'Égypte, avec laquelle elle a peu de communications.

Le canal, qui traverse la ville, est surmonté d'un pont fort ancien et semblable à ceux que j'ai vus en Égypte; ils paraissent être de la même époque. Je ne me souviens pas d'en avoir vu plus de cinq : un sur le canal qui passe au pied des pyramides, et qui doit avoir appartenu à Memphis; un à Illaon, un à Faouë et deux à Siout.

Nous attendîmes à Faouë la retraite entière des eaux, qui est bientôt suivie du desséchement des terres, ou plutôt de la consolidation nécessaire à l'ensemencement, qui ne consiste qu'à jeter le grain sur la boue, et à le faire enterrer au moyen du piétinement d'hommes qui parcourent le champ ensemencé dans tous les sens. On ne laboure la terre que quand elle est déjà trop solide pour que l'on puisse l'ensemencer comme je viens de le dire.

Depuis que nous étions en Égypte, nous n'avions pas encore été aussi bien qu'au Faïoum ; nous y restâmes plus d'un mois, pendant lequel nos ophthalmistes guérirent.

On construisit des fours, et on organisa l'administration de la province.

On fut bientôt prêt à se remettre en marche ; on s'avança à travers les magnifiques champs de verdure d'un pays qui, pour la première fois, allait nous déceler toute son inimaginable fécondité.

Le général Bonaparte avait témoigné au général Desaix qu'il était content de sa division, et lui avait mandé de faire des levées de chevaux dans la province de Faïoum, ainsi que des levées d'argent. Le tout fut ponctuellement exécuté. Cela nous donna l'occasion d'aller au fameux lac Mœris, dans lequel se décharge le canal qui s'embranche avec celui de Joseph à Illaon.

Ce lac n'a jamais pu avoir pour objet ce que la plupart des voyageurs ont prétendu, c'est-à-dire qu'il n'a jamais pu être un réservoir où l'on conservait la surabondance des crues du Nil, pour la rendre ensuite à la terre dans des temps de sécheresse. Ceux qui soutiennent cette opinion n'ont vraisemblablement pas vu les choses dont ils parlent.

Nous avons bien trouvé près d'Illaon, sur la

rive droite du canal et du chemin qui mène à Faouë, un très vaste bassin en maçonnerie que j'ai encore vu plein d'eau; il peut avoir deux cents pas de long, et environ autant de large. Il est effectivement plus élevé que le sol qui l'entoure, et ne peut se remplir qu'au moyen des plus grandes crues du Nil, et de petites vannes que l'on ouvre pour y introduire l'eau, et par lesquelles on la laisse écouler quand on en a besoin; elles ont encore aujourd'hui cette destination. Mais ce bassin ne peut pas être celui dont les voyageurs ont parlé. Il n'y a guère de moulin en Europe dont l'étang ne contienne plus d'eau, et toute celle qu'il pourrait contenir suffirait à peine à arroser une surface de quelques arpens de terre; ce ne peut donc être le fameux lac Mœris, ou alors l'exagération des historiens serait par trop forte.

Je commandais le premier détachement d'infanterie légère qui fut envoyé de Faouë pour parcourir la province; j'y remarquai partout les restes d'une antique civilisation, et surtout un système d'irrigation aussi bien entendu qu'en Italie.

Il part de la ville même de Faouë une multitude de petits canaux qui conduisent l'eau à tous les villages de la province; chacun a le sien et se charge de son entretien.

Quand on est mécontent d'un village, on ferme la vanne de son canal, et on le prive d'eau jusqu'à ce qu'il ait obéi à ce qu'on lui demande. Aucun autre moyen coercitif ne produirait un effet aussi prompt et aussi direct.

Le gouvernement de la province n'a besoin que d'un homme pour lever et fermer les vannes.

Je suis, je crois, le premier de l'armée qui ai été au lac Mœris, et ce grand spectacle n'a pas fait entrer autre chose dans ma pensée, sinon que le canal de Faïoum passait autrefois par les dunes de sable que les vents ont amoncelées à l'extrémité du lac, et que ses eaux allaient rejoindre la Méditerranée par le lac Maréotis, près d'Alexandrie. Les vents qui règnent constamment dans cette partie ont poussé successivement le sable de ces dunes dans le canal, et en ont totalement comblé toute la partie qui se trouve au-delà des dunes, et qu'on appelle aujourd'hui le *Fleuve sans eau*, dans lequel les habitans m'ont assuré que l'on trouvait encore des portions de bateaux pétrifiés.

Les eaux amenées tous les ans par la surabondance des crues du Nil, ne trouvant plus d'issue pour s'écouler, ont dû se déborder et former un vaste cloaque qui est devenu immense, mais qui, étant le point le plus bas de toute la province, n'a jamais pu perdre ses eaux que par l'évaporation, sous le soleil brûlant de ces contrées.

Le lac Mœris ne m'a pas paru avoir pu se former différemment.

Au milieu à peu près, il se trouve une petite île sur laquelle les habitans de la ville de Faouë (l'ancienne Arsinoé) construisirent leur ville des morts, et où ils élevèrent un temple qui existe encore. Chaque famille opulente y avait sans doute son tombeau, dans lequel chacun de ses membres avait sa chambre sépulcrale. C'était déjà dans ce temps-là, comme ce l'est encore aujourd'hui, une des occupations de la vie des Égyptiens de soigner leur dernière demeure. Il en était résulté que la ville des morts était à peu près égale à celle des vivans, et se composait d'habitations plus ou moins semblables. On ne pouvait arriver à cette ville des morts qu'en bateau; et vraisemblablement, le batelier, qui était à la fois le gardien des tombeaux, s'appelait Caron, car les habitans de la province appellent encore le lac Mœris, Birket-el-Caron (lac de Caron).

Lorsqu'on inhumait les grands, on le faisait avec pompe; mais, pour la classe mitoyenne, on y mettait moins de cérémonie, et la famille du mort, après l'avoir embaumé, portait le corps jusqu'au bord du lac, dans un local disposé pour cela auprès d'un embarcadaire, où Caron venait le prendre avec sa barque, pour le transporter dans le tombeau qui lui était destiné. Le batelier attendait qu'il y en eût plusieurs de réunis, et l'on avait soin de mettre sur le corps du défunt, son nom et la pièce de monnaie qui revenait à Caron pour son salaire. La famille allait ensuite au tombeau à un jour désigné, et rendait ses derniers devoirs au défunt.

Les pauvres qui n'avaient ni tombeau, ni moyens de se faire embaumer, étaient sans doute portés au bord du lac par leurs parens, qui leur mettaient sur la langue la pièce de monnaie destinée à Caron, qui la prenait avant de les enterrer. Cela se pratique encore à peu près de même en Égypte, dans toutes les villes assez grandes pour avoir une ville des tombeaux.

Les Égyptiens ont encore l'habitude de cacher leur argent sous la langue; il nous parut extraordinaire, dans les commencemens de notre arrivée, de voir que, pour nous rendre de la monnaie, un Turc commençait par cracher dans sa main tous les medins (1) qu'il tenait cachés dans sa bouche, quelquefois jusqu'au nombre de cent cinquante et de deux cents, sans que

(1) Le medin ou parat est une petite pièce d'argent

l'on s'en aperçût à sa voix, ni que cela l'empêchât de boire et de manger.

Pendant notre séjour à Faouë, nous fûmes obligés de remettre en marche nos ophthalmistes, qui étaient à peine guéris : voici pourquoi.

Mourad-Bey, qui avait eu avis d'un projet d'insurrection au Caire, s'était rapproché de cette ville, où effectivement un mouvement venait d'avoir lieu. La populace, exaltée par les hommes influens et les cheiks (1) de cette ville, s'était portée à différentes maisons appartenant à des beys, où l'on avait placé quelques uns de nos établissemens. Quelques assassinats furent commis dans les rues; mais cette insurrection ayant été mal dirigée, elle laissa aux troupes de la garnison le temps de prendre les armes, et de marcher sur tous les points menacés. On fit une prompte et sévère justice des premiers qui furent pris en flagrant délit, et tout fut bientôt apaisé. Les chefs demandèrent grâce; on la leur accorda moyennant une bonne contribution que l'on ne fut pas fâché d'avoir occasion de leur

---

fortement allié avec du cuivre, et qui vaut deux liards; elle est ronde et large comme un très petit pain à cacheter, et en même temps si mince qu'on ne s'expose pas à les compter au vent, qui les disperserait.

(1) Cheik, homme de la loi.

imposer. Cette insurrection n'eut d'autre effet que de consolider notre puissance.

Mourad-Bey, voyant le résultat, avait repris le chemin de la Haute-Égypte par le bord du désert, et était arrivé à l'extrémité de la province de Faïoum, où il cherchait à exciter une insurrection. Nous partîmes de Faouë pour aller le combattre ou l'éloigner. Nous laissâmes nos malades et le reste de nos aveugles dans la maison qu'avait abandonnée le gouvernement lors de notre arrivée, et dont nous avions retranché la porte. Cette maison avait des terrasses qui en commandaient les approches; elle renfermait nos dépôts de vivres et de munitions. Nous étions à peine à quelques lieues de la ville, que les mamelouks, que nous allions chercher, nous échappèrent, et vinrent se jeter dans la ville, espérant exciter les habitans à attaquer la maison où étaient nos soldats; mais n'ayant pu y réussir, ils essayèrent eux-mêmes, et vinrent tenter une escalade.

Les malades sortent aussitôt de leurs lits, les ophthalmistes lèvent l'appareil posé sur leurs yeux; tous prennent les armes, montent sur les terrasses de la maison d'où ils écartent les assaillans à coups de fusil, et les font renoncer à leur entreprise.

Mourad-Bey se retira, et en passant par la

ville, il alla regagner le désert du côté opposé à celui par lequel il était venu, et partit une seconde fois pour la Haute-Égypte.

Le général Desaix reçut cette nouvelle par un habitant de Faouë que lui avait expédié le commandant des soldats qu'il y avait laissés.

Il revint sur ses pas, et fut fort satisfait de voir que cette attaque, qui aurait pu avoir des suites funestes, n'avait même pas coûté un homme.

C'est dans l'excursion que nous venions de faire, que nous rencontrâmes une vaste fondrière, très longue, puisqu'elle nous parut de toute la longueur de la province, depuis son ouverture vers l'Égypte jusqu'au lac Mœris, et large comme une très grande rivière d'Europe. Cette fondrière semble avoir été bien anciennement une des décharges du Nil, ce qui corrobore l'opinion que je viens d'émettre sur la formation du lac Mœris et du Fleuve sans eau.

Elle est trop large et trop profonde pour être un ouvrage des hommes. On trouve encore dans le fond un ruisseau bordé de joncs très élevés, et les habitans nous dirent que ce petit ruisseau bourbeux conservait de l'eau toute l'année. En suivant la route d'Illaon à Faouë, nous remarquâmes un pont fort ancien, comme celui que nous avions vu à ce village, et qui était aussi élevé sur une digue de décharge en maçonnerie, construite en pierres énormes, et très bien conservée ; nous fîmes reconnaître la direction que suivaient les eaux, qui, dans les grandes crues, devaient encore s'échapper par-dessus cette digue, dont la surface était un plan incliné parfaitement uni, et nous apprîmes qu'elles se rendaient dans cette fondrière, qui, à l'époque la plus reculée, a dû avoir une destination sur laquelle nous n'avons point exercé nos conjectures.

## CHAPITRE VII.

Voyage de Desaix au Caire. — Nouvelle expédition dans la Haute-Égypte à la poursuite de Mourad-Bey. — M. Denon. — Le fils du roi de Darfour. — Singulière maladie d'un Turc. — Histoire de Mourad-Bey et d'Hassan-Bey.

La saison s'avançait; toutes les campagnes étaient couvertes d'une verdure qui reposait nos yeux fatigués de l'aridité du désert: nous avions passé pour la première fois un hiver pendant lequel la chaleur n'avait pas cessé d'être insupportable. Le mois de janvier nous avait paru être comme celui de juin en Europe. La gaîté était revenue, et le moral du soldat était tout-à-fait remonté.

Le général Bonaparte avait ordonné au général Desaix de quitter le Faïoum, et de porter sa division sur les bords du Nil, à Benisouef, à vingt-cinq lieues du Caire, sur la rive gauche : ce mouvement venait de s'exécuter, lorsque le général Desaix alla voir le général Bonaparte au Caire; je l'accompagnai dans cette course, qui ne dura que quelques jours, et que nous fîmes sur le Nil.

Le général Bonaparte n'avait encore reçu aucunes nouvelles de France; il n'était occupé que de créations de toutes les espèces. Le climat ne faisait rien sur son tempérament; il n'éprouvait pas, comme tout le monde, le besoin de dormir après midi. Il était toujours vêtu comme à Paris, son habit boutonné du haut en bas, et cela presque sans suer, tandis que nous étions tous dans un tel état de transpiration, qu'elle décomposait la teinture de nos habits : on ne peut se figurer l'effet que produit cette chaleur quand on ne l'a pas éprouvée.

Le général Bonaparte, après avoir gardé le général Desaix pendant quelques jours, et lui avoir témoigné toutes sortes d'amitiés, lui donna, pour le transporter de nouveau à Benisouef, une belle djerme (1) qu'il avait fait arranger pour lui-même; elle était véritablement magnifique, et s'appelait *l'Italie*.

Il fit partir du Caire, pour rejoindre la division du général Desaix, toute la cavalerie qui se trouvait montée, et au nombre de huit cents chevaux : avec cette cavalerie, on avait renvoyé à la division le reste de son artillerie, qu'elle n'avait pas embarqué dans sa première opération.

---

(1) Bâtiment du Nil.

On était prêt à recommencer la campagne par terre pour achever la destruction des mamelouks. Nous partîmes de Benisouef en remontant le fleuve le long de la rive gauche; mais alors nous ne marchions plus en carré comme dans la route d'Alexandrie au Caire: nous ne redoutions plus nos ennemis, qui étaient frappés de terreur à notre approche : notre marche n'était plus qu'une promenade, à la vérité souvent pénible, à cause de la chaleur.

Plusieurs membres de l'Institut du Caire étaient venus rejoindre notre division pour visiter la Haute-Égypte.

M. Denon, entre autres, s'était attaché d'amitié au général Desaix, et ne le quitta pas de toute la campagne. Tout le monde aimait son caractère doux et obligeant, et sa conversation instructive et spirituelle était un délassement pour nous.

Le zèle qu'il mettait à toiser les monumens, à rechercher des médailles et des antiquités, était un sujet continuel d'étonnement pour nos soldats, surtout quand on lui voyait braver la fatigue, le soleil, et souvent les dangers, pour aller dessiner des hiéroglyphes ou quelques débris d'architecture; car je ne crois pas qu'une seule pierre lui ait échappé. Je l'ai souvent accompagné dans ses excursions ; il portait sur ses épaules un portefeuille rempli de papiers et de crayons, et avait un petit sac suspendu à son cou, dans lequel il mettait son écritoire et quelque nourriture.

Il nous employait tous à lui mesurer les distances et les dimensions des monumens, qu'il dessinait pendant ce temps-là. Il avait de quoi charger un chameau en dessins de toute espèce, quand il retourna au Caire, d'où il repartit avec le général Bonaparte pour la France.

Les habitans, en nous voyant aussi curieux des monumens auxquels eux-mêmes ne faisaient pas attention, nous apportèrent quelques médailles qu'ils trouvaient par-ci par-là en cultivant leurs champs, et en bâtissant leurs maisons au milieu des ruines de celles des villes anciennes. Quand ils virent que nous y attachions quelque prix, ils nous en apportèrent une quantité. M. Denon en revenait chargé à chacune des courses qu'il faisait pour aller voir des antiquités. Les médailles n'étaient rien autre que des monnaies de cuivre romaines, qui étaient restées dans le pays en prodigieuse quantité, et où personne n'avait encore pénétré avant nous.

Les médailles d'or avaient disparu; il n'y avait que celles de cuivre qui s'étaient conservées, et cela en si grand nombre, en quelques localités, que l'on aurait presque pu les remettre en circulation.

Nous remontâmes d'abord jusqu'à Siout, qui est à soixante-quinze lieues au-dessus du Caire, puis à Girgé, qui est encore à vingt-cinq lieues plus haut. Nous avions ainsi fait cent lieues sans rencontrer un seul des partis de Mourad-Bey, qui nous laissait chaque soir la place qu'il avait occupée le matin.

Nous nous arrêtâmes quelque temps à Girgé, pour nous réparer et nous reposer de nos fatigues, après une marche aussi longue et aussi pénible.

Il venait d'arriver dans cette petite ville une caravane de Darfour; elle était commandée par un des fils du roi, qui vint demander protection au général Desaix. C'était un homme d'une trentaine d'années, fort doux de caractère, et qui avait de singulières idées sur toutes les moindres choses.

Le jour de notre arrivée, il avait tonné peut-être pour la première fois depuis un siècle; les habitans, en voyant tomber quelques gouttes d'eau, regardaient cela comme un bon augure.

Nous demandâmes au roi de Darfour ce que c'était que le tonnerre, et si on l'entendait dans son pays. Il nous répondit que oui, et que c'était un petit ange par lequel Dieu faisait diriger les nuages; qu'il se fâchait quand ceux-ci ne voulaient pas l'écouter, et que la pluie qui venait de tomber était ceux qu'il avait précipités du ciel, comme n'ayant pas voulu lui obéir.

Nous lui demandâmes ce que c'était que les esclaves qui composaient sa caravane, ainsi que les marchandises qu'elle apportait.

A cette occasion, il nous apprit que son pays était très pauvre, et n'avait presque point de culture pour nourrir sa population; encore les peuples du Sennaar, pays voisin, venaient-ils souvent dévaster leurs récoltes pour se nourrir eux-mêmes, ce qui occasionnait entre eux des guerres dans lesquelles ils se faisaient réciproquement des prisonniers qu'ils amenaient en Égypte pour les vendre; en sorte que ceux de Darfour y amenaient les prisonniers faits sur la population de Sennaar, et ceux de Sennaar y amenaient, par un autre côté, les prisonniers faits sur la population de Darfour. Il ajouta que les marchands profitaient du départ de ces caravanes, pour apporter leurs marchandises, qui consistaient en gommes, plumes d'autruche, peaux de tigre, quelques dents d'éléphant, et de la poudre d'or, qu'il nous montra. Elle ressemblait au sable que l'on emploie pour sécher l'écriture, et nous parut contenir encore beaucoup de parties terreuses. Il nous dit que dans son pays on la recueillait, après les pluies, dans les ruisseaux qui étaient descendus des montagnes.

Il y avait dans cette caravane beaucoup d'enfans qui étaient aussi destinés à être vendus. A ce sujet, il nous apprit que leurs parens, ne pouvant pas les nourrir, gardaient les plus forts pour travailler, et qu'ils envoyaient les autres en Égypte, d'où l'on devait leur en rapporter la valeur en grains, riz et autres espèces de denrées, ajoutant qu'en général ils ne rapportaient guère chez eux que des denrées pour se nourrir et se vêtir, et très peu d'argent, dont on n'avait pas grand besoin dans son pays.

L'entretien de ce roi de Darfour nous fit faire des réflexions sur la traite des noirs, et nous laissa presque tous dans l'opinion qu'il était plus philanthropique de la permettre que de la défendre, ou que du moins les gouvernemens devraient s'en charger eux-mêmes en achetant les Nègres, et en les transportant dans les colonies de la zone torride, où on les réunirait sous une magistrature, au lieu de les vendre comme une propriété particulière.

Ces caravanes partent de Darfour dans la saison des pluies, afin de trouver de l'eau dans le désert; elles marchent pendant cent jours dans le désert pour arriver aux Oasis, qui sont des îles de terre cultivées au milieu du désert, et de là pour arriver en Égypte elles mettent trois jours.

Elles perdent beaucoup de monde en chemin, quand elles ont le malheur de ne pas avoir de pluie, et toujours les individus qui les composent arrivent dans un état de maigreur affligeant à voir.

Le général Desaix traita bien ce roi de Darfour, lui fit des présens en grains, riz, sucre et café, qui parurent lui faire plaisir; mais ce qui nous sembla lui en faire davantage, fut une pelisse dont il s'empressa de se revêtir en se redressant avec un air d'importance.

Nous trouvâmes à Girgé un capucin qui y avait été envoyé de Rome comme missionnaire. Il savait à peine lire l'italien, et n'avait encore fait qu'un prosélyte; c'était un petit orphelin de douze ou quatorze ans, qui lui servait de domestique. L'un et l'autre parurent heureux de notre arrivée, et ne nous quittèrent plus. (1)

Avant de commencer cette campagne par

(1) Le petit garçon entra dans l'escadron des mamelouks après l'évacuation de l'Égypte, et il fut tué le jour de la révolte de Madrid, le 2 mai 1808. Le capucin s'attacha à l'administration de l'armée.

terre, le général Desaix avait emmené avec lui un chirurgien en chef, dont la société et la conversation lui plaisaient beaucoup, et pour lequel il avait de l'amitié : c'était le docteur Renoult, dont les connaissances générales et le goût pour les observations de tout genre faisaient un homme d'une société instructive et agréable.

Le général Desaix aimait beaucoup les Turcs, et souvent il priait le docteur Renoult de donner des soins à ceux d'entre eux dont l'influence et le crédit lui étaient nécessaires.

Nous étions établis au bord du Nil, lorsque le cheik d'une petite ville voisine fit demander au général Desaix la permission de consulter son savant médecin sur une maladie dont il commençait à être attaqué.

Le général Desaix pria le docteur Renoult de se rendre à l'invitation, et lui donna son interprète pour l'accompagner. Le docteur emporta avec lui une petite pharmacie qu'il avait toujours dans ses voyages, et partit, s'attendant tout au moins à voir un mourant. Quelle fut sa surprise en trouvant un homme qui aurait pu servir de modèle pour un autre Hercule-Farnèse, et ayant toutes les apparences d'une santé à l'avenant! Il lui demanda ce qu'il éprouvait pour se croire malade. Le cheik répondit au docteur

Renoult qu'il avait toujours usé sobrement des facilités de la loi sur la pluralité des femmes, qu'il n'en avait jamais eu que deux qu'il aimait passionnément, et que, malgré les soins qu'il leur rendait également chaque jour, il n'avait pu leur persuader qu'il n'en préférait pas une à l'autre, surtout depuis que son état maladif, qui durait déjà depuis deux ans, l'avait obligé à réduire ses assiduités près de chacune d'elles à deux ou trois hommages par jour.

Il racontait ces détails avec une bonne foi qui ne permettait pas d'en suspecter la sincérité; il ajouta que cet état de faiblesse l'inquiétait, et l'avait déterminé à demander la consultation du savant médecin.

Le docteur Renoult ainsi que l'interprète ne purent s'empêcher de rire, et de souhaiter au malade de rester encore long-temps affligé de cette maladie, lui disant que c'était celle des gens qui se portaient le mieux dans les autres pays, où même il était rare d'y trouver des hommes assez heureux pour être aussi malades que lui.

Chacun voulut s'informer de son hygiène, et je ne sais si personne s'avisa d'en faire l'essai, en apprenant qu'il ne vivait que de riz, de melon, et que, hormis quelques tasses de café, il ne buvait que de l'eau. Le docteur ne savait plus que penser de ceux qui ne se plaignaient pas de leur santé.

Nous commencions à être reposés de nos fatigues, lorsque nous fûmes rejoints à Girgé par un convoi de barques armées qui portaient les munitions que nous attendions pour continuer notre marche.

Nous partîmes, toujours en remontant le Nil, pour aller combattre Mourad-Bey, dont nous venions d'avoir des nouvelles. Il avait d'abord remonté jusqu'à Esné, où il avait été demander l'hospitalité à son rival le fameux Hassan-Bey.

Hassan avait été mamelouk d'Aly-Bey, qui régnait avant Ibrahim et Mourad, et que ce dernier fit mourir après qu'il eut été dangereusement blessé dans une de ces querelles si communes entre ces petits tyrans.

Aly-Bey avait vraiment de l'humanité et des connaissances naturelles : c'est le seul bey dont les Égyptiens nous aient paru honorer la mémoire; à sa mort, Mourad s'empara du pouvoir. Hassan, qui avait été fait bey par Aly son patron, était un guerrier redoutable; fidèle à son maître, il jura de le venger.

Ayant été vaincu par Mourad, il en fut poursuivi au point qu'il n'eut plus d'autre ressource que de s'enfuir du champ de bataille, près du Caire, jusqu'au sérail de Mourad, et d'aller demander asile à sa sultane favorite. Les lois de l'hospitalité sont sacrées en Orient : la sultane reçoit le fugitif, écrit à Mourad pour l'en prévenir, et lui défend en même temps de s'approcher du sérail, ni d'y entrer avant de lui avoir accordé la vie de Hassan. Mourad-Bey répond sur-le-champ qu'il ne veut accorder à Hassan que deux jours pour pourvoir à sa sûreté, et qu'après ce délai il attaquera le sérail.

Hassan reçoit la signification sans s'émouvoir, et il ne doute pas que sa perte ne soit résolue. Il voit déjà à travers les jalousies du sérail les mamelouks de Mourad qui sont aux aguets : l'un d'eux était aposté à une petite porte de service qui donnait sur une rue étroite et détournée; au-dessus de cette porte était un petit balcon en bois, et entouré de jalousies à la manière orientale; ce balcon était absolument au-dessus de la tête du mamelouk qui était en vedette à cette porte. Hassan ôte les coussins qui garnissent le balcon, et, muni de toutes ses armes, il s'y place sans bruit : il prend si bien ses mesures, que, d'un seul effort, il brise ce frêle balcon, et tombe, le poignard à la main, sur le mamelouk, le tue, monte sur son cheval, et se sauve à toute bride dans le désert par la route de Suez. Il se fait guider par des Arabes, et accompagner par eux jusqu'à ce port. Tout en y arrivant, il se rend à bord d'une caravelle qui appartenait à Mourad-Bey. De là il lui écrit pour le prévenir qu'il est à Suez, et lui demande cette caravelle pour le conduire à la Mecque, où il dit vouloir se retirer.

Mourad lui répond, lui donne la caravelle, mais pour le conduire seulement, et lui souhaite une bonne fortune; mais en même temps il ordonne secrètement au capitaine de la caravelle, qui était Grec, d'étrangler Hassan, et de le jeter à la mer une fois qu'il serait en route.

Hassan soupçonna la perfidie et eut néanmoins l'air calme; le lendemain du départ de Suez, il appelle le capitaine de la caravelle dans sa chambre, et lui demande l'ordre secret qu'il a reçu : celui-ci, pris à la gorge, se croit trahi, se jette à genoux, et demande grâce; il avoue tout. Hassan, sans s'échauffer, lui dit: « Je t'aurais fait grâce, « si tu m'avais avoué de suite la perfidie de Mou- « rad; mais tu as gardé le secret deux jours; « tu voulais l'exécuter »; et il le tua ainsi que son second. Le pilote, voyant le caractère d'un tel personnage, se hâta de le conduire à la ville sacrée.

L'intrépide Hassan imposa au schérif de la Mecque, et se fit payer, par lui et le commerce de cette ville, une forte contribution, au moyen de laquelle il enrôla quelques partisans; cela fait, il se rembarque sur la même caravelle, et vient débarquer à Cosséir. De là il fait prévenir ceux de ses mamelouks qui avaient échappé, de venir le joindre; en même temps, il fait dire à ses marchands de lui en envoyer de nouveaux tout armés et équipés. Il vient lui-même les rejoindre au bord du Nil à Esné, où il réunit bientôt deux cents mamelouks; alors il écrivit à Mourad pour lui reprocher sa perfidie, le défier au combat en lui redemandant son patrimoine, qui lui avait été enlevé.

Mourad surpris se trouva heureux de transiger avec lui; et comme au fond Hassan ne se souciait pas de venir trop près du Caire, il accepta la proposition que lui fit Mourad-Bey, de le reconnaître possesseur de toute la Haute-Égypte, depuis les cataractes du Nil jusqu'un peu au-dessus d'Esné, où il était à notre arrivée en Égypte.

Ce fut dans les bras de ce rival que Mourad-Bey alla se jeter, et par un sentiment de noblesse dont l'histoire des monarques de l'Europe n'offre peut-être pas d'exemple, Hassan le reçoit, ne lui fait aucun reproche, ne lui parle que de ses malheurs, et du plaisir qu'il va trouver à les partager.

Il pouvait, en servant sa vengeance, se faire

un mérite auprès des Français; mais cet homme extraordinaire n'y pensa même pas : il joignit aussitôt ses mamelouks à ceux qui restaient encore à Mourad, et ils vinrent ensemble à notre rencontre. Elle eut lieu à la petite ville de Samanhout, le lendemain de notre départ de Girgé.

Le schérif de la Mecque, par zèle pour sa religion, avait envoyé mille à douze cents hommes d'infanterie à Hassan-Bey, qui les mena aussi à Samanhout.

## CHAPITRE VIII.

Bataille de Samanhout. — Tentira. — Ruines de Thèbes. Sienne. — Cataractes. — Projet du pacha d'Égypte. — — Radeaux de poterie. — Impôt du miri; moyens employés pour le lever.

Quelques corps que le général Desaix tenait en avant nous eurent bientôt donné avis de la présence des mamelouks, en sorte que nous eûmes le temps de nous former en deux grands carrés d'infanterie, et de placer la cavalerie sur trois lignes entre ces deux carrés; la deuxième ligne faisait face en arrière.

Dans cette bataille, comme dans les autres, on ne tira que vingt-cinq ou trente coups de canon; la mousqueterie décida tout, le feu des carrés dispersa les mamelouks, sur lesquels on lança toute notre cavalerie, qui était commandée par le général Davout; mais elle ne put en joindre aucun, quoiqu'elle les poursuivît assez loin dans le désert : en revanche, elle tailla en pièces les malheureux fantassins de la Mecque.

La bataille finissait, lorsqu'il déserta un mamelouk d'Osman-Bey-Ottambourgis : c'était un Hongrois, ancien sous-officier des hussards autrichiens du régiment de Wentschal ; il avait été pris dans la guerre entre cette puissance et la Porte, en 1783 ou 1784. Il nous vint de même d'anciens dragons de La Tour, et même des officiers des corps francs hongrois et croates, qui, ayant été pris dans la même guerre, avaient été conduits à Constantinople, puis amenés en Égypte, où ils étaient simples mamelouks : ce sort-là ne leur déplaisait pas, et ils n'avaient fait aucun effort pour retourner dans leur patrie, quoiqu'ils eussent un consul en Égypte; mais il est juste de dire que, si leurs beys leur en avaient soupçonné la pensée, ils auraient eu la tête coupée sur-le-champ.

Le reste du jour de la bataille, on continua à marcher pour venir coucher à Farchout, au bord du Nil.

Les mamelouks remontèrent le fleuve, et, le lendemain, nous les suivîmes. A cette hauteur, la vallée de l'Égypte se rétrécit beaucoup, et continue à se resserrer jusqu'aux cataractes, où elle se termine en forme d'entonnoir.

Dans la marche que nous fîmes en sortant de Farchout, nous trouvâmes les ruines de Tentira, pour arriver quelques heures après au milieu de celles de la fameuse Thèbes aux cent portes. Nous y passâmes la nuit.

Nous étions trop fatigués pour accorder de

l'attention à ces antiques monumens; qui étaient déjà dans cet état de destruction du temps de Moïse. Cependant, comme M. Denon était infatigable toutes les fois qu'il y avait quelque chose à voir, il nous conduisit au lieu où se trouvent les débris de la statue de Memnon, qui est brisée en treize morceaux. J'ai mesuré la circonférence d'un de ses bras au-dessus du coude : elle avait treize pieds et demi.

Nous allâmes voir la fameuse avenue de Sphinx, qui nous parut bien peu de chose; et ce qui nous surprit le plus, ce fut de voir des chapiteaux de colonnes peints en vert et en rouge, et qui étaient aussi frais que si cette peinture n'avait eu qu'un an, ce qui nous prouva combien le climat avait peu altéré ces énormes monumens, que l'on ne prendrait pas la peine d'aller voir, s'ils étaient à la porte de Paris.

Depuis Girgé, nous avions traversé une plaine plantée de cannes à sucre et couverte de toutes les plantes médicinales que produit l'Égypte, en sorte que l'atmosphère était remplie d'une odeur balsamique, qui était encore plus forte à l'approche des villages.

Les bords du Nil commençaient à être dangereux, particulièrement le soir, à cause des énormes crocodiles qui sortent du fleuve pour venir se repaître de tout ce que l'on sème dans le limon de ses bords. Nous en avons vu souvent; mais aucun accident n'est arrivé. Ces animaux, quoique monstrueux, sont très timides; le moindre bruit les fait fuir, surtout quand ils sont hors de l'eau, d'où ils ne sortent que la nuit.

Thèbes nous a paru avoir été fort grande, et nous avons pu en juger par les ruines des deux portes opposées qui existent encore; néanmoins les historiens sont tombés dans une grande exagération à ce sujet, car elle n'a jamais pu être aussi grande qu'une de nos principales villes de France.

Nous n'y passâmes qu'une nuit, et, le lendemain, nous continuâmes à remonter le Nil pour arriver à Esné, où était la résidence de ce même Hassan-Bey, qui s'était attaché à la fortune de Mourad.

Nous ne nous arrêtâmes qu'une nuit dans chacune de nos stations. D'Esné nous allâmes au passage de la Chaîne, ainsi appelé parce que, dans cet endroit, la vallée est si resserrée par les montagnes qui la bordent, qu'elles n'y ont laissé que l'espace nécessaire au passage du Nil; et quoique celui-ci fût au temps de ses plus basses eaux, il y avait à peine la voie d'une pièce de canon entre ses bords et le pied de la montagne, qui, à partir de ce point, est toute composée de blocs énormes de granit rouge. C'était le premier qui s'offrait à nos yeux depuis que nous étions en Égypte, et ce n'est sans doute que de là qu'on a tiré tout celui qui ornait les monumens de Rome, et que l'on désignait sous le nom de granit d'Orient. Nous avons vu les carrières qu'exploitaient les anciens, et nous y avons encore trouvé des obélisques entiers, détachés du rocher pour être ébauchés, et qui n'avaient pu être achevés.

Au moyen des crues du fleuve, on embarquait sans doute ces masses énormes sur des radeaux construits exprès, pour les transporter dans toutes les villes d'Égypte. On en rencontre encore au milieu des ruines quelques uns qui n'ont pas été renversés.

Du passage de la Chaîne (1), la vallée s'élargit un peu jusqu'aux cataractes, où nous arrivâmes le lendemain. Mais ce petit bassin n'offre plus la même terre que celle d'Égypte : ce n'est que du sable que l'inondation fertilise, mais qui produit bien peu de chose. Aussi avons-nous recommencé

(1) On l'a sans doute appelé ainsi, parce que, dans cet endroit, le fleuve est si étroit qu'on a pu autrefois en arrêter la navigation par une chaîne tendue d'un bord à l'autre. Là, le Nil est d'une profondeur extrême : les gens du pays nous disaient naïvement qu'on n'en trouvait pas le fond.

à souffrir; et si, en arrivant à Sienne, nous n'avions pas arrêté, au pied des cataractes, les convois de barques sur lesquelles les provisions des mamelouks étaient embarquées, nous eussions souffert bien davantage : mais nous y trouvâmes du biscuit, des dattes en abondance, et de l'orge pour les chevaux.

Nous étions arrivés au pied des cataractes et en face de Sienne, qui est sur la rive droite. Nous passâmes la nuit sur le bord du fleuve, où nous avions réuni toutes les barques dont je viens de parler : nous fûmes obligés de faire constamment grand bruit pour éloigner les crocodiles, qui cherchaient quelque chose à dévorer autour de ces barques qu'ils sentaient chargées.

Au jour, nous traversâmes le fleuve pour aller à Sienne, et nous nous arrêtâmes dans une île, située au milieu de son lit, où l'on voyait quelques monumens. C'était l'île de Philé des anciens; l'on prétendait qu'il y existait un puits au fond duquel on apercevait le soleil à midi juste, le 21 juin, parce que, comme l'on sait, Sienne est sous le tropique; nous avons inutilement cherché ce puits, nous ne l'avons pas trouvé.

Les historiens ont exagéré sur Sienne comme sur le reste; cette ville n'est plus qu'un amas de très petites maisons construites en briques cuites au soleil, et n'a jamais pu être que très peu de chose, même dans les temps les plus reculés; elle n'est entourée que de sable, que l'on ne peut cultiver que dans une largeur de quelques toises sur chacun des bords du Nil. Elle ne pouvait avoir aucune industrie, si ce n'est celle d'être un point de halte pour les caravanes qui venaient par le Nil en Égypte, et un poste militaire que les Romains paraissent y avoir entretenu pendant tout le temps qu'ils ont occupé cette province.

Nous restâmes quelques jours à Sienne pour voir quel parti prendraient les mamelouks, et nous employâmes ce temps à visiter cette ville et ses environs.

C'est à Sienne que nous avons vu des voûtes pour la première fois, et les habitans sont obligés de les employer dans la construction de leurs maisons, faute de bois assez fort pour soutenir un étage supérieur. Ces voûtes rendent leurs habitations un peu plus fraîches, ce qui est d'un grand prix dans une ville abritée de tous les vents, entourée de rochers de granit, et placée sous le tropique : elle serait inhabitable sans cela. Du reste, l'on ne remarque ni chaux ni plâtre, même dans l'intérieur des chambres, qui sont tout simplement crépies avec le limon noir du Nil.

Un des inconvéniens de ces contrées est celui d'être dévoré par de la vermine, dont la plus grande propreté ne débarrasse pas toujours. L'on nous avait dit que sous le tropique elle périssait par l'excessive chaleur; on nous avait fait un conte : elle s'y multiplie à un degré insupportable; mais il fallut bien que l'armée souffrît ce nouveau fléau.

Nous avons trouvé, dans les environs de Sienne, les débris bien conservés de la voie romaine qui allait de Sienne au port de Bérénice, dans la mer des Indes.

En arrivant aux cataractes, qui sont un peu au-dessus de Sienne, nous fûmes bien surpris de ne voir aucune chute d'eau; le fleuve s'est ouvert un passage à travers un amas de rochers de granit qui obstruent son lit et l'ont divisé en une infinité de petits torrens : ces amas de rochers se prolongent pendant à peu près une lieue, et forment ce que l'on appelle les cataractes. Immédiatement après avoir franchi cet obstacle, on trouve le fleuve dans son entier, et formant un beau bassin au milieu duquel s'élève l'île d'Éléphantine, qui est toute couverte de monumens. Nous étions frappés d'étonnement de voir aussi bien conservées toutes les inscriptions grecques et romaines que les voyageurs avaient gravées partout, lorsqu'ils étaient venus visiter ces mêmes lieux quelques siècles avant nous. La plupart étaient encore plus lisibles que ne le sont celles qui couvrent la muraille de la galerie où l'on vient admirer le beau point de vue de la *villa* d'Est à Rome, et que celles qui couvrent le rocher au bas de la cascade du Rhin à Schaffouse.

Nous passâmes une nuit au-dessus des cataractes, que nous avions laissées à cinq lieues derrière nous, et nous revînmes à Sienne le lendemain (1). Il serait difficile de se faire une idée

---

(1) Le pacha qui gouverne aujourd'hui l'Égypte a été occupé d'un projet qui ferait honneur au gouvernement le plus civilisé d'Europe. Il a fait venir d'Italie de jeunes ingénieurs qui avaient fait leurs cours à l'école fondée par Napoléon à Modène, et les a envoyés reconnaître la cataracte qui sépare l'Égypte de l'Éthiopie, et celle qui, cent cinquante lieues plus haut, sépare l'Éthiopie du royaume de Sennaar. Son but était de savoir si l'on pouvait faire disparaître ces cataractes et rendre le fleuve navigable. Le rapport des ingénieurs a été tout-à-fait favorable. L'énormité de la dépense a seule obligé le pacha à ajourner l'exécution de son projet, parce que, dans ce moment-là, il faisait recreuser le canal qui porte les eaux du Nil à Alexandrie, et que la plus grande partie de ses finances était absorbée par d'autres dépenses. S'il peut revenir un jour à cette pensée, et qu'elle s'exécute par

de tout ce que nous eûmes à souffrir de la chaleur dans toutes ces marches.

Nous avions remarqué sur le Nil des radeaux qui le descendaient, et dont la construction singulière avait vivement piqué notre curiosité : c'était de la poterie. Nous étions arrivés au point le plus élevé de l'Égypte, sans en avoir rencontré de fabrique. Nous demandâmes d'où venait cette marchandise : on nous apprit qu'elle venait de beaucoup plus haut que Sienne, où se trouvait un de ces radeaux. Nous l'examinâmes ; il était aussi grand que ceux que l'on voit sur nos rivières en France, et uniquement composé de pots de terre parfaitement égaux, ingénieusement rangés les uns à côté des autres, liés ensemble, et l'ouverture placée en dessous ; on en mettait ainsi les uns sur les autres autant de rangs que la profondeur de l'eau le permettait.

lui ou ses successeurs, le Sennaar sera mis en communication avec la Méditerranée par une bonne route de navigation. Ce pays, qui est, comme l'Égypte, une vallée du Nil composée de terre d'alluvion, est fertile en coton et en plantes médicinales ; il fournit en outre de la poudre d'or et des bois de construction magnifiques dont les montagnes sont couvertes ; ce qui se comprend, parce qu'il pleut beaucoup dans le Sennaar, tandis qu'il ne pleut pas en Égypte. Un pareil projet, s'il s'exécute jamais, doublera la puissance du pacha et de l'Egypte.

Cette masse était soutenue à flot par l'air qui restait au fond des pots, d'où il ne pouvait s'échapper. Les conducteurs y ajustaient un gouvernail, et y plaçaient quelques nattes, sur lesquelles ils s'établissaient. Ils descendaient ainsi le fleuve du point le plus élevé du cours du Nil jusqu'au Caire, et en passant même par-dessus les cataractes, quand l'inondation les recouvre, ainsi que cela a lieu tous les ans.

Ces radeaux ne craignaient que l'échouage; mais dans le Nil, dont les bords sont limoneux, cela ne présente aucun danger.

Pendant son séjour à Sienne, le général Desaix eut besoin d'écrire à Siout; on donna la lettre à porter à un fellah, qui ne prit pas d'autre moyen pour exécuter sa commission, que de lier ensemble deux bottes de joncs, sur lesquelles il se plaça assis à la turque, avec sa pipe et un peu de dattes, ne prenant que sa lance pour se défendre contre les crocodiles, et une petite rame pour se diriger. Placé ainsi sur cette frêle embarcation, il s'abandonna au cours du fleuve et arriva sans accident.

Notre campagne paraissait finie; nous croyions que les beys Mourad et Hassan avaient été porter leur infortune chez les Éthiopiens; mais nous fûmes bientôt désabusés: le désert leur était familier, et des guides fidèles les avaient ramenés depuis les cataractes jusqu'en Égypte, en leur faisant faire une marche pénible.

Ils arrivèrent avant nous à Esné, où ils se séparèrent pour suivre chacun une fortune différente. Mourad continua à descendre par la rive gauche, et Hassan passa sur la rive droite.

Nous eûmes aussitôt avis de ce mouvement par un gros détachement d'infanterie, que nous avions laissé en observation au passage de la Chaîne, et nous nous mîmes en mesure de les suivre.

Le général Desaix laissa à Sienne un détachement de deux cents hommes d'infanterie, et partit, avec le reste de ses troupes, par la rive droite du Nil, qu'il vint passer à Esné, où il resta quelques jours.

Avant de s'occuper exclusivement des mamelouks, il fallait songer à organiser la province, dont les ressources devaient pourvoir à nos besoins; l'impôt était déjà d'un an en arrière; le Nil, qui allait monter de nouveau, aurait rendu sa rentrée difficile, parce qu'en Égypte, quoique l'impôt ou miri se paie exactement, les villes et villages ne l'apportent jamais; il faut que l'on se donne la peine d'aller le chercher, et les villages ne le paieraient point, si on négligeait de déployer un appareil militaire en venant le leur demander; et ce qui est étrange, c'est que c'est pour eux une marque de considération à laquelle ils sont très sensibles.

Le déshonneur accompagne celui qui paie le miri à la première sommation, et une grande considération est accordée à ceux qui résistent. Elle est même graduée d'après le nombre de coups de bastonnade qu'ils ont la force d'endurer avant de délier la bourse.

Cet usage bizarre est établi depuis des siècles, nous n'y dérogeâmes pas. Il fallut donc disloquer les troupes de la division, afin d'occuper toute la Haute-Égypte, organiser une administration pour pourvoir aux besoins des soldats, et commencer enfin à lever l'impôt, dont la quotité n'était pas même encore fixée.

D'Esné le général Desaix vint s'établir à Kené, petit bourg placé à la lisière du désert de la rive droite, et où aboutit la route qui mène à Cosséir, sur la mer Rouge. Il y organisa l'expédition qui devait aller occuper ce point, dont il était important d'être promptement maître, parce que c'est par ce port qu'arrive tout le café moka, ainsi que les marchandises de l'Arabie, qui se changent à Cosséir contre du blé, du riz et autres produits de l'Égypte. On réunit plusieurs centaines de chameaux qui furent employés à transporter les troupes qui devaient aller occuper Cosséir; on traita avec des Arabes du désert pour le transport de toutes sortes de vivres et de munitions, puis on fit partir cette expédition, qui arriva à Cosséir après six jours de marche. Peu de jours après son arrivée, il parut devant le port deux frégates anglaises qui venaient de l'Inde; elles débarquèrent deux cents hommes de troupes de ce pays avec une pièce de canon. Cette troupe avait vraisemblablement le projet de s'emparer du fort qui domine le port, et qui est un vieux bâtiment carré, en maçonnerie très ancienne et solidement établie; mais, le voyant déjà occupé par nos troupes, elle se rembarqua en laissant sa pièce de canon, qui nous resta. Les frégates s'éloignèrent, et ne reparurent plus.

## CHAPITRE IX.

Organisation de la Haute-Égypte. — Nouvelles de France. — Le général Bonaparte à l'isthme de Suez : — danger qu'il court. — Jaffa. — Massacre des prisonniers. — Les Druzes et les Mutualis. — Leur députation au général Bonaparte.

La Haute-Égypte se trouva ainsi complétement occupée par nos troupes. Le général Desaix était parvenu à faire régner partout l'ordre à côté de l'administration, et les avantages de ce gouvernement sur celui des beys étaient trop évidens pour ne pas convaincre la population, et avancer la révolution politique qui se faisait presque d'elle-même.

On ne négligeait rien pour la propager, et c'est dans ce but qu'après avoir organisé l'Égypte supérieure, le général Desaix descendit jusqu'à Siout pour y établir la même organisation; et telle était l'équité de ses décisions et l'impartiale rigueur de sa justice, que les Arabes l'avaient surnommé le *sultan juste*.

L'Égypte était tranquille et nous observait; Mourad et Hassan couraient encore la campagne, non seulement sans y faire de progrès, mais en perdant au contraire, chaque jour, quelques uns de ces intrépides mamelouks dont ils avaient déjà si peu.

L'espérance les avait abandonnés, et le moral était tout-à-fait de notre côté.

Pendant que le général Desaix était livré à ces importantes occupations, il apprit que le général Bonaparte venait de se porter sur la Syrie, pour exécuter la deuxième partie du plan qui l'avait amené en Orient.

Les bruits d'une nouvelle rupture entre la France et l'Autriche venaient de se répandre, ainsi que celui de l'apparition d'une escadre de vingt-cinq vaisseaux de ligne français dans la Méditerranée, sous le commandement de l'amiral Bruix, que nous avions su avoir été nommé ministre de la marine depuis notre départ. Le fait était vrai; Bruix avait armé et commandait lui-même la flotte de Brest : il l'avait amenée d'abord dans la Méditerranée, où le Directoire lui avait dit qu'il embarquerait des troupes sur la côte d'Italie, mais arrivé là on les lui avait refusées, parce que l'armée d'Italie elle-même n'en avait pas assez, en sorte que Bruix prit le parti de retourner à Brest, toutefois cependant après être entré à Cadix, d'où il se fit accompagner jusqu'à Brest par la flotte espagnole, que le Directoire retint en otage : tant il se crut peu assuré de la constance de l'Espagne à rester dans sa politique.

On ne regardait pas en Égypte ces bruits comme tout-à-fait fondés ; mais les conjectures auxquelles ils donnèrent lieu ne pouvaient être défavorables à ce que le général Bonaparte méditait d'entreprendre. L'occupation de l'Égypte était assurée. L'armée, en se créant une nouvelle patrie, s'était en même temps donné un point d'appui d'où elle pouvait porter les coups les plus terribles aux puissances de l'Orient, s'élancer sur Constantinople, ou atteindre les Indes, et frapper au cœur la prospérité de l'Angleterre.

Le moment de procéder à cette seconde partie de son plan semblait venu ; les Égyptiens se familiarisaient avec les Français.

Rien ne paraissait à craindre, soit au-dedans, soit au-dehors. Alexandrie était fortifiée, et munie d'une garnison commandée par un général habile (Marmont) ; Aboukir, Rosette, Rahmanié, Damiette et le Caire étaient dans le même cas, en sorte qu'à proprement parler, on possédait toutes les clefs de l'Égypte. Nos ennemis n'avaient plus la chance des révoltes ; le peu de succès des premières en avait fait passer l'envie, et d'ailleurs, nous étions partout plus forts que les mamelouks. Le général Bonaparte, avant de partir pour la Syrie, voulut aller voir les débris des établissemens vénitiens à Suez, et faire rechercher autour de cette ville les traces du canal que l'on assure avoir existé autrefois pour joindre la Méditerranée à la mer Rouge, à travers l'isthme de Suez.

Il n'y a que vingt-cinq lieues du Caire à Suez, mais elles sont toutes dans le désert, où l'on ne trouve ni un arbuste ni une goutte d'eau.

Il emmena avec lui ses aides-de-camp, le général du génie Caffarelli Dufalgua, et MM. Monge et Berthollet; un escadron de ses guides formait toute sa garde.

Il traversa rapidement le désert, et atteignit le Kalioumeth. Le soleil n'était pas au tiers de sa course. Il fut curieux de pousser jusqu'au mont Sinaï, et de voir l'état où étaient les aiguades qu'avaient autrefois construites les Vénitiens. Il passa la mer au lieu même où Moïse l'avait franchie avec ses Hébreux, et le fit, comme lui, au moment où la marée basse la laissait presqu'à sec. Arrivés en Asie, les chasseurs restèrent sur le rivage avec les guides qu'on avait pris à Suez. Ils imaginèrent de leur faire boire de l'eau-de-vie : ces malheureux n'en avaient jamais goûté ; ils perdirent la raison, et étaient encore tout-à-fait ivres quand le général revint de l'excursion qu'il avait faite. Cependant la marée allait monter, le jour était à son déclin; il n'y avait pas un instant à perdre.

Ayant préalablement relevé la position de Suez, on se mit en marche dans sa direction. Mais après avoir marché quelque temps dans la mer, on s'égara; la nuit était venue, et l'on ne savait pas si l'on marchait vers l'Afrique ou l'Asie, ou vers la grande mer. Les flots commençaient à monter sensiblement, lorsque les chasseurs qui étaient en tête crièrent que leurs chevaux nageaient.

En suivant cette direction, on ne pouvait manquer de périr, de même que si l'on eût perdu du temps à délibérer. Le général Bonaparte sauva tout le monde par un de ces moyens simples qu'un esprit calme trouve toujours.

Il s'établit le centre d'un cercle, et fit ranger autour de lui, sur plusieurs hommes de profondeur, tous ceux qui partageaient ce danger avec lui, et en numérotant tous ceux qui composaient le premier cercle en dehors. Il les fit ensuite marcher en avant, en suivant chacun la direction dans laquelle ils étaient, et en les faisant suivre successivement par d'autres cavaliers à dix pas de distance dans la même direction. Lorsque le cheval de l'homme qui était en tête d'une de ces colonnes perdait pied, c'est-à-dire lorsqu'il nageait, le général Bonaparte le rappelait sur le centre ainsi que tous ceux qui le suivaient, et il leur faisait reprendre la direction d'une autre colonne à la tête de laquelle on n'avait pas encore perdu pied.

Les rayons qui avaient été lancés dans des directions où ils avaient perdu pied, avaient tous été retirés successivement pour être mis à la suite de celui où on ne l'avait pas perdu. On retrouva ainsi le bon chemin, et l'on arriva à Suez à minuit, ayant déjà de l'eau jusqu'au-dessus du poitrail des chevaux; et dans cette partie de la côte la marée monte jusqu'à vingt-deux pieds.

On avait été fort inquiet de ne pas voir arriver le général Bonaparte avant l'heure de la marée, et lui-même s'estima fort heureux de s'en être tiré ainsi. Il revint au Caire afin d'y terminer ses dernières dispositions avant de partir pour la Syrie, où il emmena six mille hommes.

Il laissa en Égypte de bonnes garnisons dans les places que j'ai citées plus haut, un corps mobile de quinze cents hommes autour du Caire, et la division du général Desaix dans la Haute-Égypte.

Avec sa petite armée, il traversa le désert qui sépare l'Afrique de l'Asie, prit en chemin le fort d'El-Arich, dont la garnison capitula et obtint la liberté, sous condition de se rendre à Bagdad et de ne pas servir contre les Français avant un an; de là il marcha sur Gazah (l'ancienne Césarée), et arriva devant Jaffa (l'ancienne Joppé), où il se trouva une garnison turque qui fit mine de se défendre.

Jaffa, située tout-à-fait au bord de la mer, est entourée d'une bonne muraille; il fallut lui donner assaut pour y entrer, et on y fit trois mille prisonniers, qui, pour la plupart, étaient ces mêmes soldats auxquels on avait accordé la liberté et la vie à El-Arich, à des conditions qu'ils avaient aussitôt violées.

On apprit sur ces entrefaites que la Porte, après avoir mis aux fers tous les agens français, avait déclaré la guerre à la France, et rassemblait à Rhodes une armée qui devait être portée en Égypte : rendre de nouveau la liberté à ces prisonniers, c'était envoyer aux Turcs de nouvelles recrues; les envoyer en Égypte sous escorte, c'était affaiblir l'armée déjà si faible. La nécessité décida de leur sort; on les traita, après leur parjure, comme ils traitaient après le combat nos blessés, à qui ils coupaient la tête sur le champ de bataille.

Après la prise de Jaffa, l'armée continua sa marche, et arriva devant Saint-Jean-d'Acre, l'ancienne Ptolémaïs. La conquête de cette place devait entraîner celle de toute la Palestine, ainsi que cela avait eu lieu du temps des croisades, et nous ouvrir cette fois-ci le chemin de Constantinople, au moyen de nombreuses légions que le général Bonaparte avait le projet de former avec la superbe et nombreuse population du pays qu'il traversait.

Dans cette position, l'Orient prenait une face nouvelle, et recevait de nouveau la lumière qu'il avait répandue jadis sur le monde. Ses peuples belliqueux se seraient infailliblement jetés dans les bras d'un guerrier qui ne leur demandait que de relever leurs fronts trop long-temps humiliés.

La puissance physique de ces peuples est extraordinaire; on peut juger de ce qu'ils seraient devenus après la régénération de leur moral. L'Orient doit, tôt ou tard, appartenir encore à celui qui saura se donner un point d'appui pour poser le levier qui doit l'ébranler.

Le souvenir des anciennes croisades nous était favorable, quoiqu'elles aient trouvé leurs tombeaux dans ces mêmes contrées.

Les Druzes et les Mutualis, peuplades chrétiennes qui habitent les montagnes à l'est, sont, à ce que l'on dit dans le pays, les descendans en ligne directe des derniers croisés, qui, privés des moyens de retourner dans leur patrie, ont été retenus dans le pays par la misère. Pour se soustraire aux Turcs, ils se sont retirés dans les montagnes où vivent encore leurs descendans, et l'on ne se souvient pas qu'aucun Turc soit parvenu à pénétrer dans les lieux qu'ils ont choisis pour leur retraite.

Ces peuplades vivent en tribus; elles ont perdu la connaissance de la langue de leurs ancêtres, mais elles ont encore les mêmes armes qu'eux, les mêmes lances, de longues épées avec une poignée en forme de croix, et de petits boucliers ronds faits d'un cuir très dur.

Au premier bruit de l'entrée des Français en Syrie, ces peuples descendirent de leurs montagnes, animés par ce seul sentiment qu'ils devaient être nos alliés naturels, et vinrent au camp devant Saint-Jean-d'Acre pour rendre hommage au général Bonaparte, dont la gloire était parvenue jusqu'à eux; on leur fit grande fête; et le général Bonaparte, qui aimait à reparler de cette époque, même au temps de ses plus hautes prospérités, m'a fait l'honneur de me dire quelquefois que, lors de l'entrée de ces guerriers druzes dans sa tente, il avait éprouvé un sentiment d'intérêt mêlé d'admiration dont il n'avait pu se défendre, et que cette visite lui avait fait éprouver un véritable plaisir. Il disait qu'il n'avait pas cru voir des Turcs, que leurs physionomies avaient encore l'impression de la souche d'où ils étaient sortis, que leurs yeux et la coupe de leur visage étaient plus européens qu'orientaux; qu'en un mot on voyait bien qu'entre eux et nous il y avait quelque chose de commun.

La tradition des âges avait appris à ces guerriers qu'ils provenaient d'autres guerriers venus du même pays que nous. Ils vivaient, du reste, dans une ignorance complète des affaires du monde, et ne sont que des chrétiens dans toute la simplicité des premières doctrines. Ils sont fort considérés de la population entière de la Syrie, qui, de temps en temps, a recours à leur protection pour imposer à la férocité des milices des pachas que la Porte envoie pour gouverner ces malheureuses contrées.

Ces diverses populations eussent bien aisément fourni une magnifique armée qui aurait précédé nos légions, lesquelles n'auraient plus été engagées que dans les occasions où leurs efforts seraient devenus nécessaires; mais avant tout il fallait prendre Saint-Jean-d'Acre.

## CHAPITRE X.

Prise par les Anglais d'un convoi expédié pour Saint-Jean-d'Acre. — Siége de Saint-Jean-d'Acre. — Retraite. — Le général Bonaparte à l'hôpital des pestiférés de Jaffa. — Débarquement de l'armée turque. — Bataille d'Aboukir.

Le général Bonaparte, dont la prévoyance embrassait toutes les difficultés, avait fait partir d'Alexandrie un convoi de bâtimens sur lesquels il avait fait embarquer la grosse artillerie, ainsi que des outils du génie; il était escorté par deux vieilles frégates qui étaient parties de Toulon comme bâtimens de transport, et avaient été réarmées à Alexandrie depuis la défaite de notre escadre. Tout ce qui devait être employé au siége de Saint-Jean-d'Acre était sur ce convoi, ainsi que beaucoup de fusils. Cette petite flotte, d'une valeur inappréciable dans cette circonstance, fit route le long des côtes d'Égypte et de Syrie. Elle était prévenue qu'il y avait deux vaisseaux anglais dans ces parages; mais comme les bâtimens qui la composaient tiraient peu d'eau, ils pouvaient serrer la côte de très près et s'y mettre à l'abri toutes les fois qu'ils n'auraient pas trouvé les troupes françaises maîtresses d'un des petits ports de cette côte, dans lequel ils devaient entrer.

La fatalité voulut que tout ce convoi fût commandé par un officier d'une intelligence au-dessous du médiocre, et qu'arrivé à la pointe du Mont-Carmel, il n'osa pas, ou du moins il négligea de faire reconnaître le port de Caïpha, dont il n'était qu'à trois lieues, craignant de le trouver occupé par les Turcs, tandis que nous y étions déjà. Il hésita, et dans cette perplexité il préféra, en restant au large, s'exposer à être pris par les Anglais que par les Turcs, que son imagination lui faisait voir partout. Il tomba effectivement au pouvoir des Anglais avec tout son convoi, et cette faute, qu'on ne sait comment qualifier, eut une influence immense sur l'avenir.

Il n'y avait pas à reculer, et il fallut faire le siége de la place avec les moyens qu'offrait l'artillerie de l'armée.

On en fit la circonvallation, on ouvrit la tranchée, et à force de zèle on parvint à faire brèche; on livra jusqu'à dix assauts à cette misérable bicoque, dans laquelle on pénétra plusieurs fois, mais d'où l'on fut toujours repoussé avec de grandes pertes; les Turcs, si terribles quand ils sont derrière des murs, se défendaient d'autant mieux, qu'ils voyaient bien que nos moyens d'attaque n'étaient pas en proportion avec ceux de leur défense ; et de plus ils étaient dirigés par un officier d'artillerie français que les Anglais avaient débarqué dans la place pour présider à sa défense.

Cette résistance inattendue, et le temps que l'on avait dépensé à cette opération, avaient un peu altéré la haute opinion que les peuples s'étaient formée de ce qu'ils allaient voir.

Leurs communications avec nous se refroidirent d'abord ; peu à peu les vivres devinrent rares, et les désordres arrivèrent à la suite des besoins.

Les Druzes et les Mutualis étaient retournés chez eux, et enfin, l'audacieuse insolence des Arabes vagabonds s'étant accrue, il fallut détacher des corps entiers pour couvrir une plus grande surface de pays, et y chercher des vivres pour l'armée. Ces corps furent vivement attaqués et harcelés par des essaims de population ; le général Bonaparte fut obligé de marcher lui-même pour dégager Kléber au Mont-Thabor, et le général Junot à Nazareth, en sorte que les détachemens n'obtenant pas ce que l'on s'était proposé en les faisant marcher, on les fit rentrer.

La disette ne tarda pas à se faire sentir, et, pour comble de malheur, la peste se mit dans l'armée.

Dans une situation aussi grave, il ne restait au général Bonaparte aucune chance de mener son opération à bonne fin : il ne pouvait, au contraire, que perdre son armée, s'il ne se hâtait pas de la ramener en Égypte.

Une autre considération le détermina encore à abandonner son premier projet; nous approchions de la saison pendant laquelle les débarquemens sont faciles en Égypte, où la côte, partout très basse, oblige les vaisseaux de mouiller fort loin, et comme dans cette position ils ne peuvent tenir contre la violence des vents de l'arrière-saison, il n'y a qu'en été qu'ils peuvent rester à ce mouillage. Pendant son séjour en Syrie, le général Bonaparte avait appris qu'une expédition se préparait dans les ports de l'Archipel : il était donc très prudent de se trouver en Égypte au moment de son arrivée.

On se mit en marche pour y revenir après avoir fait embarquer tous les malades, ainsi que les blessés, qui arrivèrent sans accident à Damiette.

L'hôpital n'était pas évacué en entier par une foule de soldats, que le nom, plus encore que la gravité de la maladie tenait dans les angoisses. Le général Bonaparte résolut de les rendre à leur énergie naturelle. Il alla les visiter, leur reprocha de se laisser abattre, de céder à de chimériques terreurs; et, pour les convaincre par une preuve péremptoire, il fit découvrir le bubon tout sanglant de l'un d'entre eux, et le pressa lui-même avec la main. Cet acte d'héroïsme rappela la confiance parmi les malades; il ne se crurent plus désespérés. Chacun recueillit ce qui lui restait de forces, et se disposa à quitter un lieu d'où, un instant auparavant, il n'espérait plus sortir. Un grenadier, chez qui le mal avait fait plus de ravages, avait peine à se détacher de son grabat. Le général l'aperçut, et lui adressa quelques paroles propres à le stimuler. « Vous avez raison, mon général, reprit le « brave, vos grenadiers ne sont pas faits pour « mourir à l'hôpital. » Touché du courage que montraient ces malheureux, épuisés par leur anxiété autant que par la maladie, le général Bonaparte ne voulut pas les quitter qu'il ne les vît tous placés sur les chameaux et les transports dont l'armée disposait. Ces moyens furent insuffisans : il requit les chevaux des officiers, livra les siens; et, observant qu'un de ceux-ci manquait, il fit chercher le palefrenier, qui le

gardait pour son maître, et hésitait à le livrer.
Le général, impatienté de cet excès de zèle, laissa
échapper un geste menaçant; l'écurie entière
fut employée au service des malades. C'est cependant cet acte si magnanime que la perversité humaine s'est plue à travestir. Je suis honteux de revenir sur cette atroce calomnie; mais
celui dont la simple assertion a suffi pour l'accréditer, n'a pu la détruire par son désaveu. Il
faut bien se résoudre à montrer combien elle
est absurde. Je ne veux pas me prévaloir de la
pénurie de médicamens où l'immoralité d'un
pharmacien plongea l'armée, ni de l'indignation à laquelle s'abandonna le général Bonaparte, lorsqu'il apprit que ce malheureux, au
lieu d'employer ses chameaux au transport des
préparations pharmaceutiques, les avait chargés
de comestibles sur lesquels il espérait bénéficier.
C'est un fait connu de l'armée entière, que la
nécessité où l'on fut réduit de se servir de racines
pour suppléer l'opium. Mais, quand cette substance eût été aussi abondante qu'elle l'était peu,
quand le général Bonaparte eût eu dessein de recourir à l'expédient qu'on lui attribue, où trouver un homme assez déterminé, assez altéré de
crimes, pour aller desserrer la mâchoire de cinquante malheureux prêts à rendre l'âme, afin de

les gorger d'une préparation mortelle? Le voisinage d'un pestiféré faisait pâlir le plus intrépide; le cœur le plus ardent n'osait se courir son ami dès qu'il était atteint, et l'on veut que ce que les passions les plus nobles n'osaient tenter, une fureur brutale l'ait exécuté; qu'il y ait eu un être assez sauvage, assez forcené, pour se résoudre à périr lui-même, afin de goûter la satisfaction de donner la mort à cinquante moribonds qu'il ne connaît pas, dont il n'a pas à se plaindre! La supposition est absurde, digne seulement de ceux qui la reproduisent, malgré le désaveu de son auteur.

Je reviens aux pestiférés. Ils suivirent les traces de l'armée, tinrent la même route, et campèrent constamment à quelque distance de ses bivouacs. Le général Bonaparte faisait dresser chaque soir sa tente auprès d'eux, et ne passait pas un jour sans les visiter et les voir défiler au moment du départ. Ces soins généreux furent couronnés du plus heureux succès. La marche, la transpiration, et surtout l'espérance à laquelle le général les avait rendus, dissipèrent complétement la maladie. Tous arrivèrent au Caire parfaitement rétablis.

L'armée était exténuée; la traversée, les fatigues de la campagne, avaient épuisé ses forces;

elle rentra en Égypte dans un dénûment complet : mais les besoins avaient été prévus, une nourriture abondante, le repos, des vêtemens commodes, lui eurent bientôt fait oublier jusqu'au souvenir de ce qu'elle avait souffert.

Le général Bonaparte, de retour au Caire, chercha à s'assurer de l'état où était la France. Il avait eu, au moment de se mettre en route pour la Syrie, de fâcheux aperçus sur sa situation militaire et politique. MM. Hamelin et Livron, qui arrivaient des côtes d'Italie avec un chargement de vin et de vinaigre, avaient traversé l'Archipel, et avaient vu la flotte russe qui pressait Corfou ; ils avaient même relâché à Raguse, où ils avaient été obligés de changer de bâtiment. Le capitaine avec lequel ils avaient d'abord traité refusait d'aller jusqu'en Égypte, de crainte que son navire ne fût confisqué, attendu qu'il était dalmate, et que l'Autriche était de nouveau en guerre avec la France. Ils avaient fait connaître au général la marche de Suwarow, lui avaient appris qu'en effet Bruix avait pénétré dans la Méditerranée, mais que l'armée d'Italie n'avait pu lui fournir les troupes qu'il désirait prendre à bord avant de faire route pour l'Égypte ; il avait gagné Cadix, s'était fait suivre par la flotte espagnole, et l'avait conduite à Brest, où le Directoire, peu rassuré par les protestations de Charles IV, la retenait en otage.

Ce triste état de choses, qui lui fut confirmé par les journaux que les Anglais jetaient à la côte, affecta vivement le général en chef. Nous avions perdu l'Italie; Corfou avait succombé; nous étions battus sur le Rhin comme sur l'Adige; la fortune nous avait trahis sur tous les points. Pour comble de maux, les revers avaient engendré la discorde. Les Conseils attaquaient le Directoire, le Directoire poursuivait les Conseils; la France, déchirée par les factions, était sur le point de devenir la proie de l'étranger.

Ce fut dans cet état d'obscurité que l'horizon politique se présenta à son esprit, dans les premiers jours de sa rentrée au Caire. Son esprit était livré à toutes sortes de conjectures, lorsque, vingt-deux jours après son retour de Syrie, on signala à Alexandrie l'apparition de la flotte turque, escortant un nombreux convoi de bâtimens de transport, lesquels étaient aussi accompagnés par les deux mêmes vaisseaux anglais qui, sous les ordres de sir Sidney Smith, avaient aidé à la défense de Saint-Jean-d'Acre.

Le général Bonaparte ne fut point surpris de cette nouvelle : il avait prévu l'événement, et n'avait laissé les troupes au Caire que le temps nécessaire pour se ravitailler en revenant de Syrie; puis il les avait rapprochées de la côte. Il avait poussé la prévoyance jusqu'à prévenir le général Desaix de ce qu'il croyait devoir infailliblement arriver, et lui avait donné ordre de tenir sa division prête à marcher.

Aussitôt qu'il eut avis de l'apparition de la flotte turque devant Alexandrie, il avait envoyé au général Desaix un deuxième ordre pour que, sans perdre un moment, il fît descendre sa division jusque dans une position qu'il lui indiquait entre le Caire et Alexandrie. Il partit lui-même du Caire en toute hâte, pour venir se mettre à la tête des troupes qu'il venait de faire sortir de leurs cantonnemens, et se diriger sur la côte.

Pendant que le général Bonaparte faisait ces dispositions, et qu'il descendait lui-même du Caire, les troupes que portait la flotte turque avaient mis pied à terre, et s'étaient emparées du fort d'Aboukir, ainsi que d'une redoute placée en arrière de ce village, laquelle aurait dû être achevée depuis six mois, et qu'au contraire on avait tellement négligée, que l'on pouvait y entrer à cheval par les brèches et les éboulemens de terre qui se trouvaient sur toutes ses faces.

Les Turcs avaient presque détruit les faibles garnisons qui occupaient ces deux points militaires, lorsque le général Marmont, qui commandait à Alexandrie, vint à leur secours. Ce général, voyant les deux postes au pouvoir des Turcs, retourna s'enfermer dans Alexandrie, où l'armée turque aurait probablement été le bloquer, sans l'arrivée du général Bonaparte avec son armée. Il gronda fort en voyant le fort et la redoute pris ; mais, au fond, il ne blâma pas la rentrée de Marmont dans Alexandrie : il aurait été bien autrement en colère, s'il avait trouvé cette place importante compromise par l'emploi qui aurait été fait de la garnison à disputer un peu de désert à l'armée turque.

Le général Bonaparte arriva le soir avec ses guides et les dernières troupes de l'armée, et fit attaquer les Turcs le lendemain. Dans cette bataille comme dans les précédentes, l'attaque, le combat et la déroute furent l'affaire d'un instant et le résultat d'un seul mouvement de la part de nos troupes. Toute l'armée turque se jeta à la nage pour regagner ses vaisseaux, laissant sur le rivage tout ce qu'elle y avait débarqué.

Les marins anglais eurent l'inhumanité de tirer sur ces troupeaux de malheureux, qui, avec leurs larges vêtemens, essayaient de traverser à la nage les deux lieues de mer qui les séparaient de leurs vaisseaux, où presque pas un seul n'arriva.

Pendant que cela se passait sur le bord de la mer, un pacha, avec une troupe d'environ trois mille hommes, quittait le champ de bataille pour se jeter dans le fort d'Aboukir : la soif, qui ne tarda pas à s'y faire sentir, les obligea, au bout de huit jours, à se rendre à discrétion au général Menou, qui avait été laissé sur le terrain pour terminer les opérations concernant l'armée turque qui venait d'être détruite.

Ces trois mille prisonniers étaient des hommes superbes; on les employa aux travaux d'Alexandrie et de Damiette (c'est-à-dire de Lesbé), plus sur la rive droite du Nil, entre Damiette et la mer, en face de l'emplacement où était la Damiette qui fut prise par les croisés, et de laquelle nous ne vîmes point de traces.

Le général Desaix était encore au-dessus du Caire avec sa division, lorsqu'il reçut la lettre par laquelle le général Bonaparte lui faisait part de l'issue heureuse de la bataille ; et comme le général Desaix lui avait marqué chaque soir le lieu où il couchait, le général Bonaparte avait pu juger que, s'il avait eu besoin de sa division, elle n'aurait pas été à sa portée ; en sorte que, dans sa lettre, il grondait un peu le général Desaix.

Un courrier arabe, expédié du champ de bataille le soir même de l'action, nous joignit la nuit dans un bivouac, près de Bénézeh, fort au-dessus du Caire (au moins vingt-cinq lieues), ce qui donnait encore plus de fondement aux reproches adressés par le général Bonaparte.

Le général Desaix n'était pas, de son côté, sans excuse. L'ordre de mettre sa division en marche lui était parvenu lorsqu'elle était disloquée, et en partie répandue en colonnes mobiles qui parcouraient la province pour la rentrée de l'impôt ; il avait fallu rassembler tous ces détachemens avant de se mettre en marche, ou bien s'exposer à n'amener qu'une partie de ses troupes, si la concentration de ces détachemens avait été abandonnée à l'arbitraire de leurs commandans respectifs. Le général Bonaparte ne voulait pas se contenter de toutes ces bonnes raisons, et il gronda encore plus fort, sans que cela altérât en rien la haute estime et l'amitié qu'il a constamment témoignées au général Desaix.

## CHAPITRE XI.

Perte de plusieurs officiers distingués. — Ouvertures de Sydney Smith. — Nouvelles désastreuses de France. — Le général Bonaparte se dispose à quitter l'Égypte : — son départ.

Après la bataille d'Aboukir, l'armée devait compter sur quelques mois de repos. Elle fut effectivement renvoyée dans les cantonnemens qu'elle occupait auparavant, et le général Bonaparte, avant de remonter au Caire, alla visiter Alexandrie, qu'il n'avait pas encore revue depuis son arrivée en Égypte.

Il avait fait de grandes pertes en officiers d'un rare mérite ; le général Caffarelli-Dufalgua, qui commandait le génie, était mort au siège de Saint-Jean-d'Acre, à la suite d'une amputation d'un bras ; il avait déjà perdu une jambe à l'armée de Sambre-et-Meuse. Le général Dommartin, qui commandait l'artillerie de l'armée, venait d'être tué en descendant du Caire à Rosette, par le Nil ; et enfin, il venait de perdre à Aboukir le colonel du génie Crétin, qui avait fortifié Alexandrie, et qu'il destinait à remplacer le général Caffarelli. Mais le choix des officiers qui faisaient partie de cette armée avait été tellement soigné, que ces pertes pouvaient encore facilement se réparer.

La flotte turque avait levé l'ancre pour s'en retourner à Constantinople, et il ne restait devant Alexandrie que les deux vaisseaux anglais *le Tigre* et *le Thésée*, commandés par sir Sidney Smith.

Le dernier de ces deux vaisseaux avait sur son pont quatre-vingts bombes, reste de celles qu'il faisait lancer sur nous à Saint-Jean-d'Acre, lorsque, par une cause que l'on n'a pas connue, ces quatre-vingts bombes prirent feu, et éclatèrent toutes à la fois pendant que le vaisseau était à la voile; il y eut vingt hommes de tués à bord, et le pont du vaisseau fut tellement maltraité, que l'on fut obligé de l'envoyer à Chypre pour le réparer, en sorte qu'il ne restait plus devant Alexandrie que *le Tigre*, monté par sir Sidney Smith. Celui-ci, voyant le mauvais succès qu'avait eu l'expédition turque, cherchait un stratagème pour faire sortir l'armée française d'Égypte. Il commença par ouvrir le premier des communications avec le général commandant à Alexandrie, en lui renvoyant quelques prisonniers français, qu'il avait mis à son bord après les avoir effectivement sauvés du damas des Turcs. Il était sans doute bien aise qu'on le sût; on lui adressa les remercîmens que méritait son procédé généreux. Comme on avait été en aigreur avec lui pendant toute la campagne de Syrie, on n'était pas fâché de rencontrer l'occasion de revenir à de meilleurs termes. Il avait, au reste, donné l'exemple du retour à la modération.

Cette première communication fut suivie d'une seconde; il envoya à Alexandrie son propre secrétaire, sous le prétexte de remettre au général Bonaparte des lettres à son adresse, qui avaient été trouvées à bord d'un bâtiment récemment capturé. A ces lettres, il avait joint une liasse de journaux d'assez fraîche date, dans lesquels on rendait compte des désastres éprouvés en Italie, par nos armées sous le commandement du général Schérer.

Sidney Smith, en portant ces détails à la connaissance du général Bonaparte, espérait faire naître en lui le désir de transporter son armée au secours de l'Italie, et voulait peut-être se faire une page d'histoire, en ouvrant des négociations sur cette base; mais il avait affaire à quelqu'un qui ne pouvait pas manquer d'apercevoir le piége, de quelque couleur qu'on eût pris soin de l'envelopper.

Néanmoins l'idée ne fut point rejetée, par cela même qu'elle était déraisonnable, et que l'on pouvait toujours trouver un prétexte pour l'abandonner. On fit si bien, que le secrétaire du commodore resta persuadé qu'il pourrait reparler de cette proposition, et qu'il donna dans le piége; tandis qu'il était venu lui-même pour en tendre un autre. Il revint plusieurs fois à Alexandrie pendant le séjour qu'y fit le général Bonaparte; et, lorsqu'on lui eut arraché tous les détails qu'il importait de connaître sur le nouvel état de guerre survenu en Europe, le général Bonaparte le congédia, prétextant des affaires qui exigeaient sa présence au Caire, et le besoin d'aller visiter la Haute-Égypte, ajournant ainsi à son retour les propositions du commodore. Il repartit pour le Caire, en faisant parler très haut de son voyage dans la Haute-Égypte, où il dirigea même quelques personnes dont il avait déclaré vouloir se faire précéder.

Avant de quitter Alexandrie, où il venait d'acquérir le complément des détails de l'état de l'Europe, il remarquait une coïncidence parfaite avec ceux que lui avaient apportés MM. Hamelin et Livron. Il ne pouvait plus douter de ce qui allait arriver, soit en France ou en Égypte, si elle n'était pas secourue.

Les obstacles qu'il n'avait pu vaincre en Syrie ne lui avaient laissé aucune illusion sur ce qu'il pourrait entreprendre avec sa petite armée, et il avait ajourné jusqu'à l'arrivée de nouveaux renforts l'exécution de la seconde partie de son projet, qui était d'étendre sa puissance en Palestine, de marcher à Byzance et de commencer la révolution d'Orient.

Les détails qu'il venait d'apprendre sur l'état de l'Europe ne lui laissaient plus entrevoir la possibilité d'être secouru.

L'Italie étant entièrement perdue, ce n'était plus que de Toulon qu'on aurait pu lui expédier des renforts, en supposant que le Directoire eût voulu lui en envoyer, ce qui était au moins douteux. Dans tous les cas, il était devenu plus facile aux Anglais de les arrêter.

Par les journaux, il voyait la France en proie aux troubles civils et au moment de succomber. Les feuilles publiques n'étaient pleines que de projets révolutionnaires, tels que la loi sur les otages, l'emprunt forcé, etc., etc.; en un mot, la désorganisation paraissait tout menacer.

Ces nouvelles avaient six semaines de date quand il les lisait; et, comme en révolution on ne s'arrête pas, il calculait les progrès que le mal avait dû faire jusqu'au moment où il en prenait connaissance. Son cœur était bourrelé en lisant les désastres inconcevables de l'armée d'Italie, en apprenant que les Russes traversaient les Alpes pour venir en France, où ils eussent pénétré sans la bataille de Zurich, qui fut livrée depuis.

Il voyait son ouvrage détruit dans la dissolution de la république cisalpine. Les troupes françaises, qui jadis couvraient la surface de l'Italie, étaient renfermées dans le territoire de Gênes; la Vendée, en se rallumant avec plus de fureur que jamais, et faisant ses excursions jusqu'aux portes de Paris, avait amené de sanglantes représailles, et la terreur commençait à se réorganiser dans l'intérieur.

La fortune publique était menacée d'être anéantie par des mesures désastreuses conseillées et exécutées par cette foule de vampires qui, sous le masque de l'intérêt national, ont un besoin continuel de désordres pour dévorer à leur aise les fortunes particulières avec les revenus publics. Le Directoire était dans l'atmosphère de tous ces hommes, véritable fléau pour un État qui a le malheur d'en être affligé.

A la vue de ce triste tableau, sa pensée se reporta sur lui-même, et il trouva dans son cœur ce sentiment patriotique qui porte l'homme supérieur au dévoûment. Il s'étonna que, parmi tant de généraux célèbres qu'il avait laissés en France, il n'y en eût pas un dont on lût le nom ailleurs qu'à côté d'un malheur public.

Il pensa qu'autant les membres du Directoire

avaient pu désirer de l'éloigner lorsque sa présence ne leur rappelait que des services glorieux dont le souvenir les importunait, autant ils devaient désirer son retour, quand les désastres qui les avaient assaillis depuis son absence les avaient forcés de le reconnaître peut-être comme le seul homme qui pût prévenir la ruine de la France, et rallier à sa gloire tous les partis qui divisaient la république, prête à se dissoudre.

La situation de l'Égypte lui permettait d'ailleurs de s'en absenter ; il l'avait mise sur un pied de défense redoutable, usant, pour remplir les vides que la guerre et les maladies avaient faits dans les cadres, de toutes les ressources que lui offraient les circonstances. Non seulement il avait fait former des corps de mamelouks, de Cophtes et de Grecs qui se trouvaient en Égypte et s'enrôlaient volontiers sous nos drapeaux, où ils firent honorablement leur devoir, mais encore il fit acheter des nègres de Darfour, que l'on disciplina à l'européenne.

Il avait fait armer et équiper ces diverses troupes avec les armes et équipages de ceux qui avaient succombé dans les hôpitaux ou sur les champs de bataille.

De plus, le système de l'administration et des finances était organisé de manière à assurer les besoins de l'armée : il ne manquait à la colonie que ce que la France seule pouvait lui fournir, et il n'y avait que le général Bonaparte qui pût l'obtenir du gouvernement.

Persuadé que l'intérêt de la France et de l'Égypte exigeait également son départ, que le différer plus long-temps était compromettre également le salut de l'une et de l'autre, que c'était en France qu'il fallait aller défendre l'Égypte, il se détermina à partir, s'en remettant aux événemens du soin de sa justification : telles sont les explications qu'il donna à une personne qui était dans son intime confidence à cette époque.

Tout marchait. Un homme qui n'eût même été doué que du sens commun ordinaire, suffisait pour continuer de donner le mouvement à cette machine, qui n'avait besoin que de ne pas être dérangée.

La bataille d'Aboukir venait d'assurer le repos de l'Égypte, au moins jusqu'à la saison suivante; car, en Égypte, il n'y a que la belle saison qui rende les débarquemens possibles.

Sans se laisser intimider par l'immensité des dangers qui commençaient à sa sortie d'Alexandrie, et qui croissaient à chaque pas qu'il faisait vers les travaux qu'il allait entreprendre, il s'abandonna à sa fortune, qui devait le sauver, si le destin ennemi n'avait pas résolu la perte de la France.

Sidney Smith était persuadé que, si le général Bonaparte ne partait pas par suite d'une capitulation qui comprendrait en même temps son armée, et à laquelle capitulation il se flattait de l'amener, il partirait au moins seul; et dès lors il forma le projet de le prendre. Malheureusement pour lui, les prisonniers qu'il avait rendus quelque temps auparavant avaient fait connaître qu'il manquait d'eau, parce qu'il n'avait pas eu le temps d'en faire avant de partir de Saint-Jean-d'Acre, pour escorter l'armée turque qui venait de périr à Aboukir.

Il jugea, sans doute, qu'il aurait le temps d'aller à Chypre refaire sa provision d'eau, et de retourner devant Alexandrie avant que le général Bonaparte fût de retour de la Haute-Égypte. En conséquence, il partit pour Chypre, levant ainsi la croisière, qui déjà, avant son départ, n'était plus composée que de son vaisseau.

A peine fut-il hors de vue, que l'on expédia un courrier au général Bonaparte, qui se tenait tout prêt. Il avait communiqué le secret de son départ à l'amiral Gantheaume, et lui avait recommandé de tenir prêtes les deux seules frégates qui restaient de toute l'escadre, lesquelles ne s'étaient pas trouvées au combat naval à Aboukir, parce qu'elles avaient escorté les vaisseaux de transport et étaient entrées avec eux dans Alexandrie.

Le général Bonaparte, en faisant prévenir Gantheaume de son départ du Caire, lui donna aussi l'ordre de sortir lui-même d'Alexandrie avec ces deux frégates, et lui fixa le jour et l'heure où il devait envoyer ses chaloupes dans la petite anse du Marabou, où il s'embarquerait.

Lorsque Sidney Smith eut quitté les parages d'Alexandrie, Gantheaume mit à la voile sous le prétexte d'aller croiser, et il vint se placer en face de la petite anse du Marabou, à une lieue à l'ouest d'Alexandrie. La sortie de ces deux frégates ne pouvait donner lieu à aucune conjecture, puisqu'à Alexandrie on croyait le général Bonaparte au Caire ou dans la Haute-Égypte.

Le général Bonaparte, qui avait fixé le jour et l'heure où Gantheaume devait détacher ses chaloupes, arriva presque en même temps sur la plage, où Menou avait été mandé. Il entretint longuement ce général des vues qui le déterminaient à braver les croisières anglaises. Il lui remit les dépêches qui investissaient le général Kléber du commandement, et se jeta dans l'embarcation qui l'attendait; sa suite et son escorte en firent autant; les chaloupes s'éloignèrent, et le général Bonaparte fut bientôt à bord du navire qui devait porter en France César et sa fortune.

Les chevaux de l'escorte avaient été abandonnés sur le rivage, et tout sommeillait encore dans Alexandrie, lorsque les postes avancés de la place virent arriver au galop une déroute de chevaux qui, par un instinct naturel, revenaient à Alexandrie par le désert : le poste prit les armes, en voyant des chevaux tout sellés et bridés, qu'il reconnut pour appartenir au régiment des guides; il crut qu'il était arrivé malheur à quelque détachement en poursuivant les Arabes. Avec ces chevaux venaient aussi ceux des généraux qui s'étaient embarqués avec le général Bonaparte, en sorte que l'inquiétude fut très grande à Alexandrie. On en fit sortir en toute hâte la cavalerie, pour aller à la découverte dans la direction d'où venaient les chevaux, et l'on se livrait encore à toutes sortes de sinistres conjectures, lorsque cette cavalerie rentra dans la place avec le piqueur turc qui revenait lui-même à Alexandrie, et ramenait le cheval du général Bonaparte.

Parmi les papiers qu'il avait confiés à Menou, le général Bonaparte avait laissé une lettre pour le général Kléber, à qui il faisait part de son projet en lui remettant le commandement de l'armée, et une pour le général Desaix, qui était à

Siout, dans la Haute-Égypte, et à qui il faisait les mêmes communications, en ajoutant qu'il ne lui avait pas donné le commandement de l'armée, parce qu'il espérait le voir en Italie ou en France au mois de septembre suivant : nous étions alors en juin ou juillet.

Il avait ajouté à ce paquet une proclamation dans laquelle il faisait connaître à l'armée les causes qui l'avaient déterminé à la quitter pour venir au secours de la mère-patrie; il lui recommandait la constance, et lui disait qu'il regarderait comme mal employés tous les jours de sa vie où il ne ferait pas quelque chose pour elle.

Il serait difficile de peindre la stupeur dans laquelle furent jetés tous les esprits, lorsque le bruit de ce départ fut répandu. On hésita pendant quelques jours à se prononcer, puis on éclata en mauvais propos. L'opinion la plus générale ne fut point favorable à cette détermination du général Bonaparte, dont un petit nombre de bons esprits comprirent seuls les motifs : les hommes médiocres déraisonnèrent à qui mieux mieux pendant huit jours, après lesquels les opinions se replacèrent peu à peu.

## CHAPITRE XII.

Disposition des esprits après le départ du général Bonaparte. — Kléber. — Négociations avec le visir. — Belle conduite du général Verdier. — J'accompagne le général Desaix à bord du *Tigre*. — Armistice.

On se tourna bientôt vers le nouveau général en chef, et chacun chercha à devenir l'objet de ses préférences.

Depuis l'arrivée des troupes françaises en Égypte, les ennemis de la France n'avaient négligé aucun moyen pour faire sortir la Porte de sa léthargie, et cette puissance venait de faire marcher en Syrie une nombreuse armée dont elle avait donné le commandement au grand-visir.

L'approche de cette armée par la Caramanie n'avait pas peu contribué à faire renoncer le général Bonaparte à poursuivre le siége de Saint-Jean-d'Acre et à le déterminer à rentrer en Égypte.

Cette armée était déjà en Syrie avant l'apparition de la flotte turque à Aboukir, et le général Bonaparte, voulant se donner le temps d'aller combattre les troupes débarquées par celle-ci, avait ouvert des négociations avec le visir qui commandait l'armée de Syrie, pensant bien que le premier effet d'une ouverture de sa part vis-à-vis des Turcs serait de suspendre leur marche, d'autant qu'ils n'étaient pas impatiens de venir le combattre, et qu'il les savait mécontens des instigations dont ils étaient entourés et tourmentés en tout sens, pour les pousser sur les champs de bataille : ces braves gens avaient un bon sens naturel qui leur disait que la France et la Porte en se battant ne travaillaient que pour leurs ennemis.

Le visir répondit au général Bonaparte, et il y eut plusieurs échanges de courriers; mais le secret de cette négociation ne transpira point : on savait qu'elle se suivait, et cela avait fait naître dans les esprits une espérance que l'on se plaisait à y entretenir. Le général Bonaparte restait le maître de son issue, et s'était ménagé les moyens de l'approprier à ses projets.

L'état dans lequel il avait placé cette négociation faisait partie des instructions qu'il avait données au général Kléber en lui en laissant la direction (1), ainsi que tous les documens qui s'y

(1) *Lettre adressée par le général Bonaparte au général Kléber, en partant d'Égypte pour retourner en France.*

« Vous trouverez ci-joint, général, un ordre pour

rattachaient. Kléber n'envisagea bientôt cette négociation que comme un moyen de sortir d'un pays contre lequel tout le monde était butté, surtout depuis que le départ du général

prendre le commandement en chef de l'armée. La crainte que la croisière anglaise ne reparaisse d'un moment à l'autre, me fait précipiter mon voyage de deux ou trois jours. J'emmène avec moi les généraux Berthier, Andréossy, Murat, Lannes et Marmont, et les citoyens Monge et Berthollet.

« Vous trouverez ci-joints les papiers anglais et de Francfort jusqu'au 10 juin. Vous y verrez que nous avons perdu l'Italie, que Mantoue, Turin et Tortone sont bloquées. J'ai lieu d'espérer que la première tiendra jusqu'à la fin de novembre. J'ai l'espérance, si la fortune me sourit, d'arriver en Europe avant le commencement d'octobre.

« Vous trouverez ci-joint un chiffre pour correspondre avec le gouvernement, et un autre chiffre pour correspondre avec moi.

« Je vous prie de faire partir, dans le courant d'octobre, Junot, ainsi que mes domestiques et tous les effets que j'ai laissés au Caire. Cependant je ne trouverais pas mauvais que vous engageassiez à votre service ceux de mes domestiques qui vous conviendraient.

« L'intention du gouvernement est que le général Desaix parte pour l'Europe dans le courant de novembre, à moins d'événemens majeurs.

« La commission des arts passera en France sur un parlementaire que vous demanderez à cet effet, conformément au cartel d'échange, dans le courant de novembre, immé-

Bonaparte avait rompu le frein qui retenait tous les mauvais discours.

Le nouveau général en chef ne tarda pas à se montrer peu disposé à suivre le système de son

diatement après qu'elle aura achevé sa mission. Elle est maintenant occupée à voir la Haute-Égypte ; cependant ceux des membres que vous jugerez pouvoir vous être utiles, vous les mettrez en réquisition sans difficulté.

« L'effendi fait prisonnier à Aboukir est parti pour se rendre à Damiette. Je vous ai écrit de l'envoyer en Chypre ; il est porteur, pour le grand-visir, d'une lettre dont vous trouverez ci-jointe la copie.

« L'arrivée de notre escadre de Brest à Toulon, et de l'escadre espagnole à Carthagène, ne laisse plus de doute sur la possibilité de faire passer en Égypte les fusils, les sabres, les pistolets, les fers coulés dont vous pourriez avoir besoin, et dont j'ai l'état le plus exact, avec une quantité de recrues suffisante pour réparer les pertes des deux campagnes.

« Le gouvernement vous fera connaître alors ses intentions lui-même ; et moi, comme homme public et comme particulier, je prendrai des mesures pour vous faire avoir fréquemment des nouvelles.

« Si, par des événemens incalculables, toutes les tentatives étaient infructueuses, et qu'au mois de mai vous n'eussiez reçu aucun secours ni nouvelles de France, et si, malgré toutes les précautions, la peste était en Égypte cette année, et vous tuait plus de quinze cents soldats, perte considérable, puisqu'elle serait en sus de celle que les événemens de la guerre vous occasionneront journellement, je pense que, dans ce cas, vous ne devez pas ha-

prédécesseur ; on s'en apercevait à la manière peu convenable dont on parlait chez lui, où on censurait les opérations du général Bonaparte, ainsi que ses habitudes personnelles; non seule-

sarder de soutenir la campagne, et que vous êtes autorisé à conclure la paix avec la Porte ottomane, quand même la condition principale serait l'évacuation de l'Égypte. Il faudrait seulement éloigner l'exécution de cette condition jusqu'à la paix générale.

« Vous savez apprécier aussi bien que moi combien la position de l'Égypte est importante à la France : cet empire turc, qui menace ruine de tous côtés, s'écroule aujourd'hui, et l'évacuation de l'Égypte serait un malheur d'autant plus grand, que nous verrions de nos jours cette belle province passer en des mains européennes.

« Les nouvelles des succès ou des revers qu'aura la république doivent aussi entrer puissamment dans vos calculs.

« Si la Porte répondait, avant que vous eussiez reçu de mes nouvelles de France, aux ouvertures de paix que je lui ai faites, vous devez déclarer que vous avez tous les pouvoirs que j'avais, et entamer les négociations, persistant toujours dans l'assertion que j'ai avancée, que l'intention de la France n'a jamais été d'enlever l'Égypte à la Porte ; demander que la Porte sorte de la coalition, et nous accorde le commerce de la mer Noire; qu'elle mette en liberté les prisonniers français, et enfin six mois de suspension d'armes, afin que, pendant ce temps-là, l'échange des ratifications puisse avoir lieu.

« Supposant que les circonstances soient telles que vous croyiez devoir conclure un traité avec la Porte, vous

ment il n'imposait pas silence dans ces sortes d'occasions, mais il était aisé de voir que cela ne lui déplaisait pas.

En peu de jours, on vit s'élever entre les offi-

ferez sentir que vous ne pouvez pas le mettre à exécution qu'il ne soit ratifié ; et, suivant l'usage de toutes les nations, l'intervalle entre la signature d'un traité et sa ratification doit toujours être une suspension d'hostilités.

« Vous connaissez, citoyen général, quelle est ma manière de voir sur la politique intérieure de l'Égypte : quelque chose que vous fassiez, les chrétiens seront toujours nos amis. Il faut les empêcher d'être insolens, afin que les Turcs n'aient pas contre nous le même fanatisme que contre les chrétiens, ce qui nous les rendrait irréconciliables ; il faut endormir le fanatisme, afin qu'on puisse le déraciner. En captivant l'opinion des grands cheiks du Caire, on a l'opinion de toute l'Égypte ; et de tous les chefs que ce peuple peut avoir, il n'y en a aucun de moins dangereux que les cheiks, qui sont peureux, ne savent pas se battre, et qui, comme tous les prêtres, inspirent le fanatisme sans être fanatiques.

« Quant aux fortifications, Alexandrie, El-Arich, voilà les clefs de l'Égypte. J'avais le projet de faire établir cet hiver des redoutes de palmiers, deux depuis Salahié à Catiëh, deux de Catiëh à El-Arich ; l'une se serait trouvée à l'endroit où le général Menou a trouvé de l'eau potable.

« Le général Samson, commandant du génie, et le général Songis, commandant de l'artillerie, vous mettront chacun au fait de ce qui regarde sa partie.

« Le citoyen Poussielgue a été exclusivement chargé des

ciers qui avaient servi aux armées du Nord et de Sambre-et-Meuse, et ceux qui avaient servi à l'armée d'Italie le même schisme qui s'était

finances. Je l'ai reconnu travailleur et homme de mérite. Il commence à avoir quelques renseignemens sur le chaos de l'administration de l'Égypte.

« J'avais le projet, si aucun nouvel événement ne survenait, de tâcher d'établir cet hiver un nouveau mode d'imposition, ce qui nous aurait permis de nous passer à peu près des Cophtes; cependant, avant de l'entreprendre, je vous conseille d'y réfléchir long-temps : il vaut mieux entreprendre cette opération un peu plus tard qu'un peu trop tôt.

« Des vaisseaux de guerre français paraîtront indubitablement cet hiver à Alexandrie, Bourlos ou Damiette. Faites construire une bonne tour à Bourlos; tâchez de réunir cinq ou six cents mamelouks, que, lorsque les vaisseaux français seront arrivés, vous ferez en un jour arrêter au Caire et dans les autres provinces, et embarquer pour la France. Au défaut de mamelouks, des ôtages d'Arabes, des cheiks-belets, qui, pour une raison quelconque, se trouveraient arrêtés, peuvent y suppléer. Ces individus, arrivés en France, y seront retenus un ou deux ans, verront la grandeur de la nation, prendront quelques idées de nos mœurs et de notre langue, et, de retour en Égypte, y formeront autant de partisans.

« J'avais déjà demandé plusieurs fois une troupe de comédiens; je prendrai un soin particulier de vous en envoyer. Cet article est très important pour l'armée, et pour commencer à changer les mœurs du pays.

« La place importante que vous allez occuper en chef

fait remarquer entre les officiers du général Jourdan et ceux du général Kléber à l'armée de Sambre-et-Meuse.

Les officiers qui avaient servi à cette armée, et qui avaient fait éclater leur mécontentement lors de l'arrivée au Caire, furent les premiers

va vous mettre à même enfin de déployer les talens que la nature vous a donnés. L'intérêt de ce qui se passe ici est vif, et les résultats en seront immenses pour le commerce, pour la civilisation ; ce sera l'époque d'où dateront de grandes révolutions.

« Accoutumé à voir la récompense des peines et des travaux de la vie dans l'opinion de la postérité, j'abandonne avec le plus grand regret l'Égypte. L'intérêt de la patrie, sa gloire, l'obéissance, les événemens extraordinaires qui viennent de se passer, me décident seuls à passer au milieu des escadres ennemies pour me rendre en Europe. Je serai d'esprit et de cœur avec vous ; vos succès me seront aussi chers que ceux où je me trouverai en personne ; et je regarderai comme mal employés tous les jours de ma vie où je ne ferai pas quelque chose pour l'armée dont je vous laisse le commandement, et pour consolider le magnifique établissement dont les fondemens viennent d'être jetés.

« L'armée que je vous confie est toute composée de mes enfans ; j'ai eu dans tous les temps, même au milieu de mes plus grandes peines, des marques de leur attachement. Entretenez-les dans ces sentimens ; vous le devez à l'estime toute particulière que j'ai pour vous, et à l'attachement vrai que je leur porte.

« BONAPARTE. »

dont le général Kléber s'entoura; il devint en peu de temps l'idole de tout ce qui désirait l'évacuation de l'Égypte, et ceux-ci ne lui tinrent pas un autre langage; cela gagna tous les rangs de l'armée, en sorte que Kléber, après s'être entouré de cette atmosphère, ne put recueillir que ce qu'il avait lui-même semé.

On ne s'occupa bientôt plus qu'à trouver de l'impossibilité à l'exécution de tout ce qui devait assurer le séjour de l'armée en Égypte; ce qui se rattachait à cet intérêt ne devint plus le sujet d'une constante application, comme cela l'avait été sous le général Bonaparte; les esprits ne furent bientôt tournés que vers la France, et chacun faisait en secret ses petits projets pour le retour; en un mot, les imaginations avaient abandonné l'Égypte.

Kléber était un homme de bien, et incontestablement un général brave et habile, mais d'une bonté et d'une faiblesse de caractère qui contrastaient singulièrement avec sa haute stature, qui avait quelque chose d'imposant. Sa première éducation paraissait l'avoir destiné à embrasser l'état d'architecte, que le goût des armes lui avait fait abandonner pour entrer dans un des régimens autrichiens des Pays-Bas.

Il se trouvait chez lui en Alsace, lorsque la révolution éclata, et quoiqu'il fût diamétralement opposé au système d'égalité, il quitta le service d'Autriche pour s'engager avec elle. Il venait d'être nommé adjudant-major d'un des bataillons de volontaires du Haut-Rhin, lorsque ce corps fut appelé à Mayence, et y fut enfermé avec la garnison qui soutint le premier siége de cette ville. Il s'y fit remarquer, passa dans la Vendée comme officier-général après la capitulation de Mayence; puis revint servir à l'armée de Sambre-et-Meuse, d'où le Directoire l'avait éloigné à cause de ses oppositions constantes contre le général Jourdan qui la commandait en chef. Il était dans cette situation, quand le général Bonaparte le fit employer dans son armée.

Son caractère naturel était frondeur, et il disait lui-même qu'il n'aimait *la subordination qu'en sous-ordre*. Son esprit, quoique agréable, n'était pas d'une portée très étendue; et l'opinion la moins défavorable que l'on pût s'en former après sa conduite en Égypte, c'est qu'il n'avait pu être atteint par la conviction des résultats qui, tôt ou tard, devaient être la conséquence de l'occupation de ce pays.

A tous ces inconvéniens se joignait celui d'une ignorance totale dans la conduite des affaires de cabinet, en sorte qu'il ne pouvait manquer d'être à la merci de tout le monde, et particulièrement de ceux qui voulaient faire de lui un moyen de retourner en France.

On n'eut donc pas de peine à lui faire donner suite aux négociations déjà ouvertes avec le visir, et à ne les lui faire envisager que sous le point de vue de ramener en France une armée qui y paraissait utile à des esprits encore peu familiarisés avec l'expérience du parti que l'on peut tirer de notre patrie sous un gouvernement habile et actif. Ce prétexte fut le passe-port que l'on donnait à l'opinion qui était propagée dans l'armée par ceux qui auraient dû l'en garantir, et l'on ne mit plus de secret dans ce projet.

On commença par donner plus d'importance aux communications ouvertes avec le grand-visir, en substituant un officier de l'armée (1) aux Tartares qui jusqu'alors y avaient été employés, et il semblait que l'on avait eu envie de faire marcher la négociation plus vite en y associant les Anglais.

Le prétexte que l'on donna à cette initiative

---

(1) Le premier qui y fut envoyé fut le chef de bataillon Morand, du quatre-vingt-huitième régiment; il était déjà distingué dans l'armée à cette époque, et annonçait devoir être un jour ce qu'il est effectivement devenu depuis, un des lieutenans-généraux les plus distingués de l'armée de l'Empereur.

fût que, n'importe ce que seraient les stipulations que l'on parviendrait à conclure avec les Turcs, on se trouverait n'avoir rien fait, si les Anglais, comme maîtres de la mer, n'y étaient pas partie contractante. En conséquence, on envoya le chef de bataillon Morand à Sidney Smith, au lieu de l'adresser au visir. Cet officier ne parvint à le joindre qu'au camp de ce dernier, près de Nazareth en Syrie.

Sir Sidney Smith fut flatté du message, qui, en lui étant adressé, le plaçait près de l'armée turque dans une position supérieure à celle dans laquelle devait naturellement être un commandant de vaisseau commodore d'une croisière, et n'ayant pas d'autre commission de son gouvernement : aussi s'empressa-t-il d'accepter le rôle de médiateur qui lui était offert par les Turcs, et que Kléber ne repoussa pas. Il démêla tout de suite l'issue qu'il pourrait donner à la négociation, en remarquant la différence qu'il y avait entre l'abandon de confiance du général Kléber, et le soin avec lequel le général Bonaparte l'avait écarté. Ainsi, dès cette première démarche, dans laquelle il fut question de l'évacuation de l'Égypte, le général Kléber se trouva-t-il plus engagé qu'il ne l'aurait peut-être voulu, parce que Sidney Smith lui fit une réponse si positive, qu'il n'y avait presque plus qu'à entrer en discussion sur les bases de l'évacuation, le principe en paraissant arrêté.

Le chef de bataillon Morand revint avec cette réponse près du général Kléber, qui était au Caire. Il paraissait s'être aperçu lui-même des dangers d'une influence par laquelle il s'était laissé dominer; et soit qu'il eût le dessein d'en prévenir les conséquences, en y apportant un contre-poids, ou bien d'attacher le nom des sommités de l'armée à ses projets, il avait fait venir au Caire le général Desaix, qui était encore dans la Haute-Égypte, parce que son nom seul faisait autorité dans l'armée. Il venait d'y arriver, lorsque l'on reçut l'avis de l'apparition d'une nouvelle flotte turque à l'embouchure de la branche du Nil qui se jette dans la mer à Damiette.

Le général Kléber vit au moment que cette flotte devait opérer conjointement avec l'armée du visir, et que celui-ci allait s'avancer vers l'Égypte : c'est pourquoi il envoya de suite le général Desaix à Damiette, pour s'opposer aux entreprises de la flotte turque; mais lorsqu'il y arriva, tout était fini de la manière la plus brillante.

Le général Verdier commandait à Damiette, et il tenait un camp de quelques bataillons sur la rive droite du Nil, entre cette ville et Lesbé.

Les Turcs, aidés par les deux vaisseaux de Sidney Smith, mirent à terre quelques milliers d'hommes qu'ils débarquèrent sur la plage qui conduit à Lesbé, et les Anglais les protégeaient avec deux pièces de canon qu'ils avaient débarquées de leurs vaisseaux, pour les établir sur les ruines d'une vieille tour qui paraissait avoir fait partie de l'ancienne Damiette, et de laquelle ils pouvaient balayer tout le chemin par lequel nos troupes devaient arriver.

Le général Verdier ne donna pas le temps aux chaloupes d'aller se charger de monde pour un second voyage; et, quoique ses troupes fussent à une bonne demi-lieue de distance du point où les Turcs avaient débarqué, il ne mit pas plus de deux heures pour les assembler, les faire arriver, et jeter les Turcs dans la mer, précisément dans le moment où les chaloupes turques venaient de s'éloigner. Tous ceux qui craignirent de se jeter à l'eau furent pris, et pas un homme de tout ce débarquement ne regagna les vaisseaux.

Le général Verdier avait conduit son attaque de manière à rejeter les Turcs sur la tour où se trouvaient les canons anglais, qui ne purent pas lui faire de mal. Jamais succès ne fut plus complet ni plus promptement décidé.

Le général Desaix n'eut qu'à féliciter le général Verdier, et il ne resta à Damiette que le temps nécessaire pour visiter le lac Menzalé. La flotte turque ayant disparu pendant ce temps, il revint au Caire, où il arriva peu de jours après que le chef de bataillon Morand y était arrivé, de retour de Syrie.

Sidney Smith avait déjà tant avancé les choses de ce premier pas, que, d'après la réponse qu'avait apportée Morand, il n'y avait plus qu'à discuter les conditions de l'évacuation, comme si l'événement qui aurait pu faire résoudre à ce parti était déjà arrivé.

C'était le moment pour Kléber de convoquer le conseil des pères de l'armée; mais il ne le fit pas, et se décida à ouvrir immédiatement des négociations avec le visir. Il envoya de nouveau auprès de lui, où se trouvait Sidney Smith. La réponse fut plus prompte et plus positive encore que ne l'avait été la première; et Sidney Smith, voulant se rendre l'arbitre de la négociation, couvrit ses officieux services d'un voile de loyauté que la circonstance lui permettait d'employer.

Il prétexta une possibilité de mauvaise foi ou de perfidie de la part des Turcs, qu'au fond d'ailleurs il craignait peut-être, et proposa le bord de son vaisseau pour y établir le siége de la négociation qu'il brûlait de voir commencer, et il prévenait le général Kléber qu'il allait se rendre devant Damiette, où il attendrait sa réponse.

Kléber répondit de suite qu'il acceptait, et il envoya immédiatement le général Desaix et M. Poussielgue, intendant des finances de l'armée, avec des commissions de plénipotentiaires, à Damiette.

J'accompagnais le général Desaix, et ce fut moi, ainsi que M. Peyruse, qu'il envoya à bord du *Tigre,* qui était mouillé dans la rade de Damiette, pour convenir du jour et de l'heure où l'embarquement du général Desaix et de M. Poussielgue pourrait avoir lieu.

Comme j'étais parti tard, je ne pus revenir que le lendemain. Je passai la nuit à bord du vaisseau de Sidney Smith, et je fus comblé de politesses. J'étais jeune alors, car j'avais à peine vingt-quatre ans; mais j'étais naturellement observateur, et je voyais bien que Sidney Smith avait déjà des avantages sur nous, et que nous allions lui donner les as dans la partie qu'il jouait contre nous.

Je ne pouvais pas comprendre que nous nous prêtassions à tout ce qui ne pouvait que nous nuire; car nous avions déjà pris le second rôle avant de commencer; et, au lieu d'élever des difficultés, nous les aplanissions. Il fallait bien que l'on se fût persuadé que le général Bonaparte ne parviendrait pas jusqu'en France, ou que le Directoire lui ferait quelque mauvais parti, pour s'être déterminé à se conduire ainsi depuis qu'il était parti d'Égypte.

Je vins rendre compte au général Desaix de ce que j'avais vu et de ce qui avait été convenu entre Sidney Smith et moi, et l'embarquement eut lieu le lendemain au bogase de Damiette, où les chaloupes anglaises vinrent recevoir le général Desaix, ainsi que M. Poussielgue, qui avait avec lui le secrétaire qui était déjà venu avec moi à bord du vaisseau de Sidney Smith. J'accompagnai encore le général Desaix, et nous fûmes bientôt à bord du *Tigre*.

Pendant que Sidney Smith pressait le général Kléber d'entrer en négociation, il poussait l'armée turque pour la faire entrer en opération, et elle venait de lever son camp de Nazareth pour venir, par Gazah, cerner le petit fort d'El-Arich, qui, placé à peu près au milieu du désert qui sépare l'Afrique de l'Asie, est la clef de l'Égypte de ce côté-là.

Le général Kléber venait de recevoir cet avis, et, craignant quelque malheur pour El-Arich et pour lui-même, il envoya un de ses aides-de-camp, qui vint jusqu'à bord du *Tigre*, apporter ces détails au général Desaix, et lui ordonner de demander pour première condition une suspension d'armes, qui n'était pas venue à l'idée du général en chef : il ne voulait cependant évacuer l'Égypte que pour sauver son armée.

La demande de la suspension d'armes fut faite, mais Sidney Smith répondit qu'il ne pouvait qu'interposer ses bons offices près du visir, à qui il allait écrire sur-le-champ, ce qu'il fit ; et ce ne fut que quelques jours après que nous apprîmes l'enlèvement du fort d'El-Arich par surprise, et le malheur de sa garnison, que l'on avait amusée de l'idée de retourner en France, en parlementant avec elle.

Le commandant, peu sur ses gardes, laissa visiter son fort, sous des prétextes d'urbanité ; la porte une fois ouverte, la soldatesque turque s'y était précipitée et était tombée sur la garnison, qui, confiante dans ses chefs, n'avait pas mieux qu'eux aperçu le piége que l'on avait tendu à leur bonne foi.

Le fort fut enlevé, et les malheureux soldats de la garnison presque tous décapités sous les yeux d'un misérable traître (1) à sa patrie, qui, sous l'habit anglais, s'est rendu leur agent pour exécuter cette sanglante perfidie ; car nous avons su après que le même courrier que Sidney Smith avait

(1) Cet émigré est venu depuis demander du service à l'Empereur, et sert aujourd'hui dans l'armée du roi de France.

expédié pour demander la suspension d'armes, avait porté à deux émigrés français, qui étaient placés par lui près de l'armée turque, l'ordre de presser, coûte que coûte, la prise d'El-Arich, afin que cela fût fini avant d'accorder la suspension d'armes, qui eut effectivement lieu quand cela fut achevé, en sorte que l'Égypte se trouva déjà ouverte de ce côté.

Le général Kléber reçut à la fois les deux nouvelles de la prise du fort et de la conclusion de l'armistice.

Cela donna lieu de commencer à suspecter la sincérité dont Sidney Smith faisait étalage, et qui paraissait avoir séduit le général Kléber.

Nous ne pouvions nous empêcher de remarquer que, du bogase de Damiette, nous aurions pu être dans la même nuit en face de Gazah, où était encore le visir, et arriver aussitôt que le petit bâtiment qu'il expédia pour porter ses dépêches, et, en traitant nous-mêmes de la suspension d'armes, sauver El-Arich.

Au lieu de cela, Sidney Smith, sous des prétextes que des officiers de terre n'ont guère moyen de contester à ceux de mer, nous mena d'abord à Chypre, puis à Tyr, puis à Saint-Jean-d'Acre, et enfin, après trente jours, il nous débarqua dans la maison du consul d'Angleterre, au port de Jaffa, et partit, de sa personne, pour aller rejoindre le visir à son camp, qui venait d'être porté de Gazah à El-Arich. Avant de partir, il avait donné ordre à son vaisseau d'aller faire de l'eau sur la côte de Caramanie, en sorte que nous nous trouvâmes tout-à-fait à la merci des Turcs.

## CHAPITRE XIII.

Le général Desaix et M. Poussielgue au camp du visir. — Le général Desaix m'envoie vers le général Kléber. — Adhésion du général Kléber au traité. — Opposition du général Davout. — Traité d'El-Arich. — On reçoit la nouvelle des événemens du 18 brumaire. — Arrivée de M. Victor de Latour-Maubourg. — Départ du général Desaix pour la France. — Nous sommes faits prisonniers et conduits à Livourne. — Notre arrivée en France.

Pendant les trente jours que nous avions passés à bord du *Tigre*, le général Desaix et M. Poussielgue avaient eu plusieurs conférences avec Sidney Smith, et elles n'avaient rien laissé de rassurant dans leur esprit.

Le général Desaix pouvait être excusable de s'être trompé en matière de négociations diplomatiques, parce qu'il n'avait jamais été employé à de semblables missions; mais il n'en était pas de même de son collaborateur, qui avait été agent diplomatique de la république à Gênes : et telle était cependant l'aveugle confiance avec laquelle on s'était jeté dans cette position, que l'on n'avait même pas demandé à Sidney Smith les pouvoirs qu'il aurait dû avoir de son gouvernement et des Turcs, pour lesquels il voulait stipuler.

Il s'y prit si adroitement, qu'on ne lui en fit même pas la question. Cette négligence de la part des plénipotentiaires français était trop grave pour que Sidney Smith ait pu l'omettre; il est même probable qu'il s'était attendu à tout le contraire, et que, dès les premières communications qui eurent lieu entre le général Kléber et le visir, il avait demandé à Londres des instructions et des pouvoirs pour le cas qu'il prévoyait bientôt arriver; mais qu'étant arrivé plus promptement qu'il ne l'avait espéré, il n'avait pu recevoir encore de réponse de Londres.

Le surlendemain du jour où Sidney Smith avait laissé le général Desaix et M. Poussielgue à Jaffa, il y arriva le secrétaire de Sidney Smith, qu'il y envoyait accompagné de plusieurs officiers turcs, avec un sauf-conduit pour conduire les plénipotentiaires au camp du visir. En conséquence, on partit de suite pour Gazah, et le lendemain, on coucha à Ramley, à l'entrée du désert, et enfin on arriva au camp d'El-Arich le lendemain de bonne heure. Le visir avait fait dresser de fort belles tentes dans un lieu séparé du camp, on y avait placé une garde spécialement affectée à la sûreté des plénipotentiaires, auxquels ces tentes étaient destinées.

Il les envoya complimenter aussitôt leur arrivée, et, pour marque de sa très haute estime, il leur envoya une cruche d'eau de Gazah et environ une douzaine de pommes de calville blanches : assurément, il fallait être dans un désert pour faire de cela un présent digne d'être offert.

La tente de Sidney Smith était placée à côté des nôtres, et il avait avec lui quelques soldats anglais tirés de la garnison de son vaisseau. Après s'être reposé quelques jours, on ouvrit la première conférence avec les plénipotentiaires du visir, et peu s'en fallut qu'elle ne fût aussi la dernière, car le général Desaix en sortit furieux.

On n'avait pas pu parvenir à leur faire comprendre ce que c'était qu'une suspension d'armes, ni une capitulation, ni un traité : les Turcs ne voyaient que deux fins à la guerre, la mort ou l'esclavage, et ils ne voulaient pas admettre d'autres stipulations.

M. Poussielgue, plus calme que le général Desaix, n'était pas moins étonné que lui de ce qu'il venait d'entendre, et l'un et l'autre reprochèrent durement à Sidney Smith de ne pas leur avoir fait connaître ces dispositions de la part des Turcs, mais de les avoir, au contraire, assurés de leur intention d'accéder à une évacuation pure et simple. Le général Desaix éclatait en reproches graves; et, déclarant à Sidney Smith son refus de continuer à négocier, il le somma, d'après ce qui avait été convenu, de le rembarquer sur-le-champ.

Sidney Smith ne s'effraya pas de ce tapage; il connaissait mieux les Turcs d'Europe que nos plénipotentiaires. Il n'aurait assurément pas permis qu'il leur arrivât le moindre mal; mais il ne pouvait pas être fâché de se trouver indispensablement nécessaire pour sortir du mauvais pas où l'on se trouvait engagé. Il rassura les plénipotentiaires, en se chargeant de tout; et dans le fait il se donna tant de mouvement dans la nuit de ce même jour, que le lendemain il rapprocha les parties et fit recommencer les conférences, auxquelles il ne manqua plus d'assister. Son incroyable activité fit, en quelques jours, discuter, arrêter et dresser les conditions de ce fameux traité d'El-Arich, dans les formes prescrites par le général Kléber, et qui détruisait l'ouvrage du général Bonaparte. Sidney Smith en pressait la signature, parce qu'il avait déjà connaissance de l'arrivée du général Bonaparte en France, ainsi qu'on va le voir.

Mais le général Desaix, avant de le signer, en éprouva un sentiment d'horreur, et en fit retarder la signature de quelques jours. Le soir, il m'appela dans sa tente, et me dit : « Ce que le « général Kléber a voulu, est fait; allez, de ma

« part, lui dire qu'avant d'y mettre mon nom,
« je veux qu'il lise ce qu'il nous a fait faire,
« mais que, dans aucun cas, je ne le signerai
« sans un ordre de lui, que je vous prie de me
« rapporter. »

Je retournai, en effet, en Égypte avec une escorte de Tartares, qui me fit traverser l'armée du visir, et vins trouver le général Kléber à Salahié, où il avait réuni l'armée depuis qu'il avait appris la prise d'El-Arich et l'arrivée de l'armée turque sur ce point. Quand j'entrai chez lui, il venait de tenir un conseil de guerre, dont la discussion avait roulé sur l'impossibilité de conserver l'Égypte, et dans lequel Kléber n'avait pas dédaigné de se munir d'une garantie qui soulageait sa responsabilité, en faisant signer à tous les généraux une déclaration par laquelle, d'après l'exposé qui leur avait été fait, ils reconnaissaient l'impossibilité de défendre l'Égypte avec les moyens qui restaient à l'armée. Il y avait bien eu de la division parmi les opinans à ce conseil; mais comme, en dernier résultat, on était bien aise de revoir la France, on signa en masse, parce que de cette manière le reproche ne pouvait s'adresser à personne.

J'annonçai au général Kléber, qu'au moment de mon départ, on venait d'apprendre au camp d'El-Arich l'arrivée du général Bonaparte en

France, et lui remis une liasse de journaux qui déjà en parlaient.

Je lui répétai deux fois ce dont le général Desaix m'avait chargé particulièrement pour lui.

Le général Kléber réunit de nouveau le conseil de guerre pour lui donner connaissance du contenu des dépêches que je lui avais apportées, et me fit repartir le même soir comme parlementaire, avec une réponse pour le général Desaix, et l'ordre que celui-ci m'avait dit de lui apporter pour signer ce traité. Le général Kléber m'avait aussi recommandé de réclamer la femme d'un sergent de la garnison d'El-Arich, qu'il savait être devenue la propriété d'un pacha, ne voulant pas, disait-il, laisser un seul individu de l'armée derrière lui.

Avant de partir, le général Davout, qui avait été un des opposans dans le conseil de guerre, me prit à part et me chargea de dire au général Desaix ce qui s'était passé; que l'on n'avait signé que par condescendance pour le général Kléber, qui avait su imposer, mais que, si le général Desaix voulait ne point signer le traité d'évacuation, tous les généraux de l'armée seraient pour lui.

Je connaissais déjà le général Davout depuis trop d'années pour douter de la vérité de ce qu'il me disait; mais je lui observai que la communication me paraissait trop grave pour que je m'en chargeasse autrement que par lettre, ajoutant que, s'il avait assez de confiance en moi pour transmettre un rapport verbal, il pouvait m'en remettre un écrit; que, dans tous les cas, je ferais sa commission, mais que je m'attendais à l'observation que ne manquerait pas de me faire le général Desaix, qui paraîtrait justement surpris de ne pas voir cela écrit de sa main, et que, d'après ce que nous avions sous les yeux, il ne s'exposerait à rien.

Je partis de suite pour El-Arich. En arrivant près des avant-postes turcs, on me donna une escorte qui me conduisit jusqu'à la tente du visir, laquelle était encore entourée des cadavres des malheureux qui avaient été suppliciés dans la journée.

Je trouvai Sidney Smith chez le visir, et je saisis cette occasion pour faire la réclamation de la femme dont j'ai parlé plus haut. Ce fut alors que j'appris du visir qu'il l'avait donnée au pacha de Jérusalem, mais il me dit qu'il allait la redemander, et nous la renverrait sur-le-champ. J'allai de là avec Sidney Smith à la tente du général Desaix, où le traité fut signé le soir même de mon arrivée.

J'avais fait la commission du général Davout,

et le général Desaix m'avait répondu ces mots :
« Comment ! Davout vous a chargé de me dire
« cela, et je vois son nom au bas de la délibé-
« ration que tous ont signée et que vous m'ap-
« portez ! je serais un sot de compter sur ces
« gens-là. Ma foi, le sort en est jeté, j'en ai eu
« assez de chagrin, mais il n'y a pas de ma
« faute. »

Le lendemain ou surlendemain, on prit réciproquement congé les uns des autres. Au moment de partir pour retourner en Égypte par le désert, on apporta au général Desaix une lettre de Jérusalem : elle était de cette pauvre femme, qui remerciait de l'intérêt qu'on lui avait témoigné, mais qui déclarait que son intention n'était pas d'en profiter, qu'elle se trouvait bien, et qu'elle y restait ; elle ajoutait des vœux pour nous, et nous souhaitait un bon voyage. (1)

Sidney Smith, bien satisfait, nous quitta pour aller dans tout l'Archipel procurer aux Turcs les bâtimens nécessaires au transport de l'armée. Il devait les amener à Alexandrie, où il n'en

---

(1) Par la suite, cette vivandière est devenue la protectrice des établissemens chrétiens de la Syrie, qui lui ont dû de grands services.

Sous le consulat, on s'est servi d'elle, et on lui a donné les moyens de soutenir son crédit.

existait presque plus de ceux par lesquels nous étions venus en Égypte, tous ayant été successivement démolis pour les besoins de l'armée. Sidney Smith, qui, sans pouvoirs, avait aussi habilement servi son pays en abusant de notre crédule facilité, devait s'attendre à voir son ouvrage approuvé par son gouvernement. Le contraire cependant arriva.

D'après les conditions du traité, l'armée turque s'avança pour occuper Catiëh, entre El-Arich et Salahié, Salahié et Damiette, et on lui livra ces places, même avant d'avoir vu arriver un seul des bâtimens de transport, qui, d'après le même traité, auraient dû être déjà rendus dans Alexandrie; de sorte que nous abandonnions nos avantages sans recevoir de compensation.

Le général Desaix éprouvait tant d'humeur de voir cela, qu'aussitôt son arrivée à l'armée il demanda à profiter de la permission qu'il avait de retourner en France, et le général Kléber ne crut pas pouvoir s'y refuser; et sur sa demande, il lui accorda la permission de partir sur le bâtiment qui avait amené MM. de Livron et Hamelin, que ces messieurs avaient chargé en marchandises de retour, et qui était le plus prêt à prendre la mer.

Le général Desaix demanda aussi un autre

petit bâtiment qui était également prêt, et la permission d'emmener le général Davout, qui ne pouvait plus rester en Égypte avec le général Kléber. Celui-ci, quoiqu'il n'eût pas lieu de se louer de lui, venait de le nommer général de division; mais Davout, soit par aigreur, soit par une noble fierté, avait refusé, ne voulant pas, disait-il, mettre la date de son avancement à une aussi honteuse époque. Le général Kléber, qui ne pouvait qu'être irrité de ce refus, n'en tira pas d'autre satisfaction que celle de le laisser partir. Il revint de Salahié au Caire avec le général Desaix, qui n'y resta que peu de jours avant de se rendre à Alexandrie.

Kléber ramenait l'armée; et, lorsqu'il arriva au Caire, on venait d'y apprendre sommairement les événemens du 18 brumaire. Un brick de guerre, qui était parti de Toulon, venait de mouiller dans la rade de Damiette, et avait envoyé sa chaloupe jusqu'à la ville, pour y débarquer le général Galbau et son fils, que le général Bonaparte envoyait en Égypte.

Trouvant Damiette évacuée depuis le matin par nos troupes, la chaloupe remonta le fleuve jusqu'à ce qu'elle eût pu mettre le général Galbau près des premiers postes de l'armée, puis elle retourna joindre son bâtiment, qu'elle ne trouva plus. Celui-ci, qui n'avait pas vu revenir sa chaloupe, avait envoyé une autre embarcation pour savoir ce qu'elle était devenue; et cette embarcation ayant trouvé les Turcs maîtres de Damiette, où ils étaient venus s'établir dans l'intervalle du passage de la première chaloupe, ne douta plus qu'elle ne fût perdue, ou qu'elle n'eût pris le parti de remonter le Nil, jusqu'à ce qu'elle eût trouvé nos troupes.

La peur s'empara du commandant du brick, en entendant le rapport de celui de sa deuxième embarcation; il leva l'ancre, partit pour la France, et parvint à entrer à Toulon, en sorte que la chaloupe, ne le trouvant plus sur la rade, avait été obligée de faire route pour Alexandrie, où elle était arrivée.

Ce fut par le général Galbau que l'on eut les premiers avis de l'événement qui avait mis le pouvoir entre les mains du général Bonaparte; cette nouvelle ne rassurait pas ceux qui pensaient n'avoir eu affaire qu'avec le Directoire.

Le général Galbau n'était pas encore arrivé au Caire, lorsque le général Desaix alla faire ses adieux au général Kléber, avant de partir pour Alexandrie.

Ils parurent sincères, et le général Kléber fut persuadé qu'arrivé en France, le général Desaix ne lui rendrait aucun mauvais office près du général Bonaparte; il se félicitait même de pouvoir compter sur lui dans une circonstance aussi douloureuse pour son avenir. (1)

Je partis avec le général Desaix, qui voyagea par le Nil jusqu'à Rosette, où il alla voir le général Menou, qui jetait feu et flammes contre l'évacuation de l'Égypte. Nos barques sortirent du Nil pour se rendre par mer à Alexandrie, et nous nous y rendîmes par terre, parce que le général Desaix voulait voir le fort d'Aboukir et toute cette partie de la côte.

Nous couchâmes la nuit à un méchant caravansérail où nous fûmes rongés de toute la vermine qu'y déposent les caravanes à leur passage, et nous commencions à charger nos chameaux le lendemain pour nous rendre à Alexandrie, lorsque, d'une hauteur de sable, nous vîmes au large en mer un bâtiment à voiles latines, qui paraissait en tout gros comme le poing; il s'efforçait de gagner le rivage où nous étions, et

(1) Il avait lieu de se tourmenter, car il se rappelait bien ce qu'il avait écrit au Directoire après le départ du général Bonaparte. On m'a de plus assuré qu'à la mort de Kléber, le général Menou avait trouvé dans ses papiers une lettre du général Moreau, qui ne laissait aucune équivoque sur les intelligences de Kléber et de ce général pour ruiner la puissance du premier consul; mais je ne puis le croire, parce que la mort de Kléber est survenue trop tôt pour que cette intelligence ait pu s'établir.

à la blancheur de ses voiles autant que par la position où il se trouvait, nous jugeâmes qu'il ne pouvait pas être égyptien. Notre curiosité s'excita, et au risque d'éprouver ensuite de la chaleur pour achever notre marche, nous nous décidâmes à l'attendre. Au bout de deux heures, il put être hélé : il nous apprit qu'il venait de Toulon, et qu'il avait à bord un colonel qui allait rejoindre l'armée, et des dépêches pour le général en chef.

Effectivement il débarqua M. Victor de Latour-Maubourg, qui nous donna les détails du 18 brumaire, et qui partit de suite par le chemin d'où nous venions pour aller au Caire rejoindre le général Kléber; nous continuâmes notre route pour Alexandrie.

Lorsque nous avions quitté le général Kléber, il était à mille lieues de se douter de la déplorable issue que, peu de jours après, allaient avoir les négociations auxquelles il s'était aussi aveuglément confié; mais il ne tarda guère à être cruellement désabusé. La première chose que nous apprit le général Lanusse, qui commandait à Alexandrie, et dont il avait rendu compte au général Kléber la veille, nous dévoila ce qui allait probablement arriver; pour l'expliquer, il faut reprendre les choses de plus haut.

Le vaisseau *le Thésée*, après avoir été se

réparer à Chypre, était revenu prendre sa croisière devant Alexandrie, où les événemens qui se passaient avaient rendu plus fréquentes les communications que le cours ordinaire des affaires de service obligeait d'avoir quelquefois avec lui. Le capitaine du vaisseau venait de faire prévenir le général Lanusse que Sidney Smith lui avait envoyé des sauf-conduit turcs tout signés, pour les remettre aux bâtimens qui partiraient d'Égypte par suite du traité d'El-Arich, et qu'il s'empresserait de délivrer ceux qu'on lui demanderait.

L'officier que le général Lanusse avait envoyé pour remercier le capitaine du *Thésée* s'était trouvé à bord de ce vaisseau précisément dans le moment où arrivait devant Alexandrie une corvette expédiée d'Angleterre, pour Sidney Smith. Cette corvette s'appelait *le Bouldogne*, et avait ordre de faire la plus grande diligence : son capitaine apportait à Sidney Smith des instructions et des pouvoirs pour traiter de l'évacuation de l'Égypte; mais soit que le gouvernement anglais se fût abusé sur la position de cette armée, ou qu'il s'en fût laissé imposer sur les succès des troupes coalisées qui combattaient les nôtres en Italie, il ne permittait pas d'accorder d'autres conditions à l'armée française que celle d'être prisonnière de guerre.

Le capitaine, avant de courir après Sidney Smith, dans l'Archipel, faisait préalablement communication de son message au capitaine du *Thésée*, qui en fit prévenir le général Lanusse par le retour de son officier. Il ne restait donc plus, pour profiter du traité d'El-Arich, que le temps qui allait s'écouler jusqu'à ce que Sidney Smith, après avoir été joint par *le Bouldogne*, eût pu révoquer les premiers ordres qu'il avait donnés au *Thésée*, et lui en eût donné de contraires, comme il était présumable que cela allait arriver.

Le général Desaix, qui ne se possédait pas de rage en voyant tout ce qui s'offrait à l'horizon, était dans une grande impatience de mettre à profit le temps qui restait encore, d'autant que tout ce qu'il avait vu n'avait pas trop éloigné de son esprit la pensée que Kléber, après s'être jeté à la merci des Anglais, ne se défendrait pas, et passerait par où ils voudraient; et pour rien dans le monde il n'aurait voulu stipuler une reddition de l'armée.

Il m'envoya le lendemain à bord du *Thésée*, avec la mission de faire mon possible pour aplanir les difficultés que l'on pourrait mettre à son départ, à cause peut-être des marchandises dont était chargé le vaisseau sur lequel il voulait effectuer son retour (c'était celui de M. Hamelin); dans ce cas, il était décidé à en prendre un autre.

Je trouvai dans le capitaine du *Thésée* un fort brave homme et très accommodant, qui voulut bien suivre l'exécution des premiers ordres que lui avait donnés Sidney Smith, abstraction faite de la communication non officielle que lui avait faite le capitaine du *Bouldogne*; en conséquence, il me remit un sauf-conduit pour le général Desaix et tous ceux qui partaient avec lui. Il porta même l'obligeance jusqu'à me donner un employé de son vaisseau, qu'il revêtit du caractère de sauvegarde, et qu'il fit embarquer sur notre bâtiment, avec ordre de nous convoyer jusqu'en France.

J'ai soupçonné depuis qu'il y avait mis de la malice, et que, pour éloigner le général Desaix, il aurait fait bien davantage.

Je revins à Alexandrie, où le général Desaix attendait mon retour avec anxiété; il parut fort satisfait d'apprendre que la mer lui était ouverte, et sa navigation assurée.

Il n'abusa pas de cette faveur de la fortune, car il partit le lendemain. Je laisse là ce qui est relatif au général Desaix, pour revenir au général Kléber.

La corvette *le Bouldogne* avait rejoint Sidney Smith; et celui-ci était revenu devant Alexandrie, d'où il venait d'écrire au général Kléber pour lui témoigner le désespoir auquel il était livré depuis qu'il était obligé de lui apprendre les conditions que son gouvernement mettait à la ratification du traité d'El-Arich.

Il avoua, ce qui ne pouvait plus être douteux, qu'il avait agi sans pouvoirs, à la vérité, mais avec la persuasion qu'il serait approuvé de son gouvernement, et qu'il avait la douleur de reconnaître qu'il s'était trompé. Il suppliait le général Kléber de ne pas concevoir une mauvaise opinion de lui, par suite de ce qui survenait, lui protestant qu'il n'y avait nullement participé, ce qui était croyable. La conclusion de tout cela fut qu'il fallait livrer la bataille aux Turcs le plus tôt possible, et finir par où on aurait dû commencer.

La bataille eut lieu sur les ruines d'Héliopolis, près du Caire; les Turcs y furent vaincus et dispersés, mais ayant gagné le bord du désert, ils marchèrent en débordant la droite de notre armée, et se jetèrent dans le Caire en assez grand nombre.

Kléber redevint alors ce qu'il n'aurait pas dû cesser d'être, autant pour le salut de son armée que pour sa propre gloire. En peu de jours, il rejeta toutes ces hordes, dix fois plus nombreuses que lui, au-delà des déserts d'Asie, réoccupa tout ce qu'il avait imprudemment évacué, et revint ensuite mettre le siége devant le Caire, où un pacha s'était établi avec une trentaine de mille hommes.

Il fallut alors commencer une guerre de maison à maison qui coûta bien cher, et encore fut-on obligé de faire un pont d'or au pacha pour le déterminer à sortir de la ville, et à retourner en Asie avec ses troupes.

On ne pouvait sans doute pas acheter trop cher la fin d'une consommation d'hommes que la position de l'armée rendait plus funeste chaque jour.

La sottise de ses ennemis obligea ainsi le général Kléber à rester en possession de l'Égypte, en quelque sorte malgré lui. Il reconnut franchement son tort, et vit que son projet d'évacuation lui avait coûté plus de monde que le général Bonaparte n'en avait perdu pour s'établir en Égypte, et que lui-même n'en aurait perdu pour s'y maintenir, s'il avait suivi une marche différente.

Depuis ce moment, il changea tout-à-fait de conduite ; il ne s'abusait plus sur l'opinion qu'il parviendrait à inculquer au gouvernement, ni sur le jugement qui serait porté sur ce qu'il aurait pu faire, et sur ce qu'il avait fait et qu'il n'aurait pas dû faire : aussi s'efforça-t-il de réparer les fautes dans lesquelles il était tombé, s'en remettant au temps et à la grandeur d'âme du général Bonaparte, pour effacer les dernières traces de cette fâcheuse période de sa carrière.

Pendant que le général Kléber reprenait l'Égypte, le général Desaix traversait la Méditerranée ; il était au moment d'entrer dans Toulon, lorsqu'il fut pris par une frégate anglaise qui le conduisit à Livourne, où était le vaisseau de l'amiral Keith. Celui-ci, qui avait des instructions conformes à celles qui avaient été envoyées à Sidney Smith par *le Bouldogne*, fit le général Desaix prisonnier, et confisqua le bâtiment.

Le général Desaix, qui s'était embarqué sur la foi d'un traité, avec un sauf-conduit, et escorté d'un commissaire anglais, réclama d'être ramené en Égypte, si on ne voulait pas le laisser aller en France. Malgré la légitimité de cette réclamation, ce ne fut qu'au bout de trente jours qu'on lui déclara qu'il pouvait retourner en France sur le même bâtiment, que l'on avait préalablement déchargé de toutes ses marchandises.

## CHAPITRE XIV.

Navigation du général Bonaparte. — Arrivée à Ajaccio. — Les frégates se trouvent en vue de la croisière anglaise. — Débarquement à Fréjus. — Sensation que fait à Lyon l'arrivée du général Bonaparte. — Arrivée à Paris. — Situation des affaires.

Nous étions déjà revenus à bord de ce bâtiment, lorsqu'une embarcation nous amena M. Poussielgue, qui avait aussi fait voile pour la France. Nous l'avions laissé au Caire, où il s'était fait remarquer parmi ceux qui désiraient que l'armée fût ramenée en France. Nous ne pouvions concevoir quel motif l'avait porté à hâter son départ d'Egypte. Il fit route avec nous. Nous nous dirigeâmes sur la Provence, et fûmes presque aussitôt atteints par un brick ennemi; mais nous avions un laissez-passer de l'amiral Keith. Le bâtiment s'éloigna, et nous entrâmes à Toulon.

Le sentiment qu'on éprouve en revoyant sa patrie ne peut être compris par ceux qui ne l'ont jamais quittée. Nous fûmes pendant trois jours dans une sorte d'aliénation mentale; nous courions, nous ne pouvions rester en place. Le général Desaix eut toutes les peines du monde à nous retenir près de lui pour copier les dépêches qu'il adressait au général Bonaparte, sur les événemens qui avaient eu lieu. Le besoin de nous promener dans le parc du lazaret était le seul que nous éprouvassions.

Le général Desaix eut, courrier par courrier, une réponse du général Bonaparte : M. Poussielgue, au contraire, n'en reçut aucune; il en fut ainsi pendant tout le temps que dura la quarantaine.

Je reviens au général Bonaparte. J'ai raconté comment il avait exécuté son départ; je passe aux détails de sa navigation.

Il n'y avait, comme je l'ai dit, aucune croisière devant Alexandrie quand il mit à la voile. Il atteignit la Corse sans accident. Il ignorait quel était l'état des partis en France. Il avait besoin de prendre langue, sans trop savoir comment éluder la quarantaine; l'impatience de ses compatriotes vint à son secours. Le bruit s'était répandu que le général Bonaparte était à bord : la ville, les campagnes demandaient à lui porter le tribut de leurs hommages. Subjuguée par l'enthousiasme général, l'administration céda : elle se jeta dans une chaloupe, dirigea sur *la Muiron*, et enfreignit elle-même les lois qu'elle devait défendre; l'on ne tint aucun compte de la quarantaine. Le général Bonaparte descendit à Ajaccio, mais n'y resta que le temps nécessaire pour recueillir les renseignemens dont il avait besoin, et remit à la voile. Il courait la haute mer, lorsque Gantheaume vint lui annoncer qu'on apercevait, du haut des mâts, des voiles ennemies, et lui demanda des ordres : le général Bonaparte réfléchit un instant, et lui répondit de tout donner à la fortune jusqu'à minuit.

L'amiral continua de gouverner sur Toulon. La croisière s'éloigna pendant la nuit; le lendemain, aucun bâtiment ne se montrait plus à l'horizon. Les Anglais, qui n'avaient à observer que Toulon, où il n'y avait plus de bâtimens de guerre, et Marseille, d'où on expédiait des approvisionnemens à l'armée d'Italie, se tenaient dans le fond du golfe de Lyon ; leur escadre s'y était réunie tout entière, parce qu'il ne restait que ces deux points d'atterrage aux bâtimens qui cherchaient à gagner la France. La croisière qui observait la Corse, vigilante pour les expéditions qui voulaient pénétrer dans l'île, donnait peu d'attention aux navires qui en appareillaient pour se rendre en Provence, attendu qu'ils pouvaient difficilement échapper à la flotte : ce fut par cette raison qu'elle ne chassa pas les deux frégates.

Le général Bonaparte arriva enfin aux atterrages de France, et la fortune voulut que ce fût à l'entrée de la nuit; le soleil venait de se coucher, et n'avait laissé derrière lui qu'une traînée de lumière que réfléchissait la voûte du ciel. Les frégates, hors du champ de la réverbération, se trouvaient dans un clair-obscur qui devenait plus intense à mesure qu'il s'éloignait. Du milieu de ce clair-obscur, on découvrait à l'œil nu l'escadre anglaise; elle était forte de quinze voiles et placée devant Toulon, au centre du champ de réverbération dont je viens de parler.

A la vérité, il faisait calme, mais on portait droit sur elle (1): sans ces derniers rayons, on n'eût rien vu, on n'eût par conséquent pas changé de route, et quand la brise de nuit se fût levée, on eût donné droit au milieu de ses vaisseaux.

Les frégates n'eurent pas plus tôt aperçu le péril qu'elles couraient, qu'elles virèrent de bord; elles échappèrent à la faveur de l'obscurité, gouvernèrent sur Nice, et atteignirent Fréjus le len-

---

(1) J'ai vu depuis des officiers de la marine anglaise qui m'ont assuré que les deux frégates avaient bien été aperçues, mais que l'amiral les avait prises pour celles de son escadre, attendu qu'elles gouvernaient sur lui, et qu'il savait que nous n'en avions qu'une dans toute la Méditerranée; encore était-elle dans Toulon. Il était bien loin d'imaginer que celles qu'il discernait eussent le général Bonaparte à bord.

demain. On les prit d'abord pour des voiles ennemies, on tira dessus; mais on ne sut pas plus tôt qu'elles portaient le général Bonaparte, que de longs cris de joie éclatèrent de toutes parts : il serait tombé du ciel, que son apparition n'aurait pas produit plus d'étonnement et d'enthousiasme. Le peuple entra subitement en délire ; personne ne voulut plus entendre parler de quarantaine. La santé, les officiers de terre et de mer, se jetèrent pêle-mêle dans les chaloupes; les frégates furent aussitôt atteintes, envahies; de tous côtés, on communiqua : ce qui s'était passé en Corse venait de se renouveler ; les lois de la quarantaine avaient été violées par l'impatience publique. Le général Bonaparte n'eut plus qu'à céder à l'empressement de tout un peuple qui le saluait comme son sauveur.

La population continuait d'affluer sur le rivage : il la remercia des vœux, des offres qu'elle lui prodiguait, et se disposa à s'éloigner d'une côte où, sous prétexte de précautions sanitaires, ses ennemis pouvaient le retenir, ou du moins lui susciter des embarras fâcheux ; aussi prit-il la première des cent voitures qu'on avait amenées de toutes parts, et se mit en route pour Grenoble.

Il voyagea jour et nuit. Son arrivée à Lyon mit cette ville en délire. Il était descendu à l'hôtel des Célestins. La multitude couvrit aussitôt

les quais, et fit retentir l'air de ses acclamations :
il fut obligé de céder à son impatience, et de se
montrer à diverses reprises.

Le bruit de son arrivée s'était répandu avec
la rapidité de l'éclair. La route de Lyon à Paris
était couverte de gens accourus pour le voir
passer; il se déroba à ces hommages, pressa sa
marche, et était déjà à Paris, dans sa maison
rue de la Victoire, que le gouvernement ignorait
encore qu'il eût pris terre à Fréjus.

Il se rendit dans le jour même au Luxembourg. Il était vêtu d'une redingote grise, et portait un sabre de mamelouk suspendu, à la manière orientale, par un cordon de soie. Il avait été reconnu ; le bruit de son arrivée se répandit d'un bout de la capitale à l'autre. La population afflua autour du palais; on se pressait, on se félicitait, on se flattait de posséder enfin l'homme qui devait mettre un terme à nos désastres.

Les affaires étaient en effet dans l'état le plus fâcheux. Masséna avait, il est vrai, arrêté les Russes à Zurich; les Anglais, débarqués dans la Frise, avaient été battus à Castricum, et se disposaient à évacuer le continent, ce qu'ils firent quelques jours après l'arrivée du général Bonaparte. La situation de la république s'était améliorée au-dehors, mais elle était toujours déplorable au-dedans. L'armée d'Italie, qui de revers en revers avait été ramenée jusque dans le pays de Gênes, ne suffisait plus pour couvrir la Provence menacée par les Autrichiens; la guerre civile, plus active qu'à aucune époque antérieure, embrasait les départemens de l'Ouest et du Midi; les lois étaient sans vigueur, et l'administration sans énergie; les partis les plus opposés par leurs opinions politiques s'étaient réunis pour renverser un pouvoir universellement déconsidéré.

Cette triste situation avait détruit toute espèce de crédit. Les fonds publics étaient tombés à dix-sept francs, et cependant le gouvernement n'avait que des bons et des mandats pour faire face aux besoins qui l'assiégeaient : on peut juger par là ce que devaient coûter la guerre et l'administration; de quelque côté qu'on jetât les yeux, on n'apercevait que des abîmes.

Les agens de l'étranger exploitaient la France en tout sens, et l'agitaient impunément du centre de la capitale, où ils ne craignaient pas de résider. Il n'y avait plus de secret; les dispositions d'État étaient connues aussitôt qu'elles étaient prises. L'État tombait en dissolution; tout était corruption et pillage.

Il était devenu impossible de gouverner, et presque inutile d'obéir. Le mal semblait irrémédiable; personne n'osait en sonder la profondeur. Les espérances et les cœurs se tournèrent vers le général Bonaparte : la France entière l'invoquait ; il l'entendit, mais il fallait avoir son génie pour ne pas reculer devant l'entreprise.

L'abattement était tel, que le parti connu sous le nom de *faction d'Orléans* s'était ranimé, et avait de nouveau conçu le projet de porter le fils de ce prince au pouvoir ; on lui avait même dépêché un émissaire en Angleterre, où il résidait. Sa réponse ne fut pas satisfaisante : il refusa de se prêter à son élévation, à moins que la branche aînée de sa famille ne fût désintéressée, ce qui n'était pas possible dans les circonstances où l'on était. Le parti était loin de s'attendre à un scrupule de cette espèce. Il ne se déconcerta pas néanmoins, et résolut d'appeler un prince de la maison d'Espagne.

Le général Bonaparte arriva sur ces entrefaites. Il ne fut plus question de ce projet (1). L'anxiété avait disparu, l'irrésolution s'était évanouie : tous les vœux, toutes les espérances reposaient sur le vainqueur des Pyramides ; mais, pour sauver la France, il fallait qu'il s'emparât du pouvoir : sans cela, mieux eût valu ne pas quitter l'Égypte.

(1) Ces détails m'ont été donnés pendant mon administration publique.

Après avoir mûrement pesé l'état des affaires au-dedans et au-dehors, il prit son parti. Le Directoire était divisé sur les moyens de conjurer l'orage qui menaçait de l'engloutir, les Conseils l'étaient davantage encore; mais la nation n'avait rien perdu de son énergie. Elle appelait un libérateur; il ne fut pas difficile de former un parti et de trouver une base pour l'appuyer. Tout ce qui avait marqué dans la révolution, tout ce qui avait acquis des biens nationaux et s'était aliéné quelque noble, quelque émigré puissant, se ralliait naturellement au général Bonaparte : je n'en excepte que quelques républicains exaltés, quelques tribuns populaires, plus ambitieux que les conquérans; mais indépendamment que le nombre de ces têtes ardentes était bien réduit, l'opinion les avait abandonnées; depuis long-temps elles n'étaient plus à craindre.

On était d'accord sur le besoin d'un changement dans la forme du gouvernement, et dans la nécessité de ne pas perdre de temps pour l'opérer. Le général Bonaparte, convaincu qu'il n'y avait que du péril à temporiser, mit aussitôt la main à l'œuvre, et le Directoire disparut.

La plupart des militaires (1) qui s'étaient ren-

(1) Un des officiers de l'armée dont j'ai entendu le gé-

dus recommandables par leurs victoires se mirent à la disposition du général Bonaparte. Le directeur Sieyes entraîna les hommes les plus influens des deux Conseils, c'est-à-dire ceux qui, fatigués des excès de la révolution, sentaient la nécessité de mettre à la tête des affaires un homme

néral Bonaparte se louer le plus à l'occasion du 18 brumaire, est le général Sébastiani ; colonel à cette époque du neuvième régiment de dragons, il comptait sous ses ordres mille cavaliers qui tous avaient servi en Italie. Le général Bonaparte lui fit part de son projet, avant de sonder les autres colonels de la garnison. Non content de se prêter à ses vues, Sébastiani se chargea de lui amener une foule d'officiers que le Directoire laissait dans le dénûment.

Au signal donné, Sébastiani brûla le premier son vaisseau en distribuant à ses dragons dix mille cartouches à balles qui étaient déposées chez lui, et qui ne pouvaient être délivrées que sur un ordre du commandant de Paris. Il fit monter son régiment à cheval, et le conduisit dans la rue de la Victoire pour servir d'escorte au général Bonaparte, qui partait pour Saint-Cloud. Celui-ci passa dans les rangs des dragons et voulut leur adresser quelques paroles. « Nous ne demandons pas d'explication, lui répli« quèrent ces braves. Nous savons que vous ne voulez que « le bien de la France. Comptez sur nous. » L'exemple de ce régiment servit à décider les autres.

Dans la suite, la calomnie s'attacha au général Sébastiani et voulut le perdre dans l'esprit de son souverain, mais celui-ci répondit sans cesse : « Je n'oublierai jamais le « 18 brumaire, il m'a fait connaître mes amis. »

assez modéré pour se concilier tous les partis, et assez énergique pour les contenir.

Beurnonville, Macdonald, Lefebvre, et Moreau lui-même, qui étaient entrés dans la conspiration, n'avaient pas seulement pour complices les généraux et les administrateurs de l'armée d'Italie qui se trouvaient alors à Paris; ils comptaient encore Chénier, Cabanis, Rœderer, Talleyrand, etc. : c'était l'élite du parti philosophique réuni à l'élite de l'armée, pour accomplir le vœu national.

A l'exception de Bernadotte, qui alors ne voyait le salut de l'État que dans la république, et la république que dans le jacobinisme, tous les généraux de l'armée d'Italie se rallièrent à leur général. Berthier, Eugène Beauharnais, Duroc, Bessières, Marmont, Lannes, Lavalette, Murat, Lefebvre, Caffarelli (frère de celui qui était mort en Syrie), Merlin (fils du directeur), Bourrienne, Regnault de Saint-Jean-d'Angely, Arnault (de l'Institut), le munitionnaire Collot, firent preuve de zèle et de dévoûment; il n'y eut pas jusqu'aux vingt-deux guides récemment arrivés d'Égypte, qui ne se montrassent empressés : chacun servait le général Bonaparte à sa manière.

Augereau lui-même, qui intérieurement le détestait, se rallia à lui, quoiqu'après quelque hésitation. Peut-être fut-ce parce qu'on l'avait négligé qu'il vint offrir ses services : « Est-ce que vous ne comptez plus sur votre petit Augereau ? » dit-il au général Bonaparte. Membre du Conseil des Cinq-Cents, il ne put s'empêcher de dire, lorsqu'il vit que l'assemblée proposait de mettre le général Bonaparte hors la loi : « Nous voilà dans une jolie position. — « Nous en sortirons, lui répondit le général; « souviens-toi d'Arcole. » Si, par ce propos, Augereau exprimait ses craintes, j'aime à penser que Bernadotte n'exprimait pas ses vœux par ceux qui lui échappaient. Rencontrant le général Bonaparte dans le moment où il allait passer en revue ses troupes rassemblées aux Champs-Élysées : « Tu vas te faire guillotiner », lui dit-il avec son accent gascon. « Nous verrons », lui répondit froidement le général Bonaparte.

Je passerai rapidement sur les journées des 18 et 19 brumaire. Les événemens dont je puis parler avec certitude sont les seuls sur lesquels je crois devoir m'appesantir. Je ne touche aux autres qu'autant que je puis donner des détails ignorés que mes relations m'ont mis plus tard à même de recueillir.

Le mouvement, comme on en était convenu, fut donné par les Anciens. M. Lebrun, depuis troisième consul, architrésorier et duc de Plaisance, fit un rapport sur la déplorable situation de la république, et la nécessité de prévenir sa ruine par un prompt remède.

Le Conseil adopte ses conclusions. Il rend un décret qui transfère le Corps-Législatif à Saint-Cloud, afin qu'il puisse délibérer hors de l'influence de la capitale. En même temps, il donne au général Bonaparte, qu'il charge de l'exécution de la mesure qu'il vient d'arrêter, le commandement de toutes les troupes qui sont à Paris et dans le rayon constitutionnel. Ce décret, sanctionné par le Conseil des Cinq-Cents, dont Lucien Bonaparte était président, fut aussitôt transmis au général Bonaparte, avec invitation de venir prêter le serment qu'exigeaient ses nouvelles fonctions. Le général ne se fit pas attendre; il monta à cheval, traversa Paris au milieu d'un groupe d'officiers-généraux que l'attente de cet événement avait rassemblés chez lui, et se rendit à la barre, entouré de cette belliqueuse escorte. Le serment prêté, il nomma pour son lieutenant le général Lefebvre, qui commandait la garde du Directoire, et distribua les autres commandemens aux divers généraux qui l'accompagnaient. Lannes fut chargé de celui du Corps-Législatif; Murat eut celui de Saint-Cloud, et Moreau celui du Luxembourg. Trois membres du Directoire donnèrent leur démission. La magistrature dont ils faisaient partie se trouva éteinte par cet incident, les deux autres directeurs n'étant pas en nombre suffisant pour délibérer.

La journée du 18 brumaire avait préparé la révolution; celle du 19 la termina. Ce ne fut pas néanmoins sans difficulté.

Les jeunes têtes du Conseil des Cinq-Cents et les vieux révolutionnaires du Conseil des Anciens avaient eu le temps de réfléchir sur ce qui se préparait. Le nouvel ordre de choses ne devait pas être favorable aux principes qu'ils professaient; ils se concertèrent sur les moyens de le prévenir. Le plus naturel était de se rattacher fortement à la constitution de l'an III. Duhesme, un des plus ardens démagogues qui fût parmi eux, proposa de jurer de nouveau, et par appel nominal, de la défendre.

Cette motion devait engager les conjurés dans de nouveaux nœuds, et ménager aux frères et amis des faubourgs de Paris le temps d'arriver au secours des frères et amis de Saint-Cloud.

La proposition passa à l'unanimité. Le temps que voulait gagner Duhesme, le général Bonaparte le perdait. Tout ce qu'il avait fait la veille tournait contre lui, s'il ne brusquait les choses; il se présenta au Conseil des Anciens, l'invita, par un discours énergique, à prendre en considération la disposition des esprits, le danger de la patrie, et à ne pas différer plus long-temps d'adopter une résolution.

Mais un membre du Conseil l'interpelle, il veut qu'il rassure les esprits, démente les projets qu'on lui attribue, et prête serment à la constitution. « La constitution, reprend Bona-« parte, existe-t-elle encore ? » Et faisant l'énumération de toutes les circonstances où elle avait été violée par les Conseils en décimant le Directoire, et par le Directoire en décimant les Conseils, il ajouta que vingt conspirations étaient formées pour substituer un nouvel ordre de choses à cette constitution, dont l'insuffisance était prouvée par les faits; que vingt partis le sollicitaient de se mettre à leur tête, les uns pour recommencer la révolution, les autres pour la faire rétrograder; qu'il ne voulait en servir aucun; qu'il ne connaissait qu'un intérêt, celui de conserver ce que la révolution avait fait de bien; qu'il n'ignorait pas que des amis de l'étranger parlaient de le proscrire, mais que tel qui proposait de le mettre hors la loi allait peut-être s'y trouver lui-même; que, fort de la justice de sa cause et de la pureté de ses intentions, il s'en remettait aux Conseils, à ses amis et à sa fortune.

Il se rendit au Conseil des Cinq-Cents pour y

faire les mêmes communications; mais à peine parut-il dans la salle, à la porte de laquelle il avait laissé le peu de militaires qui l'accompagnaient, que les cris : *à bas le tyran ! hors la loi le dictateur!* se font entendre. Il s'était avancé vis-à-vis l'estrade où siégeait le président, son frère Lucien. Il est entouré, menacé. Plus ardent que ses collègues, un député va jusqu'à tenter de le percer d'un poignard (1). Un grenadier de la garde du Corps-Législatif, nommé Thomé, pare le coup avec son bras. Le peloton arrive au secours, et arrache le général des mains de ces forcenés.

Il revint bientôt après dégager Lucien Bonaparte, que ces furieux voulaient contraindre de

---

(1) On a prétendu que ce fait était faux. J'ai même entendu dire à des compatriotes du député qu'on en chargea qu'il était incapable de se porter à un tel excès.

L'opinion contraire était néanmoins si bien établie, qu'il fut obligé de se retirer à Livourne, d'où il en appela à l'équité du premier consul. « Vous savez mieux que per-« sonne, lui dit-il dans sa lettre, combien l'accusation « dont je me plains est peu fondée. »

Le premier consul ne lui répondit pas; mais je ne lui ai jamais entendu dire qu'il eût remarqué le geste qu'on attribue à ce député. Toutefois, j'ai vu le grenadier honoré pour son dévoûment et gratifié d'une pension qu'il n'a perdue qu'en 1815.

mettre aux voix un décret de proscription contre son frère.

Le général Bonaparte était sorti de la salle, pour joindre les troupes qui étaient établies dans la cour du château, où plusieurs députés s'étaient répandus pour les détacher de la cause du chef qu'elles soutenaient.

Le moment était des plus critiques, lorsqu'il arriva au milieu d'elles; quelques minutes encore, et tout était perdu. Il résolut de mener rapidement les choses à fin, et s'adressant à un officier d'infanterie (le capitaine Ponsard, des grenadiers du Corps-Législatif), posté avec sa troupe à l'entrée de la grille du vestibule du château. « Capitaine, lui dit-il, prenez votre com-
« pagnie, et allez sur-le-champ disperser cette
« assemblée de factieux. Ce ne sont plus les re-
« présentans de la nation, mais des misérables
« qui ont causé tous ses malheurs; allez au plus
« vite, et sauvez mon frère. » Ponsard se mit en mouvement; mais il n'avait pas ébranlé sa troupe, qu'il revint sur ses pas. Le général Bonaparte crut qu'il hésitait. Il n'en était rien cependant. Ponsard ne voulait que savoir ce qu'il devait faire en cas de résistance. « Employez la force,
« répondit Bonaparte, et même vos baïonnettes.
« — Cela suffit, mon général », répliqua le capitaine en saluant de son épée. Puis, faisant battre

la charge à ses tambours, il monte le grand escalier du château au pas redoublé, et entre dans la salle, baïonnette en avant. En un instant, la scène change, le tumulte s'apaise, la tribune est déserte. Ceux même qui quelques minutes auparavant paraissaient les plus résolus, cèdent à la peur. Ils escaladent les fenêtres, sautent dans le jardin et se dispersent dans toutes les directions.

Le général Bonaparte répugnait à employer la force, mais les circonstances commandaient; il était perdu s'il eût tardé à en faire usage, et Bernadotte se trouvait prophète. Fouché s'en était expliqué avec Regnault de Saint-Jean-d'Angely, à qui je crois avoir entendu rendre la conversation qu'il avait eue avec lui. «Que votre « général, avait dit ce ministre, n'hésite pas. Il « vaut mieux qu'il brusque les choses que de « laisser aux jacobins le temps de se rallier. Il « est perdu, s'il est décrété : je lui réponds de « Paris, qu'il s'assure de Saint-Cloud. »

Ce discours très sensé était conforme au langage que ce vieux routier de révolution tenait depuis six semaines. Jugeant par l'état des choses que le Directoire ne pouvait se soutenir, il n'avait eu garde d'entraver la conspiration du général Bonaparte. Prêt à l'accepter si elle réussissait, il était prêt à la frapper si elle ne réus-

sissait pas. Il attendait l'événement pour se décider, ainsi que Thurot, alors secrétaire général de la police, me l'avoua depuis. « Le dénoû-
« ment, me disait-il, nous a fixés; mais toutes
« les mesures étaient prises. Si le général Bo-
« naparte eût échoué, lui et les siens portaient
« leurs têtes sur l'échafaud. »

Les mesures étaient, en effet, si bien prises, Fouché était si bien informé de ce qui se passait à Saint-Cloud, que, lorsqu'on apporta, de la part du général, l'ordre aux barrières de ne pas laisser rentrer les députés fugitifs, on se trouva devancé. Les agens de la police étaient déjà aux aguets depuis vingt minutes. Le ministre s'était empressé de donner cette preuve de dévoûment au parti vainqueur.

## CHAPITRE XV.

Création du consulat. — Bonaparte est nommé premier consul. — Cambacérès. — Lebrun. — Changemens opérés dans la marche des affaires. — Composition du ministère. — Les chefs vendéens à Paris. — Pacification de la Vendée. — Georges Cadoudal.

L'opposition dispersée par ce coup de vigueur, les députés favorables à la révolution qui s'opérait, vinrent se rallier aux Anciens. L'abolition du Directoire, l'ajournement des deux Conseils, la formation d'une commission législative, composée de cinquante membres, dont vingt-cinq devaient être tirés de chaque Conseil, fut aussitôt décrétée. On avisa ensuite à l'organisation du pouvoir. On créa, sous le nom de consuls, trois magistrats chargés de l'exercer, jusqu'à ce qu'on eût rédigé une constitution nouvelle. Les trois consuls furent le général Bonaparte, les directeurs Sieyes et Roger Ducos; tous trois vinrent s'établir au Luxembourg, où l'impatience publique attendait le succès de l'entreprise pour s'exhaler en vives acclamations.

Ici commence une ère nouvelle pour le général Bonaparte; ici commence son règne. *Nous avons un maître,* dit Sieyes, qui ne connut bien qu'après l'avoir entendu discuter dans le conseil les questions les plus difficiles en matière de gouvernement et d'administration, l'homme que jusqu'alors il n'avait cru supérieur que dans la guerre.

La nouvelle constitution fut rédigée en six semaines ; la création des trois consuls fut maintenue, mais non la nomination des mêmes individus à ces postes importans.

Le général Bonaparte fut fait premier consul. MM. Cambacérès et Lebrun furent nommés, l'un second, et l'autre troisième consul, à la place de Sieyes et de Roger Ducos, qui furent les premiers membres du sénat conservateur où ils allèrent s'anéantir.

Les deux collègues du général Bonaparte, l'un choisi parmi les magistrats les plus sages et les plus éclairés, l'autre parmi les administrateurs les plus expérimentés et les plus probes, eurent une grande part à tout ce qui fut fait de bien à cette grande époque de notre régénération. On leur doit les bons choix en préfets, en juges, en administrateurs ; on leur doit, en un mot, tous ces fonctionnaires qui secondèrent si bien les efforts du premier consul pour ramener la probité dans les affaires, et l'équité dans les décisions.

Les six premiers mois de cette nouvelle administration produisirent une amélioration que l'on n'eût pas obtenue, en d'autres temps, d'un siècle d'efforts. On était las de désordres, fatigué d'anarchie; chacun favorisait, autant qu'il était en lui, un ordre de choses qui lui promettait repos et sécurité.

L'administration intérieure commençait à prendre une bonne direction; mais, en revanche, tout ce qui concernait la guerre était au pis. Le premier consul s'appliqua d'une manière spéciale à rendre leur lustre à nos drapeaux. Le désordre avait été tel que le ministre de la guerre ne put fournir une situation exacte de l'armée. Il ne connaissait ni sa force, ni le nombre des corps dont elle se composait, ni leur emplacement. On fut obligé d'envoyer des officiers à la recherche des régimens, des dépôts. Ils devaient constater l'effectif de ceux qu'ils découvraient, et le transmettre immédiatement au ministre.

L'artillerie était dans l'état le plus déplorable, et la marine dans une désorganisation complète, quoique du reste elle eût encore des moyens assez étendus.

Les finances étaient si délabrées, que le soir du 18 brumaire, les caisses ne renfermaient pas de quoi expédier des courriers aux armées et aux grandes villes qui devaient être informées de l'événement. Les premières dépenses furent faites avec des fonds prêtés au trésor public, à des conditions que l'urgence des circonstances n'avait pas permis de repousser.

Le corps diplomatique se bornait à un envoyé de Charles IV, qui ne résidait à Paris que parce que la flotte espagnole était retenue à Brest, et à un chargé d'affaires du prince des Deux-Ponts, devenu électeur de Bavière. Encore cet agent était-il plutôt sur le pied d'un homme privé que d'un envoyé revêtu d'un caractère public.

Il fallait un homme du génie du premier consul pour ne pas reculer devant un tel état de choses. Loin de le rebuter, cette complication de difficultés ne fit qu'enflammer son courage; il mit sa gloire à vaincre tant d'obstacles, et il réussit.

La composition de son ministère fut généralement approuvée. Il eut le rare bonheur, dans un premier choix, de tomber sur des hommes dans la maturité de l'expérience, dans l'âge où l'habitude du travail le rend plus facile, et où l'on sait se faire obéir. Tous se pénétrèrent de la nécessité de sortir de l'embarras où l'anarchie et le gaspillage avaient plongé la nation. Tous mirent leur gloire à seconder les intentions du premier consul, qui, de son côté, ne tarda pas à reconnaître qu'il pouvait s'en rapporter à eux des soins que réclamaient leurs départemens respectifs.

Sa position militaire devint le sujet de ses méditations. Il avait besoin d'hommes, d'habits, de chevaux ; tout lui fut donné avec une généreuse profusion. En peu de temps, la situation des armées changea. Lorsqu'il prit le timon des affaires, la guerre civile absorbait des forces considérables ; ce que le Directoire s'était bien gardé d'avouer. Il avisa de suite aux moyens de reporter sur les frontières des troupes devenues indispensables pour faire tête à l'étranger. Une pacification ne lui parut pas impossible. Les cruautés dont la Vendée avait été le théâtre dataient de l'époque des comités. Son administration était vierge de toute espèce de représailles. Les chefs des insurgés devaient être las d'une guerre sans objet : il résolut de leur faire des ouvertures qui, au pis-aller, ne compromettaient rien. Il ordonna, en conséquence, au général en chef de l'armée de l'Ouest de se mettre en communication avec eux ; il le chargea de leur proposer de venir eux-mêmes à Paris juger de la sincérité des intentions qui l'animaient en les appelant dans la capitale, et leur garantit la liberté de retourner chez eux, quelle que pût être la détermination que leur suggérerait la conférence qu'il désirait avoir avec eux.

Tous se rendirent à l'invitation. Le premier consul ne leur adressa aucun reproche ; il leur dit que, s'ils n'avaient pris les armes que pour leur sûreté personnelle et celle de la population de leurs contrées, ils n'avaient désormais aucun motif de prolonger la guerre; que le gouvernement n'en voulait à aucun d'eux; qu'ils avaient dès ce moment les mêmes droits à la protection des lois que ceux qu'ils avaient combattus. Que s'ils avaient, au contraire, pris les armes pour relever le joug de la féodalité, ils devaient considérer qu'ils ne formaient que la partie la plus faible de la nation; qu'il était peu probable qu'ils réussissent, en même temps qu'il était injuste à eux de prétendre dicter des lois à la majorité.

Il ajouta que les succès qu'ils avaient obtenus jusque-là étaient, en grande partie, le résultat de la guerre extérieure; que, dans peu, ils verraient eux-mêmes combien peu les alliés pouvaient leur être utiles; que, prêt à aller se mettre à la tête des troupes, il se chargeait de leur en fournir la preuve.

Ces considérations ne pouvaient manquer de faire impression sur des hommes qui, la plupart, n'avaient pris les armes que pour échapper aux vexations d'un gouvernement ombrageux. Ils demandèrent jusqu'au lendemain pour y réfléchir, et tous, hormis Georges Cadoudal, déclarèrent qu'ils se soumettraient à un gouvernement sous lequel ils pouvaient vivre en paix. Ils lui offrirent même les efforts qu'ils avaient constamment opposés aux pouvoirs anarchiques qui avaient précédé.

Ils circulèrent librement à Paris, virent leurs connaissances, et retournèrent chez eux, où ils tinrent fidèlement tout ce qu'ils avaient promis.

Georges Cadoudal se présenta, comme ses collègues, à l'audience du premier consul. Celui-ci lui parla de la gloire qu'il avait acquise, du rang qu'il avait pris parmi les notables de sa province, et lui dit qu'aux sentimens qui l'avaient élevé devaient s'unir ceux d'un patriote, qui ne voulait pas, sans doute, prolonger les malheurs des contrées qui l'avaient vu naître. Il cessa de parler. Au lieu de répondre, Georges balbutia quelques mots qui avaient plus de sens que d'esprit, tint constamment les yeux baissés, et finit par lui demander un passe-port. Le premier consul le lui fit non seulement délivrer, mais ordonna qu'il eût à vider Paris sur-le-champ, ce qu'il fit. (1)

---

(1) Georges Cadoudal était né à Auray près de Lorient. Il avait été ecclésiastique avant la révolution et peu estimé dans la prêtrise. Hypocrite dangereux, incapable d'obéissance, ambitieux à l'excès, il ne détestait pas moins les nobles que les républicains. Napoléon avait dit avec raison que c'était une bête féroce. Du reste, il était doué d'un

Les premiers chefs de la Vendée soumis, il ne resta plus qu'un brigandage de grands chemins qui s'exerça assez vivement pour rendre les communications dangereuses, quelquefois même impraticables. Les hommes que la guerre civile avait aguerris répugnaient à retourner au travail; ils avaient refusé de se rendre aux invitations de leurs chefs, et continuaient à courir la fortune. Les excès auxquels ils se livrèrent leur firent bientôt perdre le peu de considération qu'ils avaient acquise; ils devinrent à charge à des contrées qui ne désiraient que le repos; ils furent poursuivis, livrés aux tribunaux, qui firent une justice sévère de tous ceux qui leur furent déférés.

grand courage moral et physique et ne manquait pas d'une certaine capacité. Au total il méritait de mieux finir qu'il n'a fait.

## CHAPITRE XVI.

Formation d'un camp de réserve à Dijon. — M. Necker. — Passage du mont Saint-Bernard. — Fort de Bard. — Arrivée du premier consul à Milan. — Combat de Montebello. — Le général Desaix rejoint le premier consul.

Le premier consul avait réussi à pacifier l'intérieur ; il avait rétabli l'administration et rendu au fisc des provinces qui, dès le commencement des troubles civils, n'avaient pas payé d'impôt. Un résultat plus grand encore, à raison des circonstances, c'était de pouvoir disposer sur-le-champ de quatre-vingt mille soldats aguerris, que le Directoire tenait en permanence dans la Vendée, et dont l'absence n'avait pas été une des moindres causes de nos revers.

Les calculs approximatifs les plus exacts portent au-delà d'un million les hommes que cette cruelle guerre a dévorés. Tous étaient Français ; et tandis que les uns étaient égorgés au nom d'un Dieu de paix, immolés jusqu'au pied de ses autels, les autres étaient offerts en holocauste à la liberté : où ces sanglantes exécutions se fussent-elles arrêtées, si le 18 brumaire ne fût venu y mettre un terme?

Heureux d'avoir mis fin à une destruction dont les suites étaient incalculables, le premier consul achemina ses troupes sur Dijon, où il venait d'ordonner la formation d'un camp.

Il avait fait un appel aux militaires que les bévues du Directoire avaient éloignés de leurs drapeaux. Chose remarquable! son nom seul les rallia tous; il n'en resta pas un en arrière qui ne fût retenu par quelque motif dont on pût contester la validité.

La cavalerie était dans un état de nullité complète: la plupart des régimens, réduits à leurs cadres, n'étaient pas montés. On requit le vingtième, puis le trentième cheval. On rassembla ces animaux de tous les points de la France. Ils furent fournis sans murmure, et livrés à jour fixe dans les dépôts. On vit, comme par enchantement, l'armée se recréer de ses propres débris, et reparaître aussi belle qu'aux jours glorieux de notre histoire. Tels furent les premiers effets de la confiance qu'inspirait le général Bonaparte; il était nécessaire à la France, la France le sentait et le lui témoignait.

Ces prodigieuses créations, opérées en si peu de temps, étonnèrent d'autant plus, qu'on en avait à peine suivi la marche: tout avait été conçu, médité dans le secret, et exécuté avec la rapidité de la pensée.

Personne n'imaginait, en France, de quels élémens se composait l'armée qui se rassemblait à Dijon : on croyait qu'elle n'existait que sur le papier, parce qu'on n'en apercevait les élémens nulle part. Les Autrichiens, maîtres de toute l'Italie, n'avaient sans doute rien négligé pour être informés de ce qui se passait en deçà des Alpes, qu'ils espéraient forcer, aussitôt qu'ils auraient pris Gênes qu'ils assiégeaient; mais ce qui se passait à Dijon leur échappait, comme il échappait à Paris. L'espionnage qu'ils entretenaient dans cette capitale ne leur avait dû transmettre que des rapports rassurans, puisqu'ils continuèrent leurs opérations devant Gênes.

Ils ne se doutaient pas que la Vendée fût pacifiée, ni qu'elle pût offrir tant de ressources au premier consul, parce que le Directoire s'était bien gardé de convenir jamais qu'il était obligé d'employer autant de troupes à la contenir.

Le premier consul ne donna pas aux ennemis le temps d'être informés des progrès qu'il avait faits, ni des projets qu'il avait conçus. Comme il ordonnait tout lui-même, il savait le jour où les troupes qu'il avait mises en mouvement arriveraient à Dijon. Il s'y rendit de sa personne sans se faire annoncer, ne s'arrêta que le temps nécessaire pour voir si ses ordres avaient été exécutés, compter son monde, examiner tout avec un esprit de détail jusqu'alors inconnu, et faire partir l'armée, dont il compléta l'organisation pendant qu'elle était en marche.

Il se dirigea, par Genève, sur le grand Saint-Bernard. Il reçut la visite de M. Necker, qui se mit aussitôt à l'entretenir de ses idées d'administration, de constitution, etc.; mais il avait bien assez à faire pour le moment, et, du reste, il goûta peu la conversation du financier. Depuis, je lui ai entendu dire qu'elle avait produit sur lui l'effet des dissertations d'un homme qui cherchait à s'associer à sa fortune, mais que, dès long-temps, son opinion était arrêtée sur ce ministre, qui lui parut au-dessous de sa célébrité. Au reste, ajoutait-il, l'éclat qu'il a jeté n'a rien d'étonnant, les connaissances pratiques en finances et en administration étaient si peu avancées à cette époque !

Le premier consul gravit le Saint-Bernard sur une belle mule qui appartenait à un riche propriétaire de la vallée; elle était conduite par un jeune et vigoureux paysan, dont il se plaisait à provoquer les confidences. « Que te faudrait-il « pour être heureux? lui demanda-t-il au mo- « ment d'atteindre le sommet de la montagne. Ma « fortune serait faite, répondit le modeste villa- « geois, si la mule que vous montez était à moi. »

Le premier consul se mit à rire, et ordonna,

après la campagne, lorsqu'il fut de retour à Paris, qu'on achetât la plus belle mule qu'on pourrait trouver, qu'on y joignît une maison avec quelques arpens de terre, et qu'on mît son guide en possession de cette petite fortune. Le bon paysan, qui ne pensait déjà plus à son aventure, ne connut qu'alors celui qu'il avait conduit au Saint-Bernard.

Le premier consul avait pris les précautions les plus minutieuses pour maintenir l'ordre parmi les corps, pendant une marche aussi pénible que celle qu'ils faisaient à travers les Alpes, et empêcher les hommes faibles de constitution d'abandonner leurs colonnes. Indépendamment de ce que le soldat portait avec lui, il avait fait réunir des provisions considérables au monastère qui est au sommet du grand Saint-Bernard. Chaque soldat recevait en passant, de la main des religieux, un bon morceau de pain, du fromage et un grand verre de vin. Le pain, le fromage étaient coupés, le vin se versait à mesure que les corps défilaient; jamais distribution ne se fit avec plus d'ordre. Chacun sentait le prix de la prévoyance dont il était l'objet. Personne ne quitta sa place; on n'aperçut pas un traînard.

Le premier consul témoigna sa reconnaissance aux religieux, et fit donner 100,000 fr. au monastère en souvenir du service qu'il avait reçu.

Il faudrait une plume plus exercée que la mienne, pour décrire tout ce qu'il se fit de nobles efforts pour transporter au-delà des Alpes l'artillerie et les munitions qui suivaient l'armée. Chacun semblait avoir l'Italie à conquérir pour son compte. Personne ne voulait être médiocre dans cette grande entreprise. L'ardeur fut telle, que le premier consul trouva le lendemain, au pied de la montagne, du côté de l'Italie, cinquante pièces de canon sur leurs affûts. Elles étaient accompagnées de leurs caissons, pourvues de munitions qui avaient été transportées à dos de mulets. Les pièces, les voitures, étaient attelées et prêtes à marcher.

Il s'arrêta pour témoigner sa satisfaction aux canonniers. Il les remercia du dévoûment qu'ils avaient montré, et leur alloua 1,200 francs de gratification; mais ces braves étaient animés du feu sacré, ils refusèrent. « Nous n'avons pas, lui
« dirent-ils, travaillé pour de l'argent, ne nous
« obligez pas d'en recevoir. Vous ne manquerez
« pas d'occasions de nous tenir compte de ce que
« nous avons fait. »

L'armée, descendue du Saint-Bernard, entra dans la vallée d'Ivrée, et arriva devant le fort de Bard. La route passe sous le glacis; périlleux pour les troupes, ce défilé était impraticable pour l'artillerie.

D'une autre part, le temps était trop précieux pour le perdre devant une bicoque qui n'avait qu'une faible garnison, mais qui était commandée par un officier décidé à faire son devoir. Il sentait l'importance du poste qui lui était confié, il ne voulut entendre aucune proposition. On fut obligé de faire filer l'infanterie et la cavalerie par des sentiers détournés que des chèvres eussent eu peine à suivre.

Les canonniers, de leur côté, ne trouvèrent d'autre moyen de tromper la vigilance autrichienne que d'empailler les roues de leurs pièces, ainsi que celles de leurs caissons, et les roulèrent à bras pendant la nuit, jusqu'au point où avaient été conduits leurs chevaux.

Tout cela s'exécuta dans un si grand silence, que la garnison n'entendit rien, quoique le passage s'effectuât à une portée de pistolet du chemin couvert. Chacun de ceux qui étaient employés à ce périlleux transport sentait combien étaient nécessaires le silence et la célérité; aussi tout se passa-t-il à souhait.

Les Autrichiens étaient loin de s'attendre que l'Italie serait envahie par ce côté, et n'avaient fait aucun préparatif de défense. Ivrée était sans garnison, et cette place, qui aurait pu nous arrêter long-temps, nous ouvrit ses portes dès que notre avant-garde se présenta. Ce fut notre première place d'armes.

Le premier consul, qui était dans toute la chaleur de son début, pressait vivement la marche. Il voulait tout à la fois prendre des avantages de position, ressaisir d'un seul coup l'influence qu'il avait eue, et paraître avec l'ascendant que donne l'opinion, sur ce théâtre où s'allait décider le sort de l'Italie. Il pressa son mouvement, et entra à Milan, que cette ville ignorait encore qu'il eût quitté Dijon. Les Italiens, stupéfaits, refusaient de croire à sa présence; ils se convainquirent enfin, et ne tardèrent pas à se déclarer pour nous.

La ligne des opérations des Autrichiens était coupée. On courut saisir la poste, et l'on trouva, dans les correspondances interceptées, une foule de renseignemens de la plus haute importance.

Maître des lettres qui venaient de Vienne à l'armée autrichienne, et de celles de cette armée à Vienne, le premier consul eut, dès le soir même, l'état des renforts qui étaient en marche pour l'Italie, et l'état de situation de l'armée qui faisait le siége de Gênes, avec son emplacement, celui de ses parcs et hôpitaux. Le ministre de la guerre de l'empereur d'Autriche n'aurait pu fournir un état plus complet que celui que le premier consul avait à sa disposition.

Il avait appris, en quelques heures, tout ce qu'il lui importait de savoir sur la situation matérielle et morale des Autrichiens en Italie. Une correspondance partie de Gênes vint lui révéler d'autres secrets. Il vit que cette place se défendait encore, mais qu'elle était aux abois. Un nouvel incident compléta les lumières dont il avait besoin avant de s'engager dans des entreprises ultérieures. On arrêta un courrier expédié de Vienne au baron de Mélas, qui commandait en chef l'armée autrichienne en Italie. Ses dépêches dévoilèrent ce qui restait d'obscur à l'horizon. C'était une position bien singulière que celle du général Bonaparte lisant à Milan les dépêches écrites par le gouvernement autrichien au général de son armée, et les comptes rendus par celui-ci à son gouvernement. Le premier consul méditait sur le parti qu'il avait à prendre, lorsqu'on lui amena un autre courrier expédié par M. de Mélas à Vienne. Il apprit, par ses dépêches, que Gênes était près de succomber; qu'à la vérité, elle résistait encore, mais qu'il était probable qu'elle serait rendue sous peu.

Le courrier portait en outre la situation de l'armée, il avait des ordres pour les dépôts, équipages et parcs d'artillerie qui étaient en arrière. On se hâta de profiter de cet avis donné par la fortune, et on envoya prendre possession de tout le matériel dont le voisinage nous était signalé.

Le premier consul venait de cerner le château de Milan; il avait fait deux détachemens, l'un sur Brescia, et l'autre sur la citadelle de Turin. Il marcha sur Pavie, où il porta son quartier-général. On y saisit un équipage de pont, qui, réuni aux bateaux du commerce, fournit les moyens de franchir le Pô. Il détacha des troupes sur Parme, sur Plaisance, et partit lui-même avec celles qui devaient passer le fleuve à Pavie.

Ce fut le général Lannes qui exécuta le passage avec le 6$^e$ d'infanterie légère. On se logea dans des joncs qui étaient à l'autre bord, et on construisit le pont avec cette activité que mettent les Français à exécuter ce qu'ils jugent utile à leurs succès; il ne tarda pas à être achevé. Le premier consul fit aussitôt passer l'armée sur la rive droite, et se porta lui-même sur la route de Stradella à Montebello, qu'il avait fait prendre à ses troupes.

La fortune lui fournit encore, dans cette marche, de nouveaux renseignemens sur la position de ses ennemis. On lui amena, de ses avant-postes, un parlementaire autrichien, qu'escortait un officier de l'état-major de Masséna chargé de lui transmettre la capitulation de Gênes. Cet officier lui apprit à quel point les Autrichiens s'abusaient encore sur sa marche et sur les forces qu'il commandait.

Ils avaient pris possession de Gênes avec pompe et dans les formes de la plus rigoureuse étiquette. Le général Mélas savait, à la vérité, que les Français étaient entrés en Italie par Ivrée, mais il refusait de croire qu'ils fussent nombreux : il n'avait envoyé qu'un fort détachement pour observer les bords du fleuve.

Parti de Gênes après ce corps, l'officier l'avait joint en route, et avait pu en évaluer la force, qu'il indiqua au général Bonaparte, ainsi que la distance à laquelle il l'avait laissé. Il apprit aussi au premier consul que l'armée autrichienne n'avait fait aucun détachement sur Parme ni sur Plaisance. Les troupes que l'on avait poussées dans cette direction devenaient inutiles : on les rappela ; mais on marcha, sans les attendre, au-devant des Autrichiens. La rencontre eut lieu à Montebello : l'action s'engagea ; elle fut brillante, et donna plus tard son nom au général Lannes, qui devint maréchal de France et duc de Montebello.

Les Autrichiens battus furent obligés de retourner sur leurs pas, et de faire donner l'alerte à M. de Mélas, qui avait eu à peine le temps de prendre possession de Gênes. On suivit ce corps pas à pas, et, depuis le combat de Montebello, on ne cessa pas d'être en présence des ennemis.

Le premier consul rentrait du champ de bataille, lorsqu'il rencontra le général Desaix. Il lui avait écrit, avant de se rendre à Dijon, de venir le joindre en Italie, s'il n'aimait mieux aller l'attendre à Paris, en sortant de quarantaine; mais elle était à peine achevée, que le général Desaix se mit en route pour l'Italie. Il gagna l'Isère, traversa Chambéri, la Tarentaise, le petit Saint-Bernard, et descendit dans la vallée que l'armée avait suivie. Il arriva enfin à la vue de Stradella, où il joignit le général Bonaparte. Le premier consul l'accueillit avec une distinction particulière : il le fit monter à cheval et le mena chez lui, où ils restèrent enfermés pendant la nuit. Le général Bonaparte était insatiable de détails sur ce qui s'était passé en Égypte depuis son départ. Le jour commençait à poindre lorsqu'ils se séparèrent. De mon côté, il me tardait de voir revenir le général Desaix. Il ne paraissait pas : la lassitude m'abattit la paupière ; je dormais d'un profond sommeil lorsqu'il entra. Il me réveilla lui-même, et m'apprit, entre autres choses, que le général Bonaparte était déjà établi au Luxembourg, lorsque les lettres que le général Kléber et M. Poussielgue avaient adressées au

Directoire étaient arrivées; il les avait reçues lui-même et n'avait pas été surpris, après les avoirs lues, des fautes qui avaient suivi son départ. On ne s'était pas attendu, ajouta-t-il, à son arrivée en France, et encore moins au succès qu'il avait eu; mais il ne s'abusait ni sur l'esprit qui avait dicté ces lettres, ni sur le but qu'on s'était proposé d'atteindre.

Nous nous expliquâmes alors le silence qu'il avait gardé avec M. Poussielgue. Il avait encore sur le cœur la correspondance de cet administrateur avec le Directoire.

Du reste, il ne lui garda pas toujours rancune; car plus tard le ministre des finances ayant proposé de l'employer dans les travaux du cadastre, le premier consul, devenu empereur, lui donna une place d'inspecteur dans cette administration; c'est une nouvelle preuve que personne, plus que le général Bonaparte, n'oubliait facilement les torts qu'on pouvait avoir envers lui.

Le premier consul voulut employer sur-le-champ le général Desaix; il forma un corps d'armée composé des deux divisions Boudet et Monnier, qu'il mit sous son commandement.

## CHAPITRE XVII.

Mélas arrive à Alexandrie. — Le premier consul craint qu'il ne lui échappe par la route de Novi. — Bataille de Marengo ; — elle est perdue jusqu'à quatre heures. — Dispositions qui rétablissent les affaires. — Mort de Desaix. — L'armée autrichienne se retire sur l'Adige.

M. de Mélas avait enfin terminé les cérémonies de l'occupation de Gênes, et ramené son armée sous la citadelle d'Alexandrie. Il était descendu par la Boquetta, et avait appris, en arrivant, la défaite du corps qu'il avait chargé de nous disputer le passage du Pô.

Une autre circonstance compliquait sa position. L'armée qui avait rendu Gênes touchait au moment de rentrer en ligne; l'époque qu'assignait la capitulation à la reprise des hostilités était venue. Il courait la chance d'être attaqué simultanément sur son front et ses derrières.

Il eût pu prendre son passage par Turin. Le premier consul craignit même un instant qu'il ne se dirigeât sur cette capitale, et se hâta de se porter dans la direction d'Alexandrie, afin de s'approcher du théâtre des événemens. Nous rencontrâmes à Voghera des parlementaires autrichiens dont la mission spéciale nous parut être de s'assurer si notre armée marchait véritablement à eux. Le premier consul les fit retenir assez long-temps pour qu'ils la vissent défiler. Il mit même quelque intention à leur montrer le général Desaix, qui était connu de l'un d'eux, et les renvoya.

Nous continuâmes à marcher. Tortone était encore occupé par les Autrichiens. Nous laissâmes la place à gauche, et nous allâmes passer la Scrivia à Castel-Seriolo. La division Boudet, que suivait le général Desaix, fut la seule qui, se portant sur la droite, fila par la montagne et traversa la rivière au-dessus de Tortone, pour se placer à Rivalta. Loin de s'attendre à voir M. de Mélas marcher franchement à lui, le premier consul craignait qu'il ne manœuvrât pour éviter une action qui ne pouvait que lui être désavantageuse. Il était si préoccupé de cette idée, qu'il ordonna, dans la nuit, au général Desaix de faire un détachement sur Novi, afin de s'assurer si l'ennemi ne filait pas par cette route pour gagner les bords du Pô.

Je fus chargé de cette reconnaissance; je poussai jusqu'à Novi : aucun détachement n'avait paru. Je rentrai à Rivalta dans la nuit du 14 au 15 juin.

Le premier consul avait employé la journée

du 14 à reconnaître les bords de la Bormida. Il s'était assuré qu'indépendamment du pont qu'ils avaient sur cette rivière en avant d'Alexandrie, les ennemis en possédaient un second beaucoup plus bas, c'est-à-dire sur notre flanc droit.

Il avait ordonné qu'on rejetât de l'autre côté de la rivière tout ce qui l'avait passée, et qu'à quelque prix que ce fût, on détruisît un pont qui pouvait nous être si funeste, annonçant même l'intention de s'y porter de sa personne, si les circonstances l'exigeaient. Un de ses aides-de-camp, le colonel Lauriston, fut chargé de suivre l'opération, et de ne revenir que lorsqu'elle serait accomplie.

L'action s'engagea; on se canonna toute la journée : mais l'ennemi tint ferme; on ne put l'obliger à retirer le pont. Lauriston vint rendre compte de l'état des choses. Le premier consul, exténué de fatigue, ne l'entendit pas ou comprit mal ce que son aide-de-camp lui rapportait; car Lauriston, auquel il reprocha souvent dans la suite la fausse sécurité qu'il lui avait donnée, répondit constamment que, loin d'avoir à se reprocher une faute aussi grave, il était au contraire accouru le prévenir que ses ordres n'avaient pu s'exécuter. Lauriston connaissait trop l'importance du pont pour lui annoncer, sans s'en être assuré lui-même, qu'il était détruit.

Le premier consul était resté fort tard à parcourir les lignes de son armée. Il rentrait lorsqu'il reçut le rapport de la reconnaissance que j'avais poussée jusqu'à Novi. Il m'a fait l'honneur de me dire depuis qu'il avait eu de la peine à se persuader que les Autrichiens n'eussent pas cherché à lui échapper par une route qui n'était pas observée, et qui leur offrait une retraite plus sûre, puisqu'elle les éloignait de Masséna, qui avait repris les hostilités.

Une circonstance particulière contribuait à lui faire paraître la chose plus invraisemblable. Il s'était tenu à cheval, à ses vedettes, une bonne partie de la nuit, et n'avait aperçu qu'un petit nombre de feux ennemis. Il n'avait plus douté dès-lors que les Autrichiens ne fissent un mouvement, et avait ordonné au général Desaix de se porter avant le jour à Novi avec la division Boudet. (1)

Nous prîmes aussitôt les armes, et quittâmes la position de Rivalta; nous marchâmes sur Novi : mais à peine le jour commençait à poindre, que nous entendîmes une canonnade redoublée s'ouvrir au loin en arrière de notre droite. Le pays était plat; nous ne pouvions apercevoir qu'un

(1) La deuxième division du général Desaix, celle du général Monnier, avait été dirigée la veille sur Castel-Seriolo, à la droite de l'armée.

peu de fumée. Le général Desaix, étonné, arrêta sa division et m'ordonna d'aller rapidement reconnaître Novi. Je pris cinquante chevaux que je lançai à toute bride sur la route; j'atteignis promptement le lieu où j'étais envoyé. Tout était calme et dans l'état où je l'avais laissé la veille; personne n'y avait encore paru. Je remis mon détachement au galop, et je rejoignis le général Desaix.

Je n'avais été que deux heures à exécuter ma mission. Elle pouvait influer sur les combinaisons de la journée; je courus annoncer au premier consul que tout était tranquille à Novi, que le général Desaix avait suspendu son mouvement et attendait de nouveaux ordres. La canonnade devenait à chaque instant plus vive. J'éprouvais le besoin d'arriver près du premier consul, et pris à travers les champs : le feu et la fumée me dirigeaient. Je hâtais mon cheval de toutes mes forces, lorsqu'un heureux hasard me fit rencontrer un aide-de-camp du général en chef, Bruyère, qui devint plus tard un des plus brillans généraux de cavalerie, et périt en 1813, dans la campagne de Saxe. Il portait au général Desaix l'ordre d'accourir sur le champ de bataille, où le besoin était déjà si pressant, qu'il avait, comme moi, quitté la route et pris à travers la plaine pour nous atteindre plus tôt. Je lui indiquai où se trouvait le général Desaix, et appris de lui où se trouvait le premier consul. Voici ce qui était arrivé :

Le général Bonaparte, croyant que le pont inférieur de la Bormida avait été coupé, n'avait pas changé la position de son armée, qui passa la nuit du 13 au 14, à cheval sur la chaussée de Tortone à Alexandrie, la droite en avant de Castel-Seriolo, la gauche dans la plaine de Marengo. Le général Desaix était en réserve à Rivalta, et le quartier-général à Gorrofolo.

Tortone, qui était occupé par une garnison autrichienne, avait été laissé derrière nous, et nous avait forcés de faire passer la ligne d'opération par Castel-Seriolo.

Le premier consul attendait le corps qu'il avait rappelé de Parme et de Plaisance, ainsi que celui qui avait fait le siége du fort de Bard, dont nous venions de nous emparer. Ce dernier s'avançait par Pavie, les autres arrivaient par Stradella et Montebello ; mais ni les uns ni les autres ne nous avaient joints.

La position de l'armée était loin d'être rassurante : elle avait en tête un ennemi que l'on avait mis dans l'obligation de tout sacrifier pour s'ouvrir un passage. Elle était faible, dispersée; ce n'était pas trop d'un homme comme le premier consul pour faire tourner à bien des circonstances aussi fâcheuses. Tout autre, n'eût-il pas même été général médiocre, eût infailliblement perdu la bataille que nous fûmes forcés d'accepter le lendemain.

Le 14 juin, notre droite avait été assaillie à la pointe du jour par une multitude de cavalerie qui avait débouché par le pont que l'on avait dû couper la veille ; l'irruption fut si vive, si rapide, qu'en un instant nous éprouvâmes une perte énorme en hommes, en chevaux et en matériel. Le désordre était entier dans cette partie de l'armée, que la bataille n'était pas engagée. Elle se rallia ; mais elle se ressentit toute la journée de ce fâcheux début. Le trouble ne s'était pas arrêté aux troupes qui avaient été battues ; celles qui les appuyaient avaient pris l'épouvante à la vue de ce débordement de cavalerie, et avaient été porter leur frayeur au loin. Le premier consul fut bientôt prévenu de cet échec. C'était le premier rapport de la journée. Il cacha le dépit que lui causait un malheur qui n'avait eu lieu que parce que le pont inférieur de la Bormida n'avait pas été détruit, conformément aux ordres sur lesquels il avait tant insisté la veille. Il montait à cheval pour voir ce qui se passait, lorsque toute la ligne fut attaquée par la route d'Alexandrie. M. de Mélas, décidé à se frayer passage à travers nos bataillons, avait porté son armée pendant la nuit en deçà de la Bormida, où elle avait pris position. Elle s'était établie devant nous; mais elle n'avait pas allumé de feux : nous ne nous étions pas aperçus que les lignes que nous avions en face s'étaient grossies.

Le début de leur attaque fut brillant; les Autrichiens avaient pris l'initiative des mouvemens sur tous les points à la fois; ils eurent du succès partout. Notre centre fut percé, mis en retraite; notre gauche fut plus maltraitée encore.

Le choc avait été meurtrier. Les blessés qui se retiraient formaient une colonne longue, épaisse, dont la marche rétrograde favorisait la fuite des hommes faibles, qu'une attaque aussi rude qu'inattendue avait ébranlés. La déroute commençait; il ne fallait qu'un hourra de cavalerie pour la décider. S'il avait eu lieu, c'en était fait de la journée.

Le péril devenait à chaque instant plus imminent. Le premier consul ordonna que l'on cédât le terrain, et que, tout en se ralliant, on se rapprochât des réserves qu'il rassemblait entre Gorrofolo et Marengo. Il plaça sa garde derrière ce petit village, mit lui-même pied à terre, et s'établit avec elle sur la droite du grand chemin. Ses cartes étaient déroulées; il était à les étudier quand je le joignis. Il venait d'ordonner au général qui commandait sa gauche de lui envoyer le peu de troupes intactes qui lui restaient. Il préparait déjà le mouvement qui devait décider l'action qu'il n'avait pas prévue, et qui tournait si mal. Battue comme elle était, sa gauche lui devenait inutile, puisqu'il ne pouvait pas la renforcer. Il retirait le peu de bonnes troupes qu'elle avait encore, et les portait au centre.

Dans cet état de choses, il ne pouvait rien apprendre de plus heureux que ce que je venais lui annoncer. Novi était désormais sans importance. Il était assez visible que les Autrichiens n'y avaient pas marché. Au lieu de consumer le temps à une course inutile, le général Desaix avait fait halte; il pouvait compter ses troupes au nombre de celles qui allaient décider de la journée.

« A quelle heure l'avez-vous quitté, me dit
« le premier consul en tirant sa montre ? — A
« telle heure, lui répondis-je. — Eh bien, il doit
« être près d'ici; allez lui dire de se former là
« (il me désignait le lieu de la main); qu'il quitte
« le grand chemin pour laisser passer tous ces
« blessés, qui ne pourraient que l'embarrasser,
« et peut-être entraîneraient son monde. »

Je partis pour rejoindre le général Desaix, qui, averti par Bruyère du péril que courait l'armée, avait pris à travers champs, et n'était plus qu'à quelques centaines de pas du champ de bataille. Je lui transmis les ordres dont j'étais chargé; il les exécuta, et se rendit auprès du premier consul, qui lui expliqua comment les choses en étaient venues au point où elles étaient, et ce qu'il allait tenter dès que sa division serait en ligne.

Notre droite avait été assez promptement ralliée; notre centre, renforcé par les troupes tirées de la gauche, était redevenu respectable. A l'extrême gauche de ce centre était la division du général Desaix, marchant en tête des troupes qui allaient entrer en action; quant à la gauche, elle n'existait plus.

Ses ordres expédiés, le premier consul fit exécuter à l'armée entière un changement de front sur l'aile gauche de son centre, en portant toute l'aile de droite en avant. Il achevait de tourner par ce mouvement tout ce qui s'était abandonné à la poursuite des troupes de la gauche qui avaient été rompues. En même temps, il portait sa droite loin du pont qui lui avait été si fatal dans la matinée. Il serait difficile de dire pourquoi le général qui commandait à la gauche de l'armée autrichienne, laissa opérer ce mouvement décisif; mais, soit qu'il ne le comprît pas, soit qu'il attendît des ordres, il se borna à envoyer des corps de cavalerie pour intercepter notre retraite, ne regardant pas comme possible que nous fussions occupés d'autre chose que de l'effectuer. Placé de manière à rendre tout au moins douteux le succès de la manœuvre du premier consul, il ne chercha pas même à l'entraver.

Les Autrichiens avaient employé à marcher le temps que le général Desaix avait mis à s'entretenir avec le premier consul. Leurs progrès avaient été si prompts, que, lorsqu'il rejoignit son corps, il les trouva qui fusillaient déjà sur ses derrières; il leur opposa des tirailleurs, et se hâta de faire ses dispositions. Ses troupes, qui comptaient neuf bataillons, étaient formées sur trois lignes, un peu en arrière du petit village de Marengo, près du grand chemin de Tortone à Alexandrie. Le premier consul avait retiré au général Desaix son artillerie pour la réunir à celle de la garde, et former au centre une batterie foudroyante.

Il était trois heures; on n'entendait plus que quelques coups de fusil; les deux armées manœuvraient, et se disposaient à faire le dernier effort.

La division du général Desaix occupait le point le plus rapproché de l'ennemi, qui s'avançait en colonnes serrées, profondes, le long de la route d'Alexandrie à Tortone, qu'il laissait à sa gauche. Il était près de nous joindre ; nous n'étions plus séparés que par une vigne que bordait le neuvième régiment d'infanterie légère, et un petit champ de blé dans lequel entraient déjà les Autrichiens. Nous n'étions pas à plus de cent pas les uns des autres; nous discernions réciproquement nos traits. La colonne autrichienne avait fait halte à la vue de la division Desaix, dont la position lui était si inopinément révélée. La direction qu'elle suivait la portait droit sur le centre de notre première ligne. Elle cherchait sans doute à en évaluer la force avant de commencer le feu. La position devenait à chaque instant plus critique. « Vous « voyez l'état des choses, me dit Desaix; je ne « puis différer d'attaquer sans m'exposer à l'être « moi-même avec désavantage. Si je tarde, je « serai battu, et je ne me soucie pas de l'être. « Allez donc au plus vite prévenir le premier « consul de l'embarras que j'éprouve; dites-lui « que je ne puis plus attendre, que je n'ai pas « de cavalerie (1), qu'il est indispensable qu'il « dirige une bonne charge sur le flanc de cette « colonne, pendant que je la heurterai de front. »

(1) Il n'avait que deux cents hussards du premier régiment.

Je partis au galop, et joignis le premier consul, qui faisait exécuter aux troupes placées à la droite du village de Marengo, le changement de front qu'il avait prescrit sur toute la ligne. Je lui transmis le message dont j'étais chargé; il m'écouta avec attention, réfléchit un instant, et m'adressant la parole : « Vous avez bien vu la
« colonne? — Oui, mon général (c'est le titre
« qu'on lui donnait alors). — Elle a beaucoup de
« monde? — Oui, beaucoup, mon général. —
« Desaix en paraît-il inquiet? — Il ne m'a paru
« inquiet que des suites que pourrait avoir l'hé-
« sitation. Il m'a du reste recommandé de vous
« dire qu'il était inutile de lui envoyer d'autres
« ordres que ceux d'attaquer, si ce n'est celui de
« se mettre en retraite ; encore ce mouvement
« serait-il au moins aussi dangereux que le pre-
« mier.

« S'il en est ainsi, me dit le premier consul,
« qu'il attaque ; je vais lui en faire porter l'or-
« dre. Pour vous, allez là (il me montrait un
« point noir dans la plaine), vous y trouverez
« le général Kellermann, qui commande cette
« cavalerie que vous voyez; vous lui apprendrez
« ce que vous venez de me communiquer, et
« vous lui direz de charger sans compter, aus-
« sitôt que Desaix démasquera son attaque. Au
« surplus, restez près de lui ; vous lui indique-

« rez le point par où Desaix doit déboucher; car
« Kellermann ne sait même pas qu'il soit à l'ar-
« mée. »

J'obéis. Je trouvai le général Kellermann à la tête d'à peu près six cents chevaux, reste de la cavalerie avec laquelle il n'avait cessé de combattre toute la journée : je lui transmis l'ordre du premier consul. J'avais à peine achevé, qu'un feu de mousqueterie, parti de la gauche des maisons de Marengo, se fit entendre : c'était le général Desaix qui ouvrait l'attaque. Il se porta vivement, avec le 9º léger, sur la tête de la colonne autrichienne : celle-ci riposta avec mollesse; mais nous payâmes chèrement sa défaite, puisque le général fut abattu dès les premiers coups. Il était à cheval derrière le 9º régiment, une balle lui traversa le cœur; il périt au moment où il décidait la victoire.

Kellermann s'était ébranlé dès qu'il avait entendu le feu. Il s'élança sur cette redoutable colonne, la traversa de la gauche à la droite, et la coupa en plusieurs tronçons; assaillie en tête, rompue par ses flancs (1), elle se dispersa et fut

---

(1) Le général Berthier a fait faire le tableau de cette bataille. Le peintre, officier de l'armée, est sans nul doute un homme de grand talent; mais il a obéi aux règles de son art, il a transporté la charge sur le flanc droit de la

poursuivie, l'épée dans les reins, jusqu'à la Bormida.

Les masses qui suivaient notre gauche n'eurent pas plus tôt aperçu ce désastre, qu'elles se mirent en retraite et tentèrent de gagner le pont qu'elles avaient en avant d'Alexandrie; mais les corps des généraux Lannes et Gardanne avaient achevé leur mouvement: elles étaient désormais sans communication; toutes furent obligées de mettre bas les armes.

Perdue jusqu'à midi, la bataille était complétement gagnée à six heures.

La colonne autrichienne dispersée, j'avais quitté la cavalerie du général Kellermann, et venais à la rencontre du général Desaix, dont je voyais déboucher les troupes, lorsque le colonel du 9ᵉ léger m'apprit qu'il n'existait plus. Je n'étais pas à cent pas du lieu où je l'avais laissé; j'y courus, et le trouvai par terre, au milieu des morts déjà dépouillés, et dépouillé entièrement lui-même. Malgré l'obscurité, je le reconnus à sa volumineuse chevelure, de laquelle on n'avait pas encore ôté le ruban qui la liait.

Je lui étais trop attaché, depuis long-temps,

colonne, tandis que c'est sur le flanc gauche qu'elle a eu lieu. Cela ne fait rien au mérite du tableau; ce n'est que dans l'intérêt de la vérité historique que je fais cette observation.

pour le laisser là, où on l'aurait enterré, sans distinction, avec les cadavres qui gisaient à côté de lui.

Je pris à l'équipage d'un cheval, mort à quelques pas de là, un manteau qui était encore à la selle du cheval; j'enveloppai le corps du général Desaix dedans, et un hussard, égaré sur le champ de bataille, vint m'aider à remplir ce triste devoir envers mon général. Il consentit à le charger sur son cheval, et à le conduire par la bride jusqu'à Gorofollo, pendant que j'irais apprendre ce malheur au premier consul, qui m'ordonna de le suivre à Gorofollo, où je lui rendis compte de ce que j'avais fait : il m'approuva, et ordonna de faire porter le corps à Milan pour qu'il y fût embaumé.

Simple aide-de-camp du général Desaix à la bataille de Marengo, je n'avais vu que ce que me permettaient de voir le grade et la position que j'occupais ; ce que j'ai rapporté de plus m'a été raconté par le premier consul, qui aimait à revenir sur cette journée, et m'a fait plusieurs fois l'honneur de me dire combien elle lui avait donné d'inquiétude, jusqu'au moment où Kellermann exécuta la charge qui changea la face des affaires.

Depuis la chute du gouvernement impérial, de prétendus amis de ce général ont réclamé, en son nom, l'honneur d'avoir improvisé cette charge. La prétention est trop forte et sûrement étrangère à ce général, dont la part de gloire est assez belle pour qu'il en soit satisfait. Je le crois d'autant plus, que, m'entretenant avec lui de cette bataille plusieurs années après, je lui rappelai que c'était moi qui lui avais porté les ordres du premier consul, et il ne me parut pas l'avoir oublié. Je suis loin de supposer à ses amis le projet de vouloir atténuer la gloire du général Bonaparte ni celle du général Desaix; ils savent, aussi bien que moi, qu'il est des noms consacrés que ces sortes de revendications n'atteignent plus, et qu'il serait tout aussi superflu de disputer à son auteur le mérite de la conception de la bataille, que de chercher à atténuer la brillante part que le général Kellermann a prise au succès. J'ajouterai quelques réflexions.

Du point qu'il occupait, le général Desaix ne pouvait voir le général Kellermann : il m'avait même chargé de demander au premier consul de le faire appuyer par de la cavalerie. Le général Kellermann ne pouvait non plus, du point où il était placé, apercevoir la division Desaix : il est même probable qu'il ignorait l'arrivée de ce général, qui n'avait joint l'armée que l'avant-veille. Tous deux ignoraient respectivement leur position, qui n'était connue que du premier consul : lui seul pouvait mettre de l'ensemble dans leurs mouvemens ; lui seul pouvait faire coïncider leurs efforts.

La brillante charge que mena Kellermann fut décisive ; mais si elle avait été faite avant l'attaque du général Desaix, il est probable qu'elle eût eu un tout autre résultat. Kellermann paraît en avoir été convaincu, puisqu'il laissa la colonne autrichienne traverser notre champ de bataille, souffrit qu'elle débordât toutes les troupes que nous avions encore en ligne, sans faire le moindre mouvement pour l'arrêter. Si Kellermann ne l'a pas chargée plus tôt, c'est que c'était un mouvement trop grave, et que le non-succès aurait été sans ressource ; il fallait donc que cette charge entrât dans une combinaison générale qui n'était pas de son ressort.

Le revers que venait d'éprouver l'armée autrichienne était trop grand pour ne pas être suivi de conséquences désastreuses. Le général Mélas avait employé à combattre le temps qu'il aurait dû mettre à regagner le Pô par Turin et Plaisance. Le moment favorable était perdu, il n'y fallait plus songer.

Masséna, renforcé du petit corps que commandait le général Suchet (1), était rentré en

(1) Suchet commandait quelques bataillons sur le Var,

Piémont, et pouvait se promettre des succès contre une armée battue, comme l'avait été celle de M. de Mélas. La nôtre, au contraire, était dans l'ivresse de la victoire; il lui tardait de donner le coup de grâce aux Autrichiens. Pour peu que M. de Mélas eût hésité à prendre un parti, il aurait été accablé sans retour.

Sa position était pénible, surtout après l'entrée triomphale qu'il venait de faire à Gênes. Il fallait néanmoins se résigner et tenter la voie des négociations. M. de Mélas envoya un parlementaire au quartier-général de Gorofollo. Le général Zach, son chef d'état-major, y était encore : fait prisonnier la veille, il s'était longtemps entretenu avec le premier consul; il connaissait le désir qu'il avait de rétablir la paix, les intentions où il était de ne pas abuser de la victoire, en imposant à l'armée autrichienne des conditions que l'honneur ne lui eût pas permis d'accepter.

Le général Bonaparte lui proposa d'aller rendre compte à M. de Mélas des dispositions où il était : M. Zach accepta. Il partit avec le parlementaire, joignit son général, et ne tarda pas à faire connaître que celui-ci agréait les bases qu'il

avec lesquels il avait couvert la Provence pendant le siége de Gênes.

lui avait transmises. Le général Berthier se rendit aussitôt à Alexandrie, et conclut, avec M. de Mélas, une convention par laquelle celui-ci s'engagea à se retirer derrière l'Adige, en défilant à travers nos rangs; il devait aussi vider les places du Piémont et nous restituer celles d'Italie jusqu'au Mincio. Cette convention ratifiée, le premier consul partit pour Milan, et laissa au général Berthier le soin de la faire exécuter. L'article qui était relatif à Gênes éprouva des difficultés. Masséna avait reçu l'ordre de prendre possession de cette ville, qu'il n'avait perdue que depuis peu de jours. Il en demanda la remise au prince de Hohenzollern, que le général Mélas y avait laissé, comme gouverneur, avec un corps de troupes assez considérable. Blessé d'une telle humiliation, celui-ci refusa. Masséna rendit compte de ce fâcheux incident; mais l'armée autrichienne avait déjà quitté Alexandrie pour se porter sur l'Adige, la chose était délicate. Cependant, comme les stipulations étaient positives, que le corps du prince de Hohenzollern faisait partie de l'armée qui devait évacuer l'Italie, et que Gênes était au nombre des places dont la remise était consentie, c'était à M. de Mélas à mettre fin à cette opposition : aussi le fit-il avec une noble loyauté. Il somma le prince d'obéir, lui déclarant que, s'il persistait dans son refus, il l'abandonnerait, lui et ses troupes, aux conséquences que son obstination devait avoir. Sommé d'une manière si péremptoire, Hohenzollern n'osa continuer de méconnaître la capitulation; il remit la place, et prit la route qu'avait suivie l'armée autrichienne.

## CHAPITRE XVIII.

Je suis nommé aide-de-camp du premier consul. — Il repasse en France.—Ivresse des Dijonnaises.—Le maître de poste de Montereau.—Fêtes de la capitale.—Carnot. — Causes de son renvoi. — Créations de tout genre.

Le premier consul m'avait fait dire à Gorofollo, par le général Duroc, de le suivre à Milan, qu'il s'occuperait de moi. Je ne me le fis pas répéter, et partis avec lui.

Nous trouvâmes en route les divisions des généraux Chabran, Duhesm et Loison qui arrivaient de Bard, de Parme, de Plaisance; elles n'étaient plus qu'à une marche en arrière. Le consul s'arrêta, les vit, et continua sa course.

J'avais fait cette course de Gorofollo à Milan dans le même jour, monté sur un cheval autrichien, que j'avais pris la veille à la bataille; encore était-il blessé d'un large coup de sabre sur le front. Le premier consul m'aperçut, m'engagea plusieurs fois à ne pas me harasser et à venir paisiblement derrière. Je n'en fis rien; je persistai à ne pas perdre sa trace, et le suivis jusque dans la cour du château de Milan.

Le soleil était à son déclin. Le premier consul avait fait une telle diligence, que le courrier qui devait l'annoncer n'était arrivé qu'une heure avant lui. Néanmoins toute la population était déjà en mouvement : les maisons étaient drapées, les femmes de la première classe couvraient la route, emplissaient les rues et les fenêtres ; elles avaient des corbeilles de fleurs qu'elles jetaient dans la voiture du premier consul à mesure qu'il s'avançait.

Il était à peine arrivé à Milan, qu'il avait déjà réuni les membres épars du gouvernement cisalpin. La victoire de Marengo avait rendu l'espérance à la population italienne : chacun reprit son poste, chacun retourna à ses fonctions, et la machine administrative fut en plein jeu au bout de quelques jours.

Ce fut au milieu de cette satisfaction générale que je fus rejoint par les équipages du général que j'avais perdu. Ils étaient arrivés sous la conduite de mon camarade Rapp, qu'une maladie assez grave avait retenu loin de nous. Nous étions l'un et l'autre occupés de l'amertume de nos regrets, et nous nous inquiétions de notre avenir, lorsque le premier consul nous fit dire qu'il nous prenait pour ses aides-de-camp. Je passai de l'anxiété à une sorte de délire : j'étais si heureux, si troublé, que je ne pus trouver d'expression pour épancher la reconnaissance que j'éprouvais.

L'armée autrichienne avait atteint les limites que lui avait assignées la capitulation de Marengo; mais la cour de Vienne n'avait pas encore ratifié l'armistice que le premier consul désirait étendre à l'armée du Rhin, afin de travailler à la paix : il manda le général Masséna, auquel il destinait le commandement de l'armée à son départ. Il n'avait pas revu ce général depuis qu'il avait mis à la voile pour l'Égypte ; il lui fit un accueil gracieux, et le félicita longuement sur sa belle défense de Gênes.

La ratification de Vienne arrivée, le premier consul partit pour Paris; il prit sa route par le Piémont, le mont Cénis, et m'ordonna de l'accompagner.

Il fut bientôt à Turin, passa une heure ou deux à visiter la citadelle que l'on venait de remettre à l'armée, remonta en voiture et ne s'arrêta plus qu'à Lyon.

La route était bordée d'hommes de tous les rangs, de toutes les classes, que la reconnaissance autant que la curiosité avait attirés sur son passage. Ce n'est point exagérer que de dire qu'il voyagea de Milan à Lyon entre deux haies de citadins, de campagnards, accourus pour le voir, et au milieu de *vivat* continuels. La population lyonnaise était dans le délire qu'elle avait éprouvé au retour d'Égypte; elle se porta à l'hôtel des

Célestins, où nous étions descendus pour déjeûner, escalada les portes, se montra si empressée, si impatiente de voir le premier consul, qu'il fut obligé, pour la satisfaire, de se présenter au balcon. Il descendit ensuite poser la première pierre de la place de Bellecour, dont il avait arrêté la restauration, et se mit en route pour Dijon, où il se proposait de voir une réserve qui s'organisait dans cette ville, d'où elle devait rejoindre l'armée.

Le délire fut encore plus grand à Dijon qu'il n'avait été à Lyon : les appartemens destinés au premier consul étaient remplis par tout ce que cette charmante ville possédait de femmes aimables. Les hommes faisaient foule ; chacun voulait le voir, l'approcher ; la maison était pleine de monde ; elle n'avait pas un réduit où il pût être seul. Les femmes se faisaient remarquer par la vivacité d'une joie pure qui animait leurs yeux et répandait l'incarnat sur leurs visages, comme si elles eussent dépassé les bornes de la bienséance. Une des plus belles devint plus tard un des ornemens de la cour, sous le titre de duchesse de Bassano.

Le premier consul sortit pour voir les troupes ; mais il ne put arriver sur le terrain qu'au milieu de ce cortége de jeunes femmes chargées de fleurs, de branches de myrte et de laurier, qu'elles jetaient devant son cheval. Elles ne redoutaient, ne craignaient rien ; elles étaient si remplies du héros qu'elles avaient au milieu d'elles, que peu leur importait le danger, pourvu qu'elles lui témoignassent les sentimens qu'elles lui portaient. Leur abandon fut tel, que le premier consul ne voulut pas rentrer en ville dans la crainte que leur impatience n'amenât quelque accident fâcheux. Les voitures qui le suivaient vinrent le recevoir sur le terrain où étaient les troupes. Il fit un salut de bienveillance à cet essaim de jeunes grâces, et partit : mais l'accueil que lui avait fait Dijon resta dans sa mémoire. Dans la suite, il aimait à parler de cette ville, et revenait fréquemment sur l'empressement qu'elle lui avait montré au retour de Marengo.

Ses équipages se composaient de deux voitures. MM. Duroc et Bourrienne étaient dans celle où il voyageait. Je suivais dans l'autre avec le général Bessières. Nous arrivions à Sens le lendemain du jour où nous avions quitté Dijon, lorsqu'en descendant la montagne qui précède la ville, un des cols-de-cygne cassa. Cet accident nous fit perdre six heures. Nous arrivâmes enfin. Nous aperçûmes les peintres, qui sans doute ne nous attendaient pas si tôt, et traçaient sur le frontispice d'un arc de triomphe les mots fameux *veni, vidi, vici*. Nous descendîmes chez madame Bourrienne, et fîmes réparer la voiture pendant le déjeûner.

Sens avait un dépôt de prisonniers de guerre russes, qui étaient dans une situation pitoyable. Le premier consul leur fit distribuer de l'argent, et leur annonça que leur sort changerait incessamment, ce qui eut lieu en effet.

Nous partîmes de Sens à midi, et fûmes bientôt à Montereau. Tout dévoué au premier consul, le maître de poste voulut mener lui-même sa voiture. Malheureusement il avait moins d'habileté que de zèle; car, arrivé au tournant qui est en avant du pont, il versa si rudement, que tout le monde crut que la voiture allait couler jusqu'à la rivière. Cependant ni le premier consul, ni aucun de ceux qui l'accompagnaient, ne fut blessé; la voiture même ne fut pas endommagée. Le maître de poste, plus mort que vif de sa mésaventure, n'osait reparaître. Ce fut le premier consul qui le rassura et l'engagea à remonter à cheval. Ces divers accidens nous firent arriver plus tard que nous n'espérions. Ce ne fut que le 6 juillet, à minuit, que le premier consul entra aux Tuileries, où on ne l'attendait plus.

La population se porta, en effet, le lendemain de bonne heure, au faubourg Saint-Antoine, ainsi qu'elle l'avait fait la veille ; mais elle apprit que le premier consul était arrivé pendant la nuit ; elle accourut aussitôt aux Tuileries, dont le jardin fut rempli pendant toute la journée.

La France venait de sortir d'un état de contrainte et d'anxiété qui lui faisait sentir doublement le prix d'une victoire qu'elle n'avait osé espérer, et qui était d'autant plus belle, qu'elle réparait à elle seule tous les désastres qui l'avaient précédée.

Le premier consul n'était qu'au huitième mois de son retour d'Égypte, et déjà tout avait changé de face. Le gouvernement révolutionnaire était à jamais dissous. Les plaies qu'il avait faites étaient cicatrisées ; les torches de la guerre civile étaient éteintes. La Belgique, où l'approche d'une armée anglaise avait suscité des mouvemens, était pacifiée ; l'Italie, reconquise jusqu'au Mincio par une seule bataille. Il ne restait que Mantoue à prendre et les bords de l'Adige à atteindre, pour replacer la France dans l'état où elle était lorsque le général Bonaparte était parti pour l'Égypte.

Tant de bienfaits furent vivement sentis. Les premiers jours qui suivirent le retour de Marengo furent consacrés à des réjouissances qui attestaient la reconnaissance de la nation. Ce n'étaient partout que fêtes et plaisirs. Chaque corps, chaque individu était jaloux de témoigner la part qu'il prenait à la joie publique. Le premier consul s'abandonnait à ce concert de satisfaction, lorsqu'il apprit qu'un courrier, parti d'Italie, était venu annoncer la perte de la bataille de Marengo. Le courrier avait été expédié au moment où tout semblait désespéré, en sorte que le bruit d'un revers était général à Paris avant le retour du premier consul. Son arrivée dérangea beaucoup de projets. A la simple annonce de sa défaite, les faiseurs s'étaient remis à l'œuvre, et ne parlaient de rien moins que de renverser le gouvernement et de venger l'attentat du 18 brumaire.

Quoique ministre de la guerre, Carnot s'était fait remarquer parmi les plus empressés, et n'avait pas dédaigné d'accueillir, d'accréditer même cette fâcheuse nouvelle. Le premier consul dissimula l'impression que lui fit éprouver la connaissance de ces détails; mais il ne les oublia pas. Il songea dès-lors à se séparer d'un homme qui s'associait à son gouvernement, et ne le considérait cependant lui-même que comme un ennemi public. Il destinait depuis long-temps ce portefeuille à Berthier, mais Berthier lui était nécessaire à l'armée; il attendit encore quelques mois avant de remplacer Carnot.

Le 14 juillet arriva, c'était l'anniversaire de la confédération de 1789. On le célébra au Champde-Mars, au milieu d'un concours prodigieux. Les terrasses étaient couvertes ; la foule s'étendait au loin ; tout respirait l'ivresse des premiers temps. Le premier consul se rendit à cheval à cette brillante cérémonie ; il s'y présenta au moment où la garde à pied et à cheval arrivait avec les nombreux drapeaux pris à Marengo. L'apparition de ces braves, la présence de ce chef illustre qui les avait conduits excita les plus vives acclamations. Cette troupe était partie du champ de bataille le 16 juin, lendemain de l'action, et avait fait le voyage en vingt-neuf jours. Sa lassitude et le mauvais état de son équipement ajoutaient l'intérêt à sa gloire. Elle reçut partout des témoignages de l'estime générale qu'elle inspirait.

Au milieu de ces fêtes, le premier consul ne perdait pas de vue tout ce qu'il avait à faire pour mettre l'armée en campagne et approvisionner les places d'Italie. La trève expirait à la fin de juillet. Il prit ses mesures pour le cas où la paix ne se conclurait pas. Indépendamment des soins qu'il donna à l'armée et à ses accessoires, il se livra, pendant tout le temps qu'il passa à Paris, à un travail prodigieux. Il faisait tout à la fois réunir des matériaux qu'il soumettait au conseil d'État, et s'occupait à substituer un système de finances à la marche désastreuse qu'avait suivie le Directoire. En cela, il fut parfaitement secondé par le ministre de ce département, M. Gaudin, depuis duc de Gaëte, un des hommes les plus probes et les plus laborieux qu'ait possédés l'administration d'aucune époque.

Le Directoire l'avait long-temps sollicité de se mettre à la tête des finances sans pouvoir l'obtenir. Le premier consul fut plus heureux; M. Gaudin accepta le portefeuille qu'il lui offrit, parce qu'il était sûr d'être appuyé dans l'exécution de ce qui serait une fois décidé. Le premier consul l'estimait particulièrement; il fut le seul ministre qui ne fut pas déplacé depuis 1799 jusqu'en 1814.

Le premier consul créa la caisse d'amortissement, l'enregistrement et la banque; il remit de l'ordre dans toutes les branches de l'administration, et ramena la probité dans les transactions des particuliers avec le gouvernement. Ce fut à cette occasion qu'il fit examiner les comptes de tous ceux qui se présentaient comme créanciers de l'État, et qu'il prit une connaissance détaillée de toutes les friponneries, de toutes les dilapidations auxquelles la fortune publique avait été en proie sous l'administration du Directoire. Il en avait mauvaise opinion avant d'arriver au pouvoir; mais ce qu'il vit le convainquit bientôt qu'il n'avait pas soupçonné la moitié du désordre. Aussi, depuis cette époque, quelques hommes n'ont pu, malgré leurs richesses, lui inspirer ni estime ni confiance. Il avait une antipathie naturelle pour ceux qui courent à l'argent par des moyens honteux. Il disait assez souvent qu'il faisait plus de cas d'un voleur de grand chemin, qui risque au moins sa vie, que de ces sangsues qui soutirent tout sans s'exposer au plus léger péril. Quelques uns de ces faiseurs d'affaires ont cru qu'il était leur ennemi personnel, qu'il enviait leur fortune. Il n'en était rien, il n'avait pas d'aversion pour leur personne, il ne réprouvait que la manière dont ils s'étaient enrichis.

Il étudiait ses ressources avec cette aptitude qu'il mettait à tout ce qui l'occupait, et montrait une facilité de calcul, une promptitude de conception qui surprenait ceux qui travaillaient avec lui pour la première fois. Ils ne s'attendaient pas néanmoins à toutes les merveilles qu'il a exécutées depuis.

Il passa ainsi le reste de l'été de 1800, menant de front les affaires du gouvernement intérieur et celles qui pouvaient faciliter la paix, sans recourir à de nouveaux efforts. Il se flatta long-temps d'arriver à ce résultat; mais les lenteurs de l'Autriche lui paraissaient cacher quelques projets, il résolut de se mettre en mesure.

## CHAPITRE XIX.

Mission pour l'Italie. — Passage du mont Cenis. — Les paysans savoyards. — Brune succède à Masséna. — L'Autriche refuse des passe-ports au général Duroc. — Cette puissance cède les trois places de Philisbourg, Ingolstadt et Ulm.—Négociations.—Préliminaires de paix.

Le premier consul me chargea de me rendre secrètement en Italie, d'aller prendre connaissance de l'état d'armement et d'approvisionnement des places qui nous avaient été rendues, ainsi que de la situation des parcs, des magasins et de la cavalerie.

Il me donna une lettre pour le ministre du trésor public, qui me remit un million en or pour le trésorier de l'armée. Cette circonstance rendit mon voyage pénible. J'emportais une somme considérable, et j'étais obligé de traverser un pays où l'on m'eût arraché la vie pour quelques pièces d'or (1). Le passage du mont Cenis, où l'on démontait encore les voitures, m'obligea de laisser voir mes dix petits barils bien cache-

(1) J'y rencontrai le général autrichien Saint-Julien, qui se rendait d'Italie à Paris, sous l'escorte d'un aide-de-camp de Masséna.

tés, et contenant chacun cent mille francs. Dès ce moment, je ne sentis plus rien, tant j'étais persuadé que je n'arriverais pas à bon port. Je ne sortais de ma voiture ni pour boire ni pour manger, et quand j'étais forcé de mettre pied à terre, j'avais soin de ne le faire que de nuit. Cependant je dois dire à l'honneur des paysans savoyards, qu'ils chargèrent mes barils, dont ils connaissaient bien la valeur, sans même éprouver la tentation de se les approprier. Ils eussent facilement trouvé dans le trajet qu'ils parcouraient, en montant, en descendant la montagne, mille prétextes de me voler; mais la pensée de cette action coupable ne leur vint même pas. Bien plus, ils eurent le soin de passer ma voiture la première, afin que je la trouvasse remontée de l'autre côté, et que je n'eusse plus qu'à y replacer mes barils pour partir. Ces honnêtes gens ne paraissaient m'avoir rendu qu'un service ordinaire. Leurs mœurs candides eussent dû me rassurer : néanmoins j'avoue que je me sentis soulagé d'un grand poids, quand j'eus déposé ce million dans la caisse du payeur de Turin.

J'examinai en détail les places que le premier consul m'avait chargé de visiter. Rien de ce qu'il avait ordonné n'était fait. Je ne revenais pas de ma surprise en voyant que non seulement on ne les avait pas approvisionnées, mais qu'on avait encore distrait une partie des ressources qu'elles renfermaient lorsque les Autrichiens les avaient quittées. La voix publique accusait même quelques chefs d'avoir vendu les objets confiés à leur garde. Ces désordres avaient vivement indisposé les troupes ; elles conservaient encore l'âpreté de langage dont elles avaient contracté l'habitude au temps de leurs revers, et demandaient hautement à quoi leur avait servi de conquérir l'Italie, si elles étaient aussi malheureuses qu'à l'époque où elles étaient reléguées dans les rochers de Gênes, et si leurs victoires n'avaient profité qu'à des voleurs.

On m'adressa, pendant mon séjour à Milan, plusieurs rapports sur des déprédations considérables, commises par des employés de l'armée, avec prière de les transmettre au premier consul. Plusieurs étaient relatifs à des concussions exercées à Gênes depuis la réoccupation. Je compris alors que le premier consul avait en Italie des sources d'informations sur ce qu'il avait intérêt à connaître, et que, comme on le savait inexorable en matière de dilapidation, chacun s'empressait de lui signaler celle qui le froissait.

Je ne voulais pas communiquer ces rapports au général Masséna, quoique je ne doutasse pas que le souvenir de ce qu'on avait souffert sous son commandement ne les eût exagérés. D'un autre côté, je voulais avoir quelques éclaircissemens que le premier consul ne manquerait pas de me demander. Ne sachant comment m'y prendre dans un pays où je ne connaissais personne, je me décidai à m'ouvrir à un homme qui avait toute l'estime du chef de l'État, à M. Petiet, intendant de l'armée : il se prêta à ce que je lui demandais, et fit contrôler lui-même ces rapports, dont un grand nombre se trouvèrent malheureusement trop vrais.

Ma mission était achevée; je me disposais à partir pour Paris, lorsque je reçus une lettre du premier consul, qui me mandait de prendre ma route par Dijon, et de voir l'état des troupes qui s'y trouvaient sous les ordres du général Brune.

Je quittai l'Italie, assez péniblement affecté de tout ce que j'avais vu, et repassai les monts. Arrivé à Paris, je rendis au premier consul les rapports qui m'avaient été confiés, avec l'opinion de M. Petiet à l'appui. Il les lut, m'accabla de questions, et s'emporta vivement au récit des désordres qui lui étaient signalés. Il rappela de l'armée une foule d'individus : Masséna lui-même céda quelques mois après la place au général Brune.

Les ennemis du défenseur de Gênes parurent

un instant l'avoir emporté; mais le premier consul avait alors tout le monde à ménager : il voulait surtout s'attacher les Italiens, qu'il aimait naturellement, et dont l'exaspération pouvait être fâcheuse, si la guerre venait de nouveau à éclater. Il disait avec raison que c'était au général Masséna à prévoir de telles conséquences et à réprimer les désordres qui les entraînaient. Une chose surtout l'avait mécontenté au dernier point : on percevait un droit illicite sur chaque sac de grains qui entrait dans Gênes. Imposer les céréales après ce que cette malheureuse population avait souffert, après la famine, les horreurs d'un long siége, c'était outrager l'humanité et réduire tout un peuple au désespoir. A la vérité, cet infâme trafic se faisait à l'insu du général en chef; mais les conséquences politiques en étaient les mêmes. La place eût été réduite aux horreurs du besoin, si les chances de la guerre eussent ramené les Autrichiens sous ses murs.

La trève conclue avec l'Autriche durait encore. Cette puissance se retranchait sur le traité qui la liait à l'Angleterre, et prétendait ne pouvoir négocier sans elle. La perte de l'Italie lui tenait au cœur; elle ne pouvait se décider à y souscrire. D'un autre côté, l'Angleterre, à qui la guerre était moins onéreuse que profitable, ne se pressait pas de la faire finir. Loin de là, elle ne négligeait rien pour soutenir la constance des alliés, à l'aide desquels elle exerçait une si vaste influence. La belle saison tirait à sa fin, et l'on n'était pas plus avancé qu'au mois de juillet. Le premier consul, déçu dans ses espérances, regrettait vivement d'avoir été trop généreux, et d'avoir laissé se retirer derrière le Mincio l'armée de M. de Mélas, qu'il pouvait faire prisonnière. Le mal était fait; il prit son parti, et ne songea plus qu'à se remettre à la tête de l'armée.

Il fit partir pour l'Italie sa garde, ses chevaux et ceux de son état-major. Il envoya en même temps au général Brune l'ordre d'annoncer son arrivée, et de se préparer à passer le Mincio. En Allemagne, l'armée du Rhin, qui, depuis Marengo, était aussi en état d'armistice, se disposa également à reprendre le cours de ses opérations ; mais le faible parti que Moreau avait tiré de ses troupes avait bien affaibli l'opinion qu'on avait donnée de son talent au premier consul. Il nous répéta même plusieurs fois que, si ce général avait compris le plan d'opérations qu'il lui avait tracé, et qu'au lieu de se complaire dans sa vieille méthode, il eût passé le Rhin avec toutes ses forces sur l'extrémité de l'aile gauche des ennemis, il se serait trouvé, dès son passage, beaucoup plus rapproché des États héréditaires que ne l'était l'armée autrichienne; que l'empereur, battu à Marengo, eût appris à la fois la perte de l'Italie et la présence des Français sur l'Inn. Dans cette position, ajoutait-il, François eût infailliblement fait la paix, tandis qu'il fallait aujourd'hui courir de nouvelles chances pour l'obtenir.

Des préliminaires de paix avaient été signés à Paris entre le général autrichien Saint-Julien et le gouvernement français. Duroc fut chargé de les porter à la ratification de l'empereur. Il se rendit au quartier-général de l'armée du Rhin, d'où il demanda un sauf-conduit pour continuer sa route. Il fut refusé, en rendit compte au premier consul, et reçut, courrier sur courrier, l'ordre de revenir à Paris. Le général Moreau reçut en même temps celui de rompre la trêve et de recommencer les hostilités, si on ne lui livrait pas Philisbourg, que les Autrichiens occupaient sur le Rhin, et les deux places d'Ingolstadt et d'Ulm, qui avaient des ponts sur le Danube, et pouvaient mettre l'armée en péril, si elle se portait en avant; et que, dans ce cas, le général Moreau était autorisé à conclure un nouvel armistice qui serait commun à l'armée d'Italie. Tout en cédant ces trois places, les Autrichiens offrirent de traiter sur de nouvelles bases.

Le premier consul accueillit cette proposition. M. de Cobentzel se rendit à Lunéville, où les conférences ne tardèrent pas à s'ouvrir. Joseph Bonaparte était chargé des intérêts de la France. La négociation marchait, mais l'Angleterre avait réussi à faire désavouer M. de Saint-Julien; elle se flatta d'ajourner encore l'œuvre de la pacification. Lord Minto, qui la représentait à Vienne, demanda à intervenir dans les discussions des intérêts qui se débattaient à Lunéville. Le premier consul ne pouvait se méprendre sur l'intention qui dictait cette tardive démarche; il l'accueillit néanmoins, mais afin de déjouer l'Angleterre, qui ne cherchait qu'à lui faire perdre du temps, il exigea qu'elle se mît au préalable en état de cessation d'hostilités avec la France, comme celle-ci l'était avec l'Autriche : c'était assurément faire preuve d'un véritable désir d'arriver à une prompte pacification. Le ministère britannique, qui avait d'autres vues, refusa l'armistice, tout en persistant dans la demande qu'il avait faite d'envoyer un plénipotentiaire : cet arrangement n'était pas admissible. M. Otto, qui résidait en Angleterre en qualité de commissaire pour l'échange, et qui avait été muni des pouvoirs nécessaires pour négocier la suspension d'armes, en exposa les raisons dans la note qui suit :

« Le soussigné ayant communiqué à son gou-
« vernement la note, en date du 29 août, que
« S. E. lord Grenville lui a fait remettre, est
« chargé de lui présenter les observations sui-
« vantes :

« Des préliminaires de paix avaient été conclus
« et signés entre S. M. I. et la république fran-
« çaise. L'intervention de lord Minto, qui a de-
« mandé que sa cour fût admise dans les négo-
« ciations, a empêché la ratification de S. M. I.

« La suspension d'armes, qui n'avait eu lieu
« sur le continent que dans l'espoir d'une prompte
« paix entre l'empereur et la république, devra
« donc cesser, et cessera, en effet, le 24 fructidor,
« puisque la république n'avait sacrifié qu'à cette
« espérance de paix immédiate, les immenses
« avantages que lui a donnés la victoire.

« L'intervention de l'Angleterre complique
« tellement la question de la paix avec l'Autriche,
« qu'il est impossible au gouvernement français
« de prolonger plus long-temps l'armistice sur le
« continent, à moins que S. M. B. ne le rende
« commun entre les trois puissances.

« Si donc le cabinet de Saint-James veut con-
« tinuer de faire cause commune avec l'Autriche,
« et si son désir d'intervenir dans la négociation

« est sincère, S. M. B. n'hésitera point à adopter
« l'armistice proposé.

« Mais si cet armistice n'est point conclu avant
« le 24 fructidor, les hostilités auront été reprises
« avec l'Autriche; et le premier consul ne pourra
« plus consentir, à l'égard de cette puissance, qu'à
« une paix séparée et complète.

« Pour satisfaire aux explications demandées
« relativement à l'armistice, le soussigné est
« chargé à faire connaître à Son Excellence que
« les places qu'on voudrait assimiler à celles
« d'Allemagne sont Malte et les villes maritimes
« d'Égypte.

« S'il est vrai qu'une longue suspension d'armes
« entre la France et l'Angleterre pourrait paraître
« défavorable à S. M. B., il ne l'est pas moins
« qu'un armistice prolongé sur le continent est
« essentiellement désavantageux à la république
« française; de sorte qu'en même temps que l'ar-
« mistice maritime serait, pour le gouvernement
« français, une garantie du zèle que mettrait
« l'Angleterre à concourir au rétablissement de
« la paix, l'armistice continental en serait une,
« pour le gouvernement britannique, de la sin-
« cérité des efforts de la France; et comme la
« position de l'Autriche ne lui permettrait plus
« alors de ne pas rechercher une prompte con-
« clusion, les trois puissances auraient, dans

« leurs intérêts propres, des raisons détermi-
« nantes pour consentir, sans délai, aux sacri-
« fices qui peuvent être réciproquement néces-
« saires pour opérer la prochaine conclusion
« d'une paix générale et solide, telle qu'elle est
« le vœu et l'espoir du monde entier.

« Londres, 17 fructidor an VIII. »

Ces raisonnemens étaient péremptoires, et le parti à prendre méritait réflexion. Si l'Angleterre ne consentait pas à un armistice spécial avec la France, celui que cette puissance avait conclu avec l'Autriche ne serait pas renouvelé. Le conseil aulique, n'ayant aucun moyen de soutenir la guerre, serait obligé de céder, et la paix se trouverait faite sans l'intervention de l'Angleterre.

Le gouvernement britannique aperçut le danger; mais, soit qu'il ne le sentît pas assez fortement, soit qu'il jugeât suffisant d'avoir sauvé les apparences vis-à-vis la cour de Vienne, il se borna à présenter à la suite d'une note extrêmement diffuse et contournée, un contre-projet d'armistice qui ne laissait à la France aucun des avantages qu'elle devait attendre comme compensation de ceux que retirait l'Autriche de la suspension d'armes qu'elle lui avait accordée. C'était assez faire connaître le véritable esprit dont il était animé. Néanmoins le premier consul voulut épuiser tous les moyens de conciliation. Il présenta deux modes de traiter à l'Angleterre. Si elle voulait entrer en négociation commune avec l'Autriche, il demanda qu'elle accédât à l'armistice, attendu qu'il n'y avait que cette voie pour établir quelque similitude dans les rapports respectifs des puissances contractantes, et pour donner à chacun le désir et le besoin de finir.

Si, au contraire, l'Angleterre voulait entrer en négociation séparée avec la France, le premier consul acceptait le projet d'armistice que présentait le ministère britannique.

Il fit plus : pour donner une nouvelle preuve de ses dispositions pacifiques, il prorogea de huit jours la reprise des hostilités; mais cette modération, ces ménagemens ne servirent qu'à faire naître des doutes, des allégations inconvenantes. Il les repoussa par l'organe de son plénipotentiaire, et s'en remit à la voie des armes pour résoudre une question que la diplomatie cherchait à éluder. L'office était ainsi conçu :

« Dans tout le cours de la négociation dont le soussigné a été chargé, il a eu lieu de regretter que le défaut de communications plus directes avec le ministère de Sa Majesté l'ait mis dans l'impossibilité de donner à ses ouvertures officielles les développemens nécessaires. Le résultat de ses dernières communications, auxquelles répond la note qu'il a eu l'honneur de recevoir le 20 de ce mois, rend cet inconvénient bien plus sensible encore.

« La première partie de cette note paraissant mettre en doute la sincérité des dispositions du gouvernement français d'entamer des négociations pour une paix générale, le soussigné doit entrer à ce sujet dans quelques détails qui justifient pleinement la conduite du premier consul.

« L'alternative proposée d'une paix *séparée*, dans le cas où Sa Majesté n'agréerait pas les conditions d'un armistice général, loin de dévoiler un défaut de sincérité, fournit, au contraire, la preuve la plus forte des dispositions conciliantes du premier consul : elle est une conséquence nécessaire de la déclaration faite par le soussigné le 4 de ce mois. En effet, il a eu l'honneur de prévenir le ministère britannique que, si cet armistice n'est pas conclu avant le 11 septembre, les hostilités auront été recommencées avec l'Autriche, et que, dans ce cas, le premier consul ne pourra plus consentir, à l'égard de cette puissance, qu'à une paix séparée et complète. Cet armistice n'a pas été conclu à l'époque indiquée : il était donc naturel de s'attendre éventuellement à *une paix séparée avec l'Autriche*, et, dans la même hypothèse, à une paix également *séparée avec la Grande-Bretagne*, à moins qu'on ne pense que ces calamités, qui accablent depuis huit années une grande partie de l'Europe, doivent se perpétuer, et n'avoir d'autre terme que la destruction morale de l'une des puissances belligérantes.

« Ce n'est donc pas le gouvernement français qui propose à Sa Majesté de séparer ses intérêts de ceux de ses alliés; mais ayant vainement tenté de les réunir dans un centre commun, et les trouvant séparés *de fait* par le refus de l'Angleterre de déposer, sur l'autel de la paix, quelques avantages particuliers dont la France avait déjà fait le sacrifice, le premier consul a donné une nouvelle preuve de ses dispositions en indiquant un autre moyen de conciliation, que le cours des événemens amenera tôt ou tard.

« Conformément à l'avis que le soussigné a donné le 4 de ce mois, on a notifié, en effet, la cessation de l'armistice continental à l'époque qui avait été fixée; mais le contre-projet du ministère britannique, expédié par le soussigné le 8 de ce mois, étant arrivé à Paris le 10, et Sa Majesté ayant paru convaincue que son allié ne se refuserait point à un armistice admissible, le premier consul s'est décidé de nouveau à faire retarder de huit jours la reprise des hostilités. Les ordres ont été expédiés sur-le-champ aux armées d'Allemagne et d'Italie; et dans le cas où ces ordres fussent arrivés trop tard dans cette dernière contrée, et qu'à la suite de quelques opérations militaires, les généraux français eussent eu quelques succès, il leur était ordonné de reprendre la position qu'ils occupaient le jour même du renouvellement des hostilités.

« Le simple exposé de ces faits suffira sans doute pour démontrer que le gouvernement français n'a jamais pu avoir l'intention de masquer, par des négociations simulées, une nouvelle attaque contre l'Autriche, et qu'au contraire il a apporté dans toute cette négociation la franchise, la loyauté, qui seules peuvent assurer le rétablissement de la tranquillité générale, que Sa Majesté et son ministère ont tant à cœur.

« En vain chercherait-on les preuves d'une intention contraire dans quelques expressions renfermées dans les communications officielles du gouvernement français avec les alliés de Sa Majesté, s'il s'agissait surtout d'une des dernières lettres écrites à M. le baron de Thugut, que le soussigné aurait pu communiquer lui-même, s'il en eût trouvé l'occasion : cette lettre prouverait que le gouvernement français, toujours ami de la paix, n'a paru se plaindre des intentions de la Grande-Bretagne que parce qu'il avait tout lieu de les croire contraires à un système solide de pacification.

« Le soussigné n'est entré dans ces détails que parce qu'à la veille des négociations qui pourraient être entamées, il importe aux conseils des deux puissances d'être réciproquement convaincus de la sincérité de leurs intentions, et que l'opinion qu'ils peuvent avoir de cette sincérité est le plus sûr garant du succès des négociations.

« Quant au second point de la note que le soussigné a eu l'honneur de recevoir, il doit se référer à sa lettre du 16, par laquelle il a prévenu S. E. lord Grenville qu'il était chargé de donner des *explications satisfaisantes* touchant les principales objections du gouvernement britannique à l'armistice proposé, en le priant instamment de faciliter des communications verbales avec le ministère. Il était donc difficile de croire que le gouvernement français s'en tiendrait, sans *aucune modification*, à ses premières ouvertures; car, dans ce cas, il eût été très inutile de solliciter une entrevue pour donner *des explications satisfaisantes.*

« En parlant des compensations requises pour faire cadrer l'armistice naval avec la trève continentale, le ministère de Sa Majesté trouve qu'il y a de l'exagération dans la balance établie par le gouvernement français. Une discussion formelle sur cet objet serait sans doute déplacée après les succès variés d'une guerre qui a produit tant d'événemens extraordinaires. Il est difficile de douter de l'influence morale de ces événemens sur les armées, sur les peuples, sur les gouvernemens eux-mêmes, et les inductions qu'on peut en tirer dans le moment actuel paraissent justifier l'opinion que le soussigné a cru devoir manifester. S'il y a de l'exagération dans cette opinion, elle est partagée par les ennemis de la république eux-mêmes, qui ont tout employé pour prolonger la trève, et qui ne se sont fait aucun scrupule de se servir même de la voie des négociations simulées pour gagner du temps.

« Les préliminaires signés par M. le comte de Saint-Julien et désavoués par sa cour en sont un exemple mémorable, et il faut bien que la continuation de l'armistice continental soit un *sacrifice* pour la république, puisqu'on a tant fait pour la lui arracher.

« Mais en admettant même l'existence de ce sacrifice, le ministère de Sa Majesté déclare formellement qu'on ne saurait exiger de lui un sacrifice analogue. Il n'appartient certainement pas à la France de juger jusqu'à quel point les engagemens pris par Sa Majesté envers ses alliés peuvent gêner ses dispositions à cet égard; mais le droit de la France de demander le prix du sacrifice qu'elle a fait, et qu'elle est encore prête à faire, est incontestable.

« Le premier consul a donné à l'Europe des gages réitérés de ses dispositions pacifiques ; il n'a cessé de les manifester envers les cabinets intéressés dans cette lutte ; et quand même sa modération releverait les espérances des ennemis du gouvernement français, elle sera néanmoins toujours l'unique guide de ses actions.

« Malgré cette différence dans la manière de considérer plusieurs questions accessoires et préliminaires de la pacification projetée, le soussigné doit se féliciter de trouver, dans toutes les communications qu'il a eu l'honneur de recevoir jusqu'ici, les mêmes assurances des dispositions de Sa Majesté de travailler au rétablissement de la tranquillité de l'Europe ; et il ne négligera aucune occasion de faire valoir ces dispositions près de son gouvernement.

« Hereford-Street, 23 septembre 1800 (1$^{er}$ vendémiaire an IX). »

## CHAPITRE XX.

Translation des restes de Turenne. — Cérémonie aux Invalides. — L'armistice est dénoncé. — Bataille de Hohenlinden. — Joseph Bonaparte envoyé à Lunéville. — Le général Clarke. — Canal de Saint-Quentin. — — La paix est conclue.—Renvoi des prisonniers russes.

La nouvelle de l'occupation des trois places était arrivée à Paris le 1<sup>er</sup> vendémiaire. Les députés des départemens y étaient réunis, pour la première fois, en corps politique, depuis le 18 brumaire : on s'était, sans doute, flatté de pouvoir leur apprendre que la paix était faite. Quoi qu'il en soit, il y avait, ce jour-là, cérémonie publique, tant à cause de l'inauguration du siècle qui commençait qu'à raison de la translation des restes du maréchal de Turenne, que le premier consul faisait placer aux Invalides à côté de ceux de Vauban.

Après la violation des sépultures de Saint-Denis, où le maréchal reposait au milieu des rois, son cercueil avait été enlevé et déposé dans le grenier de l'amphithéâtre de chirurgie, au Jardin des Plantes, où il était encore au départ du général Bonaparte pour l'Égypte. Je me rappelle l'y avoir vu à cette époque, lorsque le général Desaix visita cet établissement; on le montrait avec vénération, quoiqu'il fût confondu avec les autres squelettes qui gisaient dans le grenier. Plus tard, un citoyen respectable ayant obtenu l'autorisation de réunir dans le couvent des Grands-Augustins, qu'il avait transformé en muséum des monumens français, les mausolées échappés aux outrages de Saint-Denis, avait fait transporter dans ce lieu le corps du maréchal de Turenne. C'est là que le gouvernement le fit prendre pour le transférer aux Invalides. L'église avait été disposée pour la cérémonie. Les députés des départemens, qui avaient été invités, étaient placés quand le corps du maréchal entra. Les prêtres n'avaient pas encore reparu : il n'y eut ni célébration d'office divin ni pratique religieuse; la cérémonie fut tout en pompe et en discours.

Lucien Bonaparte, qui était ministre de l'intérieur, monta dans la chaire de l'église : il esquissa à grands traits les malheurs dont la république avait été accablée pendant la tourmente révolutionnaire; il fit une allusion touchante aux scènes de deuil dont les derniers jours du siècle qui venait de finir avaient été témoins, et mit en parallèle l'exposé succinct des améliorations qui avaient été opérées dans les premiers jours du siècle qui commençait. Il passa ensuite aux espérances que l'on devait concevoir; mais comme il ne prononçait pas le mot de paix, l'inquiétude ne se dissipait pas. Il en vint enfin à la situation extérieure de la république : un silence profond régnait. L'anecdote du voyage de Duroc, le refus de passe-ports pour se rendre à Vienne, l'ordre donné, en conséquence, au général Moreau, de dénoncer l'armistice et de reprendre de suite les hostilités, à moins qu'on ne lui remît Ulm, Ingolstadt et Philisbourg, furent écoutés avec une attention inquiète.

Le ministre termina en annonçant à l'assemblée qu'au moment où il quittait le château pour se rendre à la cérémonie qui les réunissait, le gouvernement avait reçu la nouvelle que les trois places exigées étaient occupées par nos troupes, et l'armistice prolongé. Un mouvement de satisfaction se manifesta aussitôt dans tout l'auditoire; on désirait la paix, on voyait que le premier consul la désirait aussi, on se flattait qu'elle finirait par se conclure. Chacun sortit satisfait.

Le refus qu'avait fait l'Autriche d'accorder des passe-ports au général Duroc, en même temps qu'elle achetait la prolongation de l'armistice à si haut prix, dénotait une irrésolution à laquelle on ne pouvait se méprendre. Il était clair que cette puissance était sous l'influence de l'Angleterre, que celle-ci dominait ses décisions ; mais comme il n'était pas vraisemblable que l'Allemagne s'immolât au bon plaisir de son alliée, il fallait qu'elle s'attendît à être soutenue, ou qu'elle eût un *ultimatum* convenu, passé lequel elle pourrait traiter séparément. Quel que fût cet *ultimatum*, le premier consul, qui était prêt, ne pouvait que perdre à prolonger l'armistice. Il se décida à le rompre, comme je l'ai dit, et ordonna aux armées du Rhin et d'Italie de dénoncer la reprise des hostilités. Brune passa le Mincio, et Moreau l'Iser. La bataille de Hohenlinden eut lieu ; Moreau occupa Lintz et poussa des postes jusqu'à Saint-Polten, à huit ou dix lieues de Vienne.

Le premier consul, en apprenant cette victoire, ne douta pas qu'elle ne décidât les Autrichiens à s'expliquer; et, pour ne pas perdre de temps, dès qu'il eut appris par une dépêche télégraphique que le comte de Cobentzel, qui venait en toute hâte pour reprendre les négociations, venait d'arriver à Strasbourg, il fit partir son frère Joseph pour aller discuter les intérêts de la France à Lunéville.

Joseph n'avait pas dépassé Ligny, qu'il rencontra le comte Louis de Cobentzel qui arrivait en toute hâte à Paris avec les pouvoirs nécessaires pour conclure cette paix tant désirée.

Joseph revint sur ses pas, ramenant avec lui M. de Cobentzel. Ils descendirent aux Tuileries, où le premier consul les reçut l'un et l'autre dans leur toilette de voyage. Il entretint le plénipotentiaire autrichien une partie de la nuit, et le fit repartir le lendemain avec Joseph pour Lunéville, où les conférences avaient été indiquées.

Le général Clarke (1), qui faisait déjà tout ce

(1) Le général Clarke était issu d'une famille irlandaise réfugiée en France avec les Stuarts. Il entra de bonne heure dans la maison du duc d'Orléans en qualité de secrétaire, ce qui lui valut le grade de capitaine de remplacement au régiment de colonel-général des hussards, qui appartenait au duc.

Dans la révolution, il se plia aux principes politiques de ce prince. Devenu par l'ordre du tableau lieutenant-colonel du deuxième régiment de cavalerie, il fut employé sous M. de Custine à l'armée du Rhin, et fit en cette qualité la première retraite de Mayence à Weissembourg. Après le départ de ce général, qui avait été appelé au commandement du Nord, les représentans du peuple élevèrent Clarke aux fonctions de chef d'état-major; mais ces proconsuls, qui chaque jour prenaient les déterminations les plus bizarres, le destituèrent presqu'aussitôt, et le renvoyèrent à vingt lieues des frontières. La révolution qui avait constitué le Directoire le réhabilita. Clarke fut mis à la tête du bureau topographique de la guerre. Il en diqu'il pouvait pour acquérir de l'importance, fut envoyé, comme gouverneur, à Lunéville. Sa mission était de donner des dîners et d'écouter. En même temps que le premier consul ouvrait des conférences, il donnait une nouvelle vie à tous les genres de travaux publics et particuliers. La confiance renaissait ; on ne voyait partout qu'ateliers, que nouvelles entreprises.

L'hiver venait de commencer. Le premier

rigeait le travail, et n'ignorait rien de ce qui concernait les dispositions militaires de la république.

Le Directoire, ayant pris ombrage du général Bonaparte, envoya Clarke en Italie, sous prétexte de chercher à ouvrir des communications avec Vienne. Son objet n'était pas de le faire accréditer, mais d'avoir au quartier-général un agent sûr, qui lui rendît compte des dispositions politiques du général en chef.

En conséquence, Clarke passa les monts, et fut momentanément remplacé au bureau topographique par le général Dupont, avec lequel il correspondait. (Je parlerai plus tard de cette correspondance que j'ai eue dans les mains.) Le général Bonaparte ne se méprit pas sur la mission de cet officier. Il mit son secrétaire en campagne, et ne tarda pas à acquérir la preuve de ce qu'il n'avait fait que soupçonner. Il manda l'émissaire, et le fit expliquer. Clarke ne chercha pas à dissimuler ; il avoua tout, et engagea au général de l'armée d'Italie la foi qu'il avait déjà promise au Directoire. Il ne se crut pas néanmoins obligé de renoncer aux rapports qu'il faisait passer à Paris. Il continua de correspondre avec Dupont, auquel il se garda

consul se rendit à Saint-Quentin pour visiter les travaux du canal souterrain qui devait joindre l'Oise et l'Escaut; il avait le projet de l'achever. Il se fit suivre du directeur-général des ponts et chaussées, ainsi que de MM. Monge, Berthollet et Chaptal.

L'abandon des travaux avait entraîné des dégradations énormes : il fallait faire de nouvelles dépenses qui s'élevaient à des sommes prodi-

---

bien de confier la manière dont il avait été accueilli, et lui transmit régulièrement des notes sur les vues et les projets du général en chef. Le Directoire, cependant, ne fut pas long-temps dupe de l'artifice. Le 18 fructidor eut lieu, et Clarke fut destitué. Généreux pour l'observateur en disgrâce, le général Bonaparte le couvrit de sa puissance, et le garda en Italie jusqu'au moment où il repassa les monts. Il l'avait sauvé des rigueurs du Directoire après les négociations de Campo-Formio, il le sauva de l'indigence après les événemens de Saint-Cloud. Le 18 brumaire consommé, il le tira d'une petite terre où il vivait près de Strasbourg, et l'appela par le télégraphe auprès de sa personne. Il lui rendit son bureau topographique, le logea, l'établit aux Tuileries, et l'employa dans toutes les circonstances qui pouvaient flatter son ambition. Il le nomma plus tard ambassadeur, le fit gouverneur de Vienne, de Berlin, ministre de la guerre, duc; enfin, à son mariage, il le dota de sa cassette. Voilà ce que Clarke reçut à ma connaissance de la munificence de Napoléon. La suite de ces Mémoires nous dira ce qu'il fit au jour du danger pour son bienfaiteur.

gieuses, et les mémoires des gens de l'art faisaient hésiter sur le parti qu'il y avait à prendre; on ne savait s'il convenait de poursuivre les excavations déjà faites, ou si l'on devait reprendre en sous-œuvre une galerie ouverte dans une fausse direction.

Le premier consul voulut voir les choses par lui-même, et reconnut, en effet, qu'on ne pouvait mener à bien une entreprise conçue sur un aussi mauvais plan. Il abandonna des excavations défectueuses, et fit prendre au canal la direction qu'il a aujourd'hui. La voûte sous laquelle il court est beaucoup moins longue que celle qui devait d'abord le couronner. C'est donc au premier consul que la France est redevable de ce canal, dont les départemens du nord tirent déjà un si grand profit.

A son retour de Saint-Quentin, il trouva aux Tuileries le général Bellavene, qui lui apportait le traité de paix que Joseph venait de signer avec M. de Cobentzel. Les stipulations étaient les mêmes qu'à Campo-Formio, et certainement pour les renouveler il ne fallait pas avoir gardé rancune. Les battus paient ordinairement l'amende. Il n'en fut rien dans ce cas-ci : les Autrichiens reprirent leurs limites de Campo-Formio.

Le premier consul se hâta de ratifier l'ouvrage de son frère, et la nouvelle que la paix était conclue fut transmise partout avec une grande célérité.

Quelques mois après, l'Autriche accrédita, comme son ambassadeur à Paris, le comte Philippe de Cobentzel, frère du plénipotentiaire, et la France envoya sous le même titre, à Vienne, M. de Champagny, devenu plus tard duc de Cadore, mais qui était alors conseiller d'État.

La paix fut accueillie avec des transports de joie d'un bout de la France à l'autre. Elle rassura les esprits, ramena l'espérance, consolida la tranquillité rétablie dans l'Ouest. Personne ne soupçonnait alors que les cours étrangères seraient bientôt après assez mal conseillées pour se croire plus menacées par la puissance du levier moral dont s'était emparé le premier consul, qu'elles ne l'avaient été lorsque l'unique pensée du pouvoir était d'abattre, de renverser les trônes, et que le Directoire, dans la vague inquiétude qui l'agitait, n'entrevoyait de salut que dans la ruine des vieux gouvernemens.

L'opinion généralement répandue en France était que la guerre dont on venait de sortir n'avait été entreprise par les étrangers que pour prévenir la propagation des principes républicains, que le Directoire n'avait cessé de chercher à étendre depuis la paix de Campo-Formio.

La conduite plus sage qu'avait adoptée le

premier consul, la modération qu'il venait de montrer dans la victoire, devaient rassurer les alliés. Tranquilles sur les agitations qu'ils redoutaient pour leurs peuples, ils devaient respecter chez les autres ce qu'on ne touchait pas chez eux.

Le premier consul partageait lui-même cette illusion. Il y croyait d'autant plus, que, sachant tout le mal qu'il aurait pu faire à l'Autriche après la bataille de Marengo, il pensait que, si on ne lui tenait pas compte de sa modération, on ne s'exposerait pas du moins à se trouver de nouveau à sa merci.

Jaloux de réconcilier la république avec ses ennemis, le premier consul cherchait à renouer des négociations partout où il ne lui paraissait pas impossible d'en ouvrir. Depuis la bataille de Zurich, la Russie n'avait plus d'armée en campagne contre nous, et cependant elle était encore en état de guerre avec la France. L'empereur Paul régnait. Le premier consul imagina de réunir tous ceux de ses soldats que le sort des armes nous avait livrés; il leur fit rendre leur uniforme national, les arma, les équipa à neuf, et les renvoya. Il remit au général russe chargé de les reconduire dans leur pays, une simple lettre, dans laquelle il disait à l'autocrate que, ne voulant pas faire la guerre à sa nation, les braves gens que la fortune avait mis dans ses mains n'avaient plus la chance d'être échangés; que, dans cet état de choses, il avait résolu de mettre un terme à leur captivité; que, plein de confiance dans le gouvernement russe, il leur avait rendu les armes qu'ils étaient dignes de porter, et leur laissait la liberté d'en faire l'usage que leur prescrirait leur souverain. Ce procédé, jusqu'alors sans exemple, produisit son effet. L'empereur Paul, qui avait déclaré la guerre à un pouvoir anarchique, n'avait plus de motifs pour la faire à un gouvernement qui proclamait le respect de l'ordre, et ne profitait de ses succès que pour assurer la paix; aussi envoya-t-il, sans perdre temps, M. de Sprengporten à Paris, pour remercier le premier consul d'un procédé si généreux, et traiter de la paix, qui fut presque aussitôt conclue. Ce fut la première de nos relations avec les étrangers qui eut un plein succès. Les deux pays s'étaient fait la guerre; mais il n'existait point entre eux de ressentiment national qui s'opposât à un entier rapprochement.

Le premier consul désarma complétement, et fit rentrer les troupes dans les garnisons, qu'elles n'avaient pas revues depuis 1792. On licencia, on renvoya chez eux tous ceux de ces braves volontaires que le danger de la patrie avait fait courir aux armes. Enfin le nombre des congés fut tel, que beaucoup de corps se trouvèrent réduits à leurs cadres; encore ceux-ci n'étaient-ils pas complets. L'armée remise sur le pied de paix, le premier consul retira à M. Carnot le portefeuille de la guerre, qu'il confia au général Berthier.

## CHAPITRE XXI.

Paix de Lunéville. — État de l'Europe. — Négociations avec l'Angleterre.

La paix de Lunéville avait contrarié au dernier point les projets de M. Pitt, qui était alors premier ministre d'Angleterre. Il avait déclaré hautement qu'il fallait faire la guerre à la France jusqu'à extinction, et il venait de voir échapper le seul allié qui lui restât. Il entrevit donc qu'à moins de renouer une coalition générale, il fallait se résoudre à voir aussi l'Angleterre conclure sa paix avec la république française.

L'empereur Paul régnait en Russie; il avait manifesté l'intention de se rapprocher de la France, et le premier consul avait été au-devant de ces heureuses dispositions qui furent bientôt suivies d'un traité de paix.

La Prusse était inébranlable dans le système de neutralité qu'elle observait depuis la paix de Bâle.

L'Autriche venait, à la suite d'une lutte malheureuse, de déposer les armes.

L'Espagne était encore engourdie dans ses

vieilles habitudes, et tout à la dévotion de la France.

L'Italie entière était au premier consul.

La Hollande était liée à la France par sa politique et sa révolution.

Les autres petites puissances d'Allemagne n'avaient pas encore l'importance militaire qu'elles ont acquise dans la suite.

Dans cet état de choses, M. Pitt se trouvait seul pour soutenir la guerre; aussi quitta-t-il le ministère, lorsqu'il eut reconnu, pour l'Angleterre, la nécessité de faire la paix.

Mais en s'éloignant des affaires, il se fit donner pour successeur M. Addington, dont tous les sentimens lui appartenaient. Les noms étaient changés; mais les vues, les maximes restaient les mêmes. On cédait à la nécessité; on souscrivait une trêve avec la résolution bien réfléchie de ne la laisser durer que le temps nécessaire pour renouer une coalition générale contre la France que l'on redoutait, que l'on peignait comme d'autant plus dangereuse pour la sécurité commune, qu'elle avait remis le soin de défendre les intérêts que la révolution avait créés aux mains du premier consul. Le ministère des affaires étrangères de France était, à cette époque, rempli par M. de Talleyrand, homme de beaucoup d'esprit sans nul doute, mais qui, dans cette circonstance, fut tout-à-fait dupe de ses antagonistes, et resta au-dessous de sa réputation d'habileté. J'ai souvent entendu le premier consul témoigner son étonnement de n'avoir rien appris par son ministre lors de la rupture du traité d'Amiens, et de la coalition qui ne tarda pas à en être la suite, surtout lorsqu'il eut reconnu que cette coalition ne s'était point formée sans une multitude de démarches particulières dont son ministère aurait dû être informé.

Je reviens aux ouvertures du nouveau ministère anglais. Celui auquel il succédait avait donné ordre de poursuivre et de capturer les bateaux pêcheurs. Cette mesure, qui n'avait d'autre but que d'accroître gratuitement les maux de la guerre, était contraire à tous les usages.

M. Otto prévint le cabinet anglais que sa présence était désormais inutile, qu'il ne lui restait qu'à quitter un pays où l'on abjurait toutes les dispositions à la paix, où les lois, les usages de la guerre étaient violés et méconnus. La mesure dont il se plaignait fut aussitôt révoquée. Lord Hawkesbury le prévint en même temps que le roi était prêt à renouer les négociations qui avaient été rompues, que son souverain était disposé à envoyer un ministre plénipotentiaire à Paris.

Le premier consul, dont les dispositions étaient toujours les mêmes, accueillit vivement l'ouverture ; mais, convaincu qu'une négociation d'apparat n'était pas la voie la plus expéditive pour résoudre une question difficile qu'avaient encore compliquée huit années de guerre, il proposa ou de suspendre de suite les hostilités, ou même d'arrêter sur-le-champ les articles préliminaires de la pacification. Le ministère anglais accepta le dernier de ces deux moyens, mais il essaya de mettre en avant toutes les prétentions qu'il avait affichées. Les événemens qui venaient d'avoir lieu dans le nord de l'Europe, le passage de la flotte anglaise au Sund, la mort inattendue de Paul I$^{er}$, lui donnaient de la confiance ; il proposa des conditions inadmissibles. Le premier consul les repoussa en prévenant le cabinet britannique qu'il désirait la paix, mais qu'il ne la signerait néanmoins qu'autant qu'elle serait honorable, et basée sur un juste équilibre dans les différentes parties du monde ; qu'il ne pouvait laisser aux mains de l'Angleterre, des pays et des établissemens d'un poids aussi considérable dans la balance de l'Europe que ceux qu'elle voulait retenir. Il reconnaissait toutefois que les grands événemens survenus en Europe et les changemens arrivés dans les limites des grands États du continent pouvaient autoriser une partie des demandes du gouvernement britannique; mais comment ce gouvernement pouvait-il demander pour *ultimatum* de conserver Malte, Ceylan, tous les États conquis sur Tipoo-Saëb, la Trinité, la Martinique, etc., etc.?

Les armées française et espagnole avaient envahi le Portugal; réduite à toute extrémité, la cour offrait de souscrire les conditions les plus dures. Le premier consul, qui ne cherchait dans les avantages remportés sur elle que des moyens de compensation capables de balancer les restitutions que l'Angleterre ferait aux alliés de la France, proposa au cabinet britannique, tout en acceptant ses arrangemens pour les grandes Indes, le *status ante bellum* pour le Portugal d'une part, et pour la Méditerranée et l'Amérique de l'autre. Lord Hawkesbury s'y refusa; il consentit à se dessaisir de la Trinité, mais il persistait à retenir Malte, la Martinique, Ceylan, Tabago, Demerary, Berbice, Essequibo.

Ces prétentions s'accordaient peu avec les protestations pacifiques que ne cessaient de faire les ministres anglais; on releva la contradiction. Ils répondirent; l'aigreur s'en mêla, et il était à craindre que ces récriminations ne fissent évanouir les espérances que l'on conservait encore.

Le premier consul voulut prévenir ce fâcheux résultat; il résolut de fixer de nouveau les termes de la question, et précisa les conditions qu'il était prêt à signer : la note de M. Otto était ainsi conçue :

« Le soussigné a communiqué à son gouvernement la note de lord Hawkesbury, en date du 20 juillet. Il est chargé de faire la réponse suivante :

« Le gouvernement français ne veut rien oublier de ce qui peut mener à la paix générale, parce qu'elle est à la fois dans l'intérêt de l'humanité et dans celui des alliés.

« C'est au roi d'Angleterre à calculer si elle est également dans l'intérêt de sa politique, de son commerce et de sa nation; et si cela est, une île éloignée de plus ou de moins ne peut être une raison suffisante pour prolonger les malheurs du monde.

« Le soussigné a fait connaître, par la dernière note, combien le premier consul avait été affligé de la marche rétrograde qu'avait prise la négociation; mais lord Hawkesbury contestant ce fait dans sa note du 20 juillet, le soussigné va récapituler l'état de la question avec la franchise et la précision que méritent des affaires de cette importance.

« La question se divise en trois points :

« La Méditerranée,

« Les Indes,

« L'Amérique.

« L'Égypte sera restituée à la Porte; la république des Sept-Iles est reconnue; tous les ports de l'Adriatique et de la Méditerranée qui seraient occupés par les troupes françaises, seront restitués au roi de Naples et au Pape.

« Mahon sera rendu à l'Espagne.

« Malte sera restitué à l'ordre; et si le roi d'Angleterre juge conforme à ses intérêts, comme puissance prépondérante sur les mers, d'en raser les fortifications, cette clause sera admise.

« Aux Indes, l'Angleterre gardera Ceylan, et par là deviendra maîtresse inexpugnable de ces immenses et riches contrées.

« Les autres établissemens seront restitués aux alliés, y compris le cap de Bonne-Espérance.

« En Amérique, tout sera restitué aux anciens possesseurs. Le roi d'Angleterre est déjà si puissant dans cette partie du monde, que, vouloir davantage, c'est, maître absolu de l'Inde, le vouloir être encore de l'Amérique.

« Le Portugal sera conservé dans toute son intégrité.

« Voilà les conditions que le gouvernement français est prêt à signer.

« Les avantages que retire le gouvernement

britannique sont immenses : en prétendre de plus grands, ce n'est pas vouloir une paix juste et réciproquement honorable.

« La Martinique n'ayant pas été conquise par les armes anglaises, mais déposée par les habitans dans les mains des Anglais, jusqu'à ce que la France eût un gouvernement, ne peut pas être censée possession anglaise : jamais la France n'y renoncera.

« Il ne reste plus actuellement au cabinet britannique qu'à faire connaître le parti qu'il veut prendre; et si ces conditions ne peuvent le contenter, il sera du moins prouvé à la face du monde que le premier consul n'a rien négligé, et s'est montré disposé à faire toute espèce de sacrifices pour rétablir la paix, et épargner à l'humanité les larmes et le sang, résultats inévitables d'une nouvelle campagne.

« 4 thermidor an ix. »

La réponse de lord Hawkesbury ne fut pas aussi généreuse qu'elle aurait dû l'être. Néanmoins ce ministre annonça que son souverain était décidé à ne retenir de ses conquêtes que ce qui était indispensable pour garantir ses anciennes possessions. Quant à Malte, le roi Georges était prêt à entrer dans des explications ultérieures relativement à cette île, et désirait sérieusement concerter les moyens de faire pour Malte un arrangement qui la rendît indépendante de la Grande-Bretagne et de la France.

La seule difficulté qui embarrassât la première partie de la négociation était levée. On passa à la deuxième. On fit remarquer à lord Hawkesbury que la sûreté des anciennes possessions anglaises en Amérique était loin d'exiger l'extension dont il cherchait à les appuyer, qu'elles avaient leur point central à la Jamaïque. Cette colonie étendue, opulente, forte déjà par sa position, avait été rendue inexpugnable par les travaux dont on l'avait couverte. Vouloir encore conserver les nouvelles acquisitions que l'Angleterre avait faites en Amérique, c'était vouloir s'assurer dans les Indes occidentales la domination absolue qu'elle exerçait déjà dans les Indes orientales.

Lord Hawkesbury parut en convenir et offrit de restituer la Martinique, mais avec l'alternative de conserver les Indes occidentales, les îles de la Trinité et de Tabago, et, dans ce cas, déclarer Demerary, Essequibo, Berbice, ports francs, ou de retenir Sainte-Lucie, Tabago, Demerary, Essequibo, Berbice.

Cette alternative était embarrassante.

Si le premier consul abandonnait la Trinité, il causait à l'Espagne une perte considérable;

s'il cédait Berbice, Essequibo, Demerary, il faisait tomber sur la Hollande tout le poids des sacrifices exigés pour la paix; d'une autre part, il livrait à l'Angleterre tout le commerce du continent américain, et portait à l'Espagne un coup plus sensible que celui qui résulterait de l'abandon de la Trinité. Le premier consul eût volontiers cédé Tabago pour épargner ses alliés, il offrit même d'y joindre Curaçao. L'Angleterre persistait; il ne voulait pas, suivant son expression, mettre la paix du monde en balance avec la possession d'une île qui n'avait plus l'importance politique qu'elle avait eue, et souscrivit au sacrifice.

Il ne restait plus qu'à s'entendre définitivement sur Malte; lord Hawkesbury éludait, chicanait sur les termes; mais enfin il fut convenu que l'île serait remise à l'ordre de Saint-Jean de Jérusalem (1), et que l'évacuation aurait lieu

---

(1) « Sa Majesté n'a consenti à ne plus occuper l'île de Malte qu'à la condition expresse de son indépendance de la France, ainsi que de la Grande-Bretagne. Le seul moyen d'y parvenir est de la placer sous la garantie ou protection de quelque puissance en état de la maintenir. Sa Majesté ne persistera point à vouloir entretenir garnison anglaise dans cette île, jusqu'à l'établissement du gouvernement de l'ordre de Saint-Jean. Elle sera prête au contraire à l'évacuer dans le délai qui sera fixé pour les

dans le délai fixé pour les mesures de ce genre en Europe. Les préliminaires de paix furent ratifiés par les deux gouvernemens.

mesures de ce genre en Europe, pourvu que l'empereur de Russie, comme protecteur de l'ordre, ou toute autre puissance reconnue par les parties contractantes, se charge efficacement de la défense et de la sûreté de Malte. »

« HAWKESBURY. »

## CHAPITRE XXII.

Enlèvement de M. Clément de Ris. — Le premier consul m'envoie à Tours à ce sujet. — Indices divers. — M. Clément de Ris est rendu à sa famille. — Nouvelles d'Égypte. — Préparatifs pour une nouvelle expédition. — Le premier consul m'envoie à Brest pour en presser le départ. — Le général Sahuguet. — Machine infernale.

L'ADMINISTRATION commençait à respirer. Il n'y avait plus de sacrifices à imposer à la nation, plus de dépenses extraordinaires à demander aux finances. On ne parlait que de réformes, d'économies : de toutes parts, on entrevoyait un heureux avenir. Une aventure étrange vint tout à coup rembrunir ce tableau. On était au mois de septembre : un membre du sénat, M. Clément de Ris, fut enlevé dans une propriété qu'il habitait aux environs de Tours. Une troupe d'hommes masqués s'étaient présentés chez lui, l'avaient jeté sur un cheval et entraîné dans l'intérieur de la forêt voisine.

Madame Clément de Ris était accourue, tout en pleurs, à Tours, demander du secours au préfet : celui-ci avait rendu compte du fait, et comme l'enlèvement menaçait la tranquillité du pays, et qu'il pouvait être le prélude d'une insurrection, le premier consul me chargea de me rendre sur les lieux.

J'arrivai rapidement à Tours : on était encore plongé dans la stupeur ; on n'avait fait aucune recherche au sujet de M. Clément de Ris. Au bout de quelques jours, son épouse reçut un avis par lequel on la prévenait que, si elle voulait déposer 50,000 francs dans une auberge de Blois ou d'Amboise qu'on lui désignait, elle reverrait son mari. Cette respectable dame n'hésita pas : elle s'adressa secrètement à ses amis, fouilla dans toutes les bourses, et réunit enfin la somme qu'on exigeait. Je lui avais fait donner l'avis de ne porter que de l'argent blanc. Elle se mit en route avec ses sacs, et se rendit à l'auberge désignée ; mais à la vue de la masse de numéraire qu'elle sortait de sa voiture, un homme s'approcha et lui dit vivement : « Il n'y « a rien à faire aujourd'hui, retournez ; on vous « écrira », et il disparut.

Elle revint à Tours, le désespoir dans le cœur : elle croyait son mari assassiné. Je n'en jugeai pas ainsi ; j'avais appris qu'un médecin de campagne, en faisant la tournée de ses malades, avait rencontré le groupe qui avait enlevé M. Clément de Ris. Saisi lui-même par les ravisseurs, qui craignaient qu'il ne donnât l'éveil, il avait fait route avec le prisonnier, avait été conduit à un gîte où il avait été détenu jusqu'à la nuit, et renvoyé avec les précautions nécessaires pour qu'il ne pût retrouver la trace.

Je l'envoyai chercher. Il me précisa le lieu où il avait rencontré M. Clément de Ris; mais les ravisseurs lui ayant aussitôt bandé les yeux, il ne put indiquer la direction qu'il avait suivie. Tout ce qu'il put dire, c'est qu'il avait entendu sonner huit heures, à sa gauche, à l'horloge du bourg de Montrésor. Ils étaient arrivés peu de temps après à la station où ils avaient mis pied à terre. On l'avait conduit dans une maison où l'on n'entrait qu'après avoir monté trois marches; on lui avait débandé les yeux, et on l'avait conduit dans une chambre située à main gauche en entrant, où on lui avait servi du pâté, du jambon et des artichauts. Après le souper, une lettre lui avait été remise pour madame Clément de Ris; on lui avait de nouveau bandé les yeux, on l'avait fait remonter à cheval et mené, à travers mille détours, dans les environs de Montrésor, où il avait été rendu à lui-même. La lettre dont parlait le médecin était celle qui était parvenue à madame Clément de Ris.

Je n'avais pour guider mes recherches que les dépositions de cette dame, dont la tête était troublée par la terreur du danger que courait son mari, et les indications de mon docteur, qui me parut très adroit.

Sa déposition coïncidait avec un fait dont je n'ai pas parlé. On avait trouvé un chapeau dans les environs de Montrésor, et ce chapeau avait été reconnu pour être celui de M. Clément de Ris. J'interrogeai le médecin à ce sujet : il répondit qu'en effet M. Clément avait perdu son chapeau peu de temps avant d'arriver à la station. Le champ des recherches se trouvait ainsi circonscrit : c'étaient les environs de Montrésor qu'il fallait explorer, sans sortir du rayon dans lequel on pouvait entendre l'horloge. J'avais réuni la brigade de gendarmerie de Loches et de Chinon ; je lui fis distribuer des copies de la déposition du médecin, et la chargeai de fouiller toutes les maisons isolées dont la campagne est couverte, sur une superficie de deux lieues à peu près.

Un maréchal-des-logis vint bientôt me rendre compte qu'il était sur la voie. Il avait découvert une maison à laquelle s'adaptaient toutes les circonstances de la déposition du docteur ; il était entré en montant trois marches, il avait pris à gauche, pénétré dans une chambre, et remarqué, à côté des marches de l'escalier, de vieilles feuilles d'artichauts qui paraissaient même y être depuis quelque temps, car elles étaient fanées et à demi couvertes d'immondices; enfin, on lui avait servi les débris d'un jambon, et il n'y avait que dix jours que M. Clément de Ris avait disparu. Ce maréchal-des-logis était venu à toutes jambes me rendre compte de ces faits.

Mais déjà il était arrivé au préfet des agens du ministre de la police, M. Fouché. Ces hommes, anciens Vendéens, s'étaient mis tout d'abord en communication avec les ravisseurs de M. Clément de Ris, et leur avaient reproché d'avoir compromis ceux des leurs qui ne voulaient que vivre tranquilles. Ils s'appuyèrent de la déposition que venait de faire le maréchal-des-logis de gendarmerie, et leur firent voir que leur proie allait leur échapper, que par conséquent ils étaient perdus.

L'effroi prit les ravisseurs; ils coururent à la maison où était déposé M. Clément de Ris, le retirèrent de son souterrain, le conduisirent, les yeux bandés, à quelque distance, dans une forêt; puis, simulant une escarmouche avec leurs confrères qui arrivaient de Paris, ils tirèrent quelques coups de pistolet aux oreilles de M. Clément de Ris, et se perdirent dans le bois. Ceux qui se présentaient comme les vengeurs de M. Clément coururent à lui et lui annoncèrent qu'il était libre : le prisonnier, ivre de joie, arrache son bandeau, les embrasse, et rentre à Tours au moment où l'on désespérait de le voir.

Cet enlèvement compromettait la sûreté publique; le premier consul fut inexorable pour ceux qui l'avaient commis : il voulut que justice fût faite (1). Les informations établirent que la maison signalée par le maréchal-des-logis était bien celle où avait été déposé M. Clément. Je l'envoyai reconnaître, d'après le rapport que le prisonnier en avait fait. Le trou où il avait été détenu était caché sous un amas de fagots, dans un hangar, près de la grange : s'il eût été plus grand, il eût probablement aussi reçu le petit médecin.

M. Clément de Ris était resté dix jours enseveli dans ce trou, qu'il n'y avait plus qu'à combler pour l'enterrer vivant; ce qui, peut-être, n'eût pas manqué d'arriver, si madame Clément de Ris avait payé la somme qu'on voulait avoir.

Le premier consul, tout en s'efforçant de ramener le règne des lois, n'oubliait pas l'Égypte. Il avait renvoyé, dès le mois de septembre, l'aide-de-camp qui était venu lui apporter la convention d'El-Arich; et, comme il avait appris les conséquences qu'avait entraînées l'inexécution du traité, il avait prévenu le général Kléber, par

(1) Plusieurs jeunes gens perdus par la fréquentation de la mauvaise compagnie se virent conduits à l'échafaud.

le retour de cet officier, de l'époque à laquelle il ferait partir les secours qu'on se proposait de lui envoyer (1). Il ne pouvait en expédier que de Brest; nous n'avions de vaisseaux de guerre que dans ce port.

L'administration directoriale avait même poussé si loin la négligence, qu'elle avait laissé désarmer la plus grande partie de l'escadre que l'amiral Bruix avait armée : dix vaisseaux seulement étaient en état de prendre la mer.

La flotte espagnole était encore à Brest, et se serait trouvée dans le même état que la nôtre, si le gouvernement de Charles IV ne s'était pas chargé lui-même de pourvoir aux plus petits détails de son entretien : aussi était-elle encore dans un état respectable, quand la nôtre était réduite à la nullité.

Le premier consul méditait, dès le mois de septembre, le projet de secourir l'Égypte; il avait donné ordre de disposer à prendre la mer les six meilleurs vaisseaux de la flotte de Brest, auxquels devaient se joindre les quatre meilleures frégates que l'on pourrait trouver; il les avait fait choisir et équiper avec une attention particulière, mais il n'avait communiqué à personne la destination qu'il leur réservait; il attendait les

(1) Cet aide-de-camp arriva heureusement à Alexandrie, mais après la mort de Kléber.

longues nuits d'hiver pour les faire appareiller.

Cependant 2,000 hommes d'infanterie, 200 de cavalerie, 200 artilleurs, se réunissaient à Brest; l'arsenal de la marine préparait un matériel considérable en armes, poudre, objets d'armement, plomb coulé, balles, boulets, fer, cuivre, etc. On avait répandu le bruit d'une expédition sur Saint-Domingue; chacun croyait que ces préparatifs étaient destinés pour la colonie sur laquelle le convoi devait lui-même se diriger.

Le premier consul me chargea de me rendre à Brest. Je devais veiller à l'exécution des ordres qu'il avait donnés, et remettre le plus jeune de ses frères, Jérôme Bonaparte, à l'amiral Gantheaume, qui commandait l'escadre : c'est de cette époque que date l'entrée de Jérôme dans la marine.

J'avais ordre de ne quitter Brest que lorsque l'amiral aurait appareillé. Il fut long-temps à sortir : les vents, la présence des Anglais, qui croisaient sur Ouessant et communiquaient chaque jour avec la terre, le retinrent deux mois dans ce port. Ces insulaires tenaient encore le réseau de ce vaste système d'espionnage qu'ils avaient tendu à l'époque de la guerre civile sur ces contrées; il était impossible, à moins de s'envelopper du plus profond mystère, de leur dérober le plus léger appareillage.

Le départ de Gantheaume eut enfin lieu au déclin d'un jour, pendant lequel le vent semblait vouloir jeter la ville de Brest dans la rade, et avait forcé la croisière anglaise de s'éloigner. Il n'y avait que ce moment pour sortir avec certitude de ne pas être aperçu ni suivi, parce que le calme ne pouvait manquer de ramener les Anglais : aussi le mit-on à profit; le vent était très bon, mais nos vaisseaux sortirent par une tempête affreuse, qui leur fit éprouver à tous des avaries qu'ils réparèrent à la mer.

L'amiral Gantheaume avait prévu une dispersion, et avait eu soin de donner à chaque capitaine une instruction secrète qu'il ne devait ouvrir qu'à la mer, et par laquelle il leur indiquait pour premier point de ralliement le cap Finistère, de là le cap Saint-Vincent, puis la pointe sud de l'île de Sardaigne, et enfin la côte d'Alexandrie, en Égypte.

Le général Sahuguet était encore à terre, lorsque les vaisseaux de Gantheaume levaient leurs ancres pour appareiller. Le préfet maritime de Brest, M. Caffarelli, frère de celui qui était mort en Syrie, le pressait de s'embarquer, lui faisant observer que l'escadre ne l'attendrait pas. Le général Sahuguet résistait, et demandait pour les besoins de sa troupe une somme assez considérable, que le préfet maritime n'avait pas le pouvoir de lui donner, et que de plus il savait lui être inutile, puisqu'il avait le secret de la destination de cette escadre, que le général Sahuguet ignorait. La discussion s'échauffait, et le général Sahuguet poursuivait avec chaleur les intérêts de son expédition de Saint-Domingue, où il croyait fermement qu'il allait.

M. Caffarelli avait inutilement employé tout ce qui était en lui pour le décider à partir; mais le général était inébranlable, et déclarait qu'il ne s'embarquerait pas sans son argent. Je fus obligé d'intervenir dans la discussion, et nous convînmes, M. Caffarelli et moi, de dire enfin la vérité au général Sahuguet, qui eut un petit moment de dépit, et qui partit sans mot dire.

Gantheaume était en mer depuis quarante heures; il n'était survenu aucun incident fâcheux; la flotte anglaise ne paraissait pas; je retournai à Paris par Lorient et Nantes. Ce fut pendant que j'étais à Brest qu'eut lieu l'attentat du 3 nivose. A mon arrivée à Paris, on était encore tout ému de l'explosion de la machine infernale; je pus recueillir jusqu'aux moindres détails de cette tentative criminelle. On donnait ce jour-là à l'Opéra une première représentation de l'*Oratorio* d'Hayden. Le premier consul devait y assister; les conjurés prirent leurs mesures en conséquence.

On avait déjà démoli à cette époque beaucoup de maisons sur le Carrousel. Néanmoins l'angle de la rue Saint-Nicaise se trouvait encore en face de la grande porte de l'hôtel de Longueville, en sorte qu'il fallait, en venant des Tuileries au théâtre, tourner à gauche, puis à droite, filer dans la rue Saint-Nicaise, passer dans celle de Malte, et cela coup sur coup; ce qui obligeait les cochers à ralentir le trot de leurs chevaux pour les faire tourner successivement en sens opposé. C'était sur les délais que nécessiteraient ces détours que les conspirateurs avaient assis leurs espérances de succès.

Le premier consul sortit des Tuileries à l'heure ordinaire du spectacle. Il avait avec lui le général Lannes, et, je crois, son aide-de-camp Lebrun, avec un piquet de grenadiers pour escorte. Il arriva en deux traits à l'angle où était placée la charrette qui portait la machine infernale; son cocher, homme hardi et très adroit, qui avait été avec lui en Égypte, eut l'heureuse pensée de tourner dans la rue de Malte, au lieu de suivre directement la rue Saint-Nicaise. La voiture du premier consul se trouva ainsi hors de portée. Dans cet instant, l'explosion eut lieu; elle tua ou mutila une quarantaine de personnes, fit une foule de victimes, mais manqua celle qu'elle devait atteindre : seulement les glaces de la voiture se brisèrent, et le cheval du dernier cavalier de l'escorte fut blessé. Le premier consul arriva sans accident à l'Opéra, où le bruit de cet événement se répandit presque aussitôt.

La police, surprise, alla aux enquêtes ; mais, pendant qu'elle cherchait, les partis se livraient à des conjectures qui laissaient entrevoir le dessein arrêté de ne laisser échapper aucune occasion de se nuire les uns aux autres.

Les nobles soutenaient que les jacobins seuls étaient capables d'un tel attentat, qu'ils étaient les seuls qui en voulussent au premier consul, et que, si le ministre de la police ne trouvait aucune trace de cette infâme machination, c'est que c'étaient ses anciens complices qui l'avaient ourdie. Ils vantaient à l'appui la reconnaissance qu'ils devaient au magistrat protecteur qui avait mis fin à leur exil, et les avait réintégrés dans leurs biens. Loin d'attenter à ses jours, ils étaient prêts à verser leur sang pour lui ; enfin ils parlaient tant de leur zèle, de leur dévoûment, circonvinrent si bien madame Bonaparte, auprès de laquelle ils avaient un accès facile, que le premier consul commençait à ne pas trouver leurs accusations invraisemblables. Une foule de ceux qui l'approchaient contribuèrent encore à accréditer cette opinion. Ils avaient les jacobins en horreur, et ne manquaient pas d'envenimer les rapports qu'on faisait contre eux. Beaucoup d'autres en voulaient personnellement à Fouché, et ne négligeaient rien de ce qui pouvait lui nuire. Clarke surtout se déchaîna contre lui avec une violence inexplicable pour tous ceux qui ne connaissaient pas la vieille haine qu'il lui portait. Le premier consul, de son côté, n'était pas fort content de son ministre. Un complot, qui menaçait également sa vie, avait été tramé peu de temps auparavant, et non seulement la police ne le lui avait point signalé, mais il lui était démontré que, sans l'avis que lui donna un homme d'un cœur généreux, il eût été assassiné à l'Opéra.

Les meurtriers furent saisis dans le corridor, où ils s'étaient postés pour l'attendre à la sortie de sa loge, qui, dans ce temps-là, était au premier rang en face, entre les deux colonnes qui étaient à gauche, en regardant le théâtre. Il y arrivait par la même entrée que le public. Cette tentative donna l'idée d'ouvrir une entrée particulière qui exista jusqu'à la démolition du théâtre.

Ces deux affaires n'étaient pas les seuls griefs qu'eût le premier consul contre l'administration de la police : il se plaignait des désordres de l'Ouest, et souffrait impatiemment le brigandage auquel la Bretagne était en proie. Jamais l'audace n'avait été plus loin. On ne se contentait pas de voler les recettes dans les diligences, on allait les saisir à main armée dans les caisses des percepteurs. Les messageries et les courriers ne pouvaient passer d'un lieu dans un autre sans être attaqués et dévalisés. Les choses en étaient venues au point qu'on avait été obligé de mettre, sur l'impériale des diligences, des détachemens d'infanterie, et même cette précaution ne les sauva pas toujours. Les hommes sans aveu, que cette ignoble industrie avait rassemblés, étaient le fléau des pays qu'ils parcouraient. Paris, qui aime à distribuer le ridicule, ne voyait dans les mesures destinées à prévenir ces excès que leur côté plaisant, et donnait le nom d'*armées impériales* aux détachemens dont les voitures étaient chargées.

L'envie, qui ne néglige jamais rien, s'emparait des choses les plus insignifiantes pour nuire à M. Fouché. On allait répétant toutes les vieilles histoires de police, vraies ou fausses, qui avaient eu lieu sous l'administration paisible de M. Lenoir, et le ministre passait de la tête aux pieds par les comparaisons les plus désavantageuses. Sa position était très délicate ; on s'attendait chaque jour à le voir renvoyer. Le premier consul écoutait tout, mais ne se décidait pas. Il eut l'air de se laisser persuader qu'en effet cette entreprise était l'œuvre du parti jacobin, que tout le monde en accusait. D'un autre côté, beaucoup de gens respectables, qui appartenaient par principes à la révolution et tenaient au gouvernement consulaire, proposaient de saisir l'occasion pour sévir contre les têtes remuantes que le désordre ne lasse pas. Cette mesure leur présentait un double avantage : elle débarrassait la société d'élémens de discordes interminables et amenait les révélations du parti, si toutefois les coupables se trouvaient dans ses rangs. M. Fouché ne pensait pas qu'ils y fussent; mais il n'osa combattre le projet, et aida à dresser la liste des individus qui s'étaient signalés par leurs excès. On les arrêta, on les conduisit à Rochefort, où ils furent embarqués pour Cayenne, sans qu'aucun d'eux trouvât le moindre appui près de ceux de ses camarades de révolution qui s'étaient arrangés avec le premier consul.

On avait rejeté sur ces malheureux tout l'odieux de l'affaire du 3 nivose; ils traversèrent la France chargés de l'indignation publique. Je les vis arriver à Nantes. Cette ville était encore exaspérée des scènes révolutionnaires qui l'avaient inondée de sang. Elle les eût mit en pièces, si on n'eût fait prendre les armes à la troupe. Encore peu s'en fallut-il, malgré cet appui, qu'ils ne fussent jetés à la rivière.

Le parti des nobles triomphait. Il avait repoussé jusqu'au soupçon de l'attentat, et débitait gravement que des gentilshommes étaient incapables d'une aussi noire conception.

Les recherches continuaient cependant. Le premier consul aiguillonnait le préfet de police, dont le zèle était encore excité par l'inertie dont on accusait son chef.

Le cheval qui était attelé à la machine infernale avait été tué sur la place, mais n'avait pas été défiguré. A côté du cadavre étaient épars quelques débris de la charrette. Le préfet fit tout recueillir, et manda les divers marchands de chevaux de Paris. L'un d'eux reconnut celui qui avait péri pour l'avoir vendu et livré dans une maison dont il désigna la rue et le numéro. On suivit l'indication, et le mystère fut découvert. La portière déclara les locataires. On apprit successivement qu'un ancien chef de Vendéens, Saint-Régent, avait travaillé, pendant six semaines avec plusieurs des siens, à la confection de la machine infernale qu'ils avaient placée dans le tonneau d'un porteur d'eau, où elle avait fait explosion.

Les choses compliquées, quelque bien disposées qu'elles soient, échouent toujours dans l'exécution. Le conducteur fit partir trop tard la détente qui devait enflammer l'artifice. La voiture du premier consul avait déjà tourné le coin de la rue de Malte, quand l'explosion eut lieu.

Cette découverte, quoiqu'il fût trop tard pour atteindre les coupables, eut du moins l'avantage de faire connaître le parti auquel ils appartenaient.

## CHAPITRE XXIII.

Retour inattendu de l'escadre de l'amiral Gantheaume à Toulon. — Le premier consul ordonne une seconde expédition. — Je suis envoyé à Rochefort. — Misérable état de la Vendée. — Instructions du premier consul. — Le roi d'Étrurie. — Madame de Montesson.

Lorsque j'arrivai, le premier consul était à la Malmaison. Je me rendis auprès de lui. Il me témoigna la satisfaction que lui causait la sortie de Gantheaume. C'était la partie la plus difficile de la mission. Il croyait que l'escadre avait tout fait, puisqu'elle avait triomphé de l'obstacle qui l'arrêtait; il ne tarda pas à revenir de cette opinion.

Dispersée tout en sortant de Brest, l'escadre s'était ralliée au cap Finistère. De là elle avait doublé le détroit de Gibraltar, et avait passé, sans coup férir, jusqu'au cap Bon. Elle touchait au terme de son voyage, lorsque tout à coup elle vira de bord, et rentra à Toulon au moment où on la croyait dans les eaux d'Alexandrie.

Vivement contrarié de cet étrange retour, dont il ne pouvait s'expliquer la cause, le premier consul envoya son aide-de-camp Lacuée à

Toulon, avec ordre de faire sortir de nouveau l'escadre, et de lui rendre compte des motifs qui avaient décidé l'amiral à la ramener.

Je fus curieux de les connaître; j'appris qu'ils tenaient tous aux fausses notions que l'on s'était faites de l'état où était l'armée d'Orient, et des forces que les Anglais entretenaient sur la côte d'Afrique. Les officiers de la flotte s'étaient imaginé qu'une fois entrés à Alexandrie, ils ne pourraient plus en sortir; ils craignaient d'être faits prisonniers, et se prévalant de l'avarie que s'étaient faite des vaisseaux dans un abordage, ils ramenèrent l'escadre à Toulon. Ils firent ainsi un trajet triple de celui qui leur restait à franchir pour arriver à leur destination, et coururent vingt fois le danger de donner dans les escadres anglaises, pour éviter la chance de les rencontrer sur une plage dont nous tenions tous les points. Pour surcroît de regret, on sut, dans la suite, qu'ils seraient entrés dans les passes sans coup férir; aucune croisière ne les observait alors. Tous les vaisseaux anglais s'étaient rendus dans l'Archipel, pour stimuler les Turcs et leur faire faire de nouveaux efforts. L'amiral Gantheaume ne pouvait l'ignorer, puisqu'il avait rencontré et pris dans son retour un vaisseau de guerre anglais, qui lui avait fait connaître cet état de choses. Les motifs qu'alléguait Gantheaume étaient misérables. Néanmoins il s'obstina à ne pas reprendre la mer. Il fut impossible de vaincre sa résistance; quel que fût le mécontentement du premier consul, il fallut se résigner et aviser à une nouvelle combinaison pour porter des secours en Égypte.

L'expédition avait réussi à appareiller malgré les vents et les Anglais. Un nouveau convoi pouvait avoir le même résultat. Le premier consul ordonna les préparatifs d'une seconde expédition dans le port d'où la première était sortie. Il fit armer six vaisseaux, et les confia au vice-amiral Latouche-Tréville, qui fut chargé d'exécuter ce que Gantheaume n'avait pas fait. En même temps, il m'envoya rassembler et organiser à Rochefort tout ce qui devait être embarqué sur une autre expédition qu'il y formait. Je me rendis d'abord à Lorient (1), où je devais

---

(1) Paris, le 11 ventose an ix de la république française.

« Le chef de brigade Savary partira en toute diligence pour se rendre à Lorient ; il remettra la lettre du ministre de la marine au préfet maritime. Il restera dans cette ville jusqu'à ce que *l'Argonaute*, *l'Union* et une des trois frégates soient partis pour Rochefort. Il verra tous les jours le préfet maritime et le contre-amiral Ledoux pour en presser le départ, après quoi il se rendra à Rochefort, où il restera jusqu'après le départ de l'escadre. Dans l'un et l'autre port, il m'écrira tous les soirs pour me faire

faire mettre à la mer deux vaisseaux neufs, ainsi qu'une frégate, qui se trouvaient dans ce port. Je communiquai mes instructions au préfet maritime, qui était alors le vice-amiral Decrès, depuis ministre de la marine et duc. Il fit appareiller sur-le-champ, et envoya ces bâtimens mouiller à l'île d'Aix, à l'embouchure de la Charente, d'où ils avaient ordre de se réunir à l'escadre que l'on armait à Rochefort.

Je revins à Nantes et traversai la Vendée pour me rendre à Rochefort. Ces malheureuses con-

---

connaître l'état des approvisionnemens et de l'armement, quel aura été le vent et l'état des croisières.

« Lorsque l'état des croisières sera douteux, il se mettra lui-même en mer, ou ira sur des caps pour connaître lui-même la force et le nombre des vaisseaux.

« Toutes les fois qu'il y aura un événement extraordinaire, il pourra m'expédier un courrier.

« A la seconde dépêche qu'il m'écrira de Lorient, il me fera connaître l'état de situation de tous les vaisseaux en construction, et ce qu'il faudra pour l'activer.

« En arrivant au port, il aura toujours soin de faire une visite au préfet maritime, au commandant de la place, au sous-préfet et au maire.

« Dans tous les lieux où il séjournera, il prendra des notes sur les principaux fonctionnaires publics et sur l'état de l'esprit public.

« Avant de partir, il verra le ministre de la marine. »

Signé, BONAPARTE.

trées étaient encore fumantes des incendies qu'elles avaient essuyés. Je n'y vis pas un homme, pas une maison; des femmes, des enfans, des décombres, voilà tout ce que je trouvai dans un trajet de quinze lieues, à travers la partie la plus riche de ces provinces, peu auparavant si florissantes! Elles n'avaient pas une habitation debout. Les champs restaient en friche, les villages étaient, en quelque sorte, ensevelis sous les ronces et les herbes dont leurs ruines étaient recouvertes; les chemins étaient totalement défoncés. De quelque côté que je portasse mes regards, je n'apercevais qu'un vaste tableau de dévastation, qui portait à l'âme. Le jour tombait; je ne pouvais m'engager la nuit dans des routes aussi mauvaises, je me réfugiai dans une chaumière où l'on avait établi une station de poste. J'y trouvai des prêtres qui revenaient de la Louisiane, où ils avaient été chercher un asile, lorsque la persécution les eut chassés de leur pays. Je fus frappé des soins que leur rendaient les paysans. Ma voiture, mon argent, mon habit, s'éclipsèrent devant leur soutane; souper, appartement, tout fut pour eux. Ils voulurent bien partager leur repas avec moi; mais je fus obligé d'attendre le jour sur une chaise au coin du feu.

Enfin, après beaucoup de peine, j'atteignis Rochefort. L'amiral Bruix y était déjà arrivé, ainsi que les deux vaisseaux de Lorient; mais il s'en fallait bien que ceux qu'on armait dans le port fussent prêts à prendre la mer.

Le premier consul m'envoyait chaque semaine plusieurs courriers extraordinaires, que je devais lui renvoyer dans le jour avec la réponse à chacune des questions qu'il m'adressait, parce qu'il venait d'apprendre qu'une armée anglaise s'embarquait pour aller attaquer l'Égypte; il me pressait, et pressait l'amiral de ne négliger aucun moyen de hâter l'expédition. Ses lettres, qui formaient quelquefois des cahiers, exprimaient toute la sollicitude que lui inspirait la colonie. Il n'omettait aucun des objets dont elle avait besoin; l'artillerie comme les petites armes, les médicamens comme les projectiles, il indiquait, prescrivait tout : chariots, harnais, pièces de rechange, outils pour tous les genres de professions, étuis de mathématiques, crayons, trousses de chirurgie, instrumens de chimie, enfin il n'y avait pas jusqu'aux menus objets qu'emploient l'ingénieur, le chimiste, le mécanicien dont il ne se fût occupé. Beaucoup d'entre eux ne se trouvaient ni à Rochefort ni à La Rochelle : j'allai moi-même les chercher à Bordeaux. A force de travail, l'amiral Bruix était parvenu, de son côté, à armer trois vaisseaux et trois frégates. Il les fit appareiller pour l'île d'Aix, où ils se réunirent à ceux qui étaient venus de Lorient.

Cette escadre se trouvait ainsi chargée non seulement d'un renfort important, mais encore de tout ce dont la colonie pouvait manquer pour ses établissemens. Le premier consul m'avait fait adresser les détachemens de toutes armes qui devaient être embarqués, et m'avait prescrit de répartir les hommes et les objets de chaque espèce, de manière que chaque bâtiment eût un nombre égal d'hommes, d'armes, de munitions et de matériel. Ainsi j'avais huit bâtimens; je devais diviser en autant de parties les corps, les poudres, les munitions, les projectiles, etc., et les distribuer par huitième sur chaque bord. De cette manière, chaque vaisseau portait un peu de tout. En en perdant un, on ne perdait qu'une portion de chaque chose au lieu d'une chose entière qui aurait pu être celle dont la colonie ou l'armée avait le plus besoin.

Cette distribution était inusitée. L'administration de la marine la repoussa vivement. Je rendis compte de cette opposition au premier consul, qui trancha impérativement la question; il me répondit de tenir la main à l'exécution de ses ordres, et me chargea de faire comprendre à l'amiral l'avantage de la division qu'il avait prescrite. Elle nous donnait l'assurance de faire arriver en Égypte une partie de tous les objets dont se composait l'armement, et nous garantissait des conséquences qu'eût pu avoir pour la colonie la perte d'un vaisseau chargé des produits qui lui manquaient.

Je dus envoyer un état détaillé de ce que chaque bâtiment emportait de soldats de chaque corps, d'objets de chaque espèce. Le premier consul le trouva bien et le renvoya tel qu'il l'avait reçu. Tout était prêt; on se disposait à partir, lorsqu'il m'expédia l'ordre de prendre une corvette qui fût bonne voilière, et de la charger de bois de construction pour l'artillerie, de roues, de bois de charronnage, d'affûts montés ou disposés, que j'étais autorisé à puiser dans l'arsenal de La Rochelle. Je fus chercher une corvette rapide comme il la fallait; je la chargeai à comble, je la réunis à l'escadre, et rendis compte de l'état des choses au premier consul. Sa réponse ne se fit pas attendre : c'était l'expédition des ordres qu'il avait donnés à Bruix de se rendre immédiatement dans la Méditerranée, où il devait rallier sous son commandement l'escadre de Gantheaume, et faire le plus de diligence possible pour gagner Alexandrie.

C'était assurément un tour de force d'être parvenu, avec les faibles moyens que possédait la marine lorsque le premier consul avait pris les rênes de l'État, à armer onze vaisseaux et sept ou huit frégates dont se composaient les deux escadres. Si ces bâtimens fussent arrivés en Égypte, comme il a été constaté depuis qu'ils pouvaient le faire, la colonie était sauvée. Ils lui portaient au-delà de huit mille hommes de troupes, plus de cinquante mille pièces d'armes, et une foule d'autres objets qui eussent concouru à sa défense. Malheureusement les difficultés qu'on avait eues à les armer avaient donné à la saison favorable aux appareillages le temps de s'écouler. Les calmes, les vents contraires, survinrent. On fut obligé d'ajourner l'expédition à l'équinoxe d'automne ; mais alors il n'était plus temps, tout était perdu en Égypte, comme nous le verrons bientôt.

Pendant que le premier consul pressait l'envoi des secours qu'il destinait à l'armée d'Orient, il ne négligeait rien de ce qui pouvait donner de l'inquiétude aux Anglais. Le Portugal était une de leurs factoreries ; il résolut de les en chasser. Il avait deux buts dans cette entreprise, d'occuper un pays avec lequel nous étions encore en guerre, et de pousser les Anglais à envoyer au secours de leur allié les forces qu'ils destinaient à opérer en Égypte.

L'Espagne entra dans ses vues ; elle réunit une armée en Estramadure et accorda passage par la Biscaye et la Castille aux corps de troupes françaises qui devaient la joindre et la soutenir.

La réunion eut lieu à Badajoz. Le roi d'Espagne vint lui-même prendre le commandement des forces combinées. Le célèbre Godoy, dont il sera parlé dans la suite de ces Mémoires, commandait en second.

Nos troupes étaient sous les ordres du général Leclerc, beau-frère du premier consul; elles ne dépassaient pas dix à douze mille hommes de toutes armes.

Lucien Bonaparte, qui, peu de temps auparavant, avait quitté le ministère de l'intérieur, venait d'être nommé ambassadeur en Espagne, et suivait aussi le roi à l'armée.

Trop faible pour résister aux forces qui marchaient à lui, le gouvernement portugais ne songea qu'à conjurer l'orage. Son allié l'abandonnait à lui-même ; il souscrivit la paix qu'on lui dicta, et envoya un ambassadeur au premier consul. Ce fut le premier que cette puissance accrédita en France depuis la révolution.

Cette petite expédition valut à don Godoy, que le traité de Bâle avait déjà fait prince de la Paix, une extension de faveurs et de crédit dont l'histoire de ses pareils n'avait pas encore présenté d'exemple. Il ramena son roi à Madrid, devint l'homme nécessaire au-dedans comme au-dehors, et ne tarda pas à être l'objet de l'animadversion des Espagnols.

Ce fut à la suite de cette paix que, pour exécuter un des articles du traité de Lunéville, le premier consul plaça sur le trône de Toscane le fils de l'infant de Parme, qui avait épousé la fille du roi d'Espagne. Ce prince fut reconnu sous le titre de roi d'Étrurie, et vint remercier le premier consul de son élévation. Reçu par le général Bessière, qui était allé à sa rencontre jusqu'à Bayonne, il traversa la France sous le nom de comte de Livourne, qu'il garda pendant son séjour à Paris.

Les vieux républicains ne virent pas sans déplaisir cette visite inattendue. Les nobles, au contraire, applaudissaient de toutes leurs forces, et faisaient remarquer la différence qu'il y avait entre le premier consul, qui venait de faire un roi, et le Directoire, qui improvisait partout des républiques.

Le malheureux prince était peu propre à recommander les institutions qu'ils chérissaient. Tout en lui accordant un excellent cœur, la nature lui avait départi peu de moyens, et l'éducation monacale qu'il avait reçue avait achevé de fausser son esprit. Il passa à la Malmaison presque tout le temps qu'il fut à Paris. Madame Bonaparte emmenait la reine dans ses appartemens, et comme le premier consul ne sortait de son cabinet que pour se mettre à table, les aides-de-camp étaient obligés de tenir compagnie au roi et de chercher à l'amuser, car il était incapable de s'occuper. Et en vérité il fallait de la patience pour écouter les enfantillages qui remplissaient sa tête. On avait sa mesure, on fit venir les jeux qu'on met d'ordinaire dans les mains des enfans : il n'éprouva plus d'ennui. Nous souffrions de sa nullité : nous voyions avec peine un beau et grand jeune homme, destiné à commander à des hommes, qui tremblait à la vue d'un cheval, passait son temps à jouer à la cachette ou à nous sauter sur les épaules, et dont toute l'instruction se bornait à savoir des prières, à dire son *Benedicite* et ses *Grâces*. C'était pourtant à de telles mains qu'allaient être confiées les destinées d'une nation !

Lorsqu'il partit pour se rendre dans ses États, « Rome peut être tranquille, nous dit le premier « consul après l'audience de départ, celui-là ne « passera pas le Rubicon. »

Le départ du roi d'Étrurie donna lieu à une inconvenance qui faillit avoir des résultats fâcheux pour celle qui se l'était permise. Madame de Montesson, qui avait épousé de la main gauche le duc d'Orléans, grand-père de celui d'aujourd'hui, dont elle n'avait cependant jamais porté le nom, s'était sans doute imaginé que la révolution, en détruisant les titres, avait sanctionné les liaisons qu'elle avait eues avec un prince du sang; elle s'avisa tout à coup qu'elle était la seule parente que le comte de Livourne eût à Paris, et que, comme telle, elle devait lui faire les honneurs des débris de la bonne compagnie. Il fallait assurément avoir accepté la révolution dans toutes ses conséquences, pour concevoir la pensée de réunir ce que la capitale renfermait d'émigrés rentrés, d'hommes qui s'étaient élevés par leurs actions, chez une ancienne maîtresse du duc d'Orléans, afin d'y saluer l'infant de Parme, gendre du roi d'Espagne. Madame de Montesson osa davantage : elle invita la famille du premier consul, ainsi que les personnes qui y étaient attachées. Nous y allâmes sans le prévenir, mais nous fûmes vertement réprimandés le lendemain : il s'éleva avec force sur l'inconvenance d'une telle invitation; et s'il ne sévit pas contre celle qui se l'était permise, c'est, je crois, parce que madame Bonaparte prit les intérêts de madame de Montesson, et qu'il avait encore besoin de ménager tout le monde.

## CHAPITRE XXIV.

Assassinat du général Kléber. — Regrets du premier consul. — Le général Menou prend le commandement en chef. — Arrivée de l'armée anglaise commandée par Abercrombie. — Bataille d'Alexandrie. — Capitulation du général Belliard au Caire. — Capitulation de Menou. — Retour de l'armée d'Égypte.

J'ai laissé le général Kléber en Égypte, ayant réparé ses fautes, mais après avoir perdu, pour cela, un monde considérable; de plus, ayant appris la révolution du 18 brumaire, et ne songeant plus à revenir en France sans l'autorisation du premier consul.

Après avoir rejeté le grand-visir en Syrie, et après avoir repris le Caire, où le quartier-général s'était établi de nouveau, Kléber s'occupait à reconstruire tout ce qui avait été détruit pendant l'occupation momentanée de cette ville par les Turcs. Il était un matin à se promener sur la terrasse de son jardin avec un architecte qu'il entretenait de projets d'embellissemens à ajouter à sa demeure, lorsqu'il vit sortir de dessous un massif de figuiers un malheureux fellah (paysan), presque nu, qui lui remit à genoux un papier ployé; l'architecte regardait de l'autre côté de la terrasse, pendant que Kléber déployait le papier : ce fut alors que le misérable lui enfonça dans le cœur un poignard qu'il tenait caché sous sa robe, redoublant les coups jusqu'à ce que Kléber fût tombé.

L'architecte Protain accourut avec sa toise sur l'assassin : mais, en ayant été blessé luimême, il ne put le saisir ; ses cris amenèrent du monde, mais trop tard, Kléber expirait. On trouva ce fellah caché dans le jardin, où on l'arrêta. Il fut interrogé, jugé, et condamné à mort ; il subit le supplice du poing coupé et de l'empalement avec le même sang-froid qu'il avait exécuté son crime.

Ce fellah n'était âgé que de dix-huit ou vingt ans au plus. Il était de Damas, et déclara qu'il en était parti sur l'ordre du grand-visir, qui lui avait donné la commission de venir en Égypte tuer le grand sultan des Français ; que ce n'était que pour cela qu'il avait quitté ses parens. Il avait fait presque tout le voyage à pied, et n'avait reçu du visir que l'argent rigoureusement nécessaire aux besoins de ce voyage.

En arrivant au Caire, il avait été faire ses dévotions à la grande mosquée, et ce n'était que la veille du jour de l'exécuter, qu'il avait confié son projet à l'un des schérifs de cette mosquée.

Le premier consul avait été informé, dès l'hiver de 1799 à 1800, de la mort de Kléber. J'étais en service près de lui, lorsque le courrier, qui venait de Toulon avec d'énormes paquets parfumés, me les apporta, aux Tuileries, à dix heures du soir. Tout dormait, et je ne voulus pas réveiller le premier consul pour lire, quelques heures plus tôt, des paquets qui venaient d'Égypte; j'attendis, pour les lui remettre, l'heure à laquelle Bourrienne entrait chez lui : il me fit rester pour ouvrir les paquets, qui contenaient le récit de tout ce qui était survenu en Égypte depuis le départ de l'armée turque.

La perte de Kléber eut une grande influence sur l'avenir de la colonie. Le premier consul avait déjà oublié ses torts vis-à-vis de lui, et témoigna beaucoup de regrets de le perdre d'une manière aussi malheureuse.

Il regardait sa mort comme un événement funeste et malencontreux pour ses projets à venir. Il disait tout haut ce qu'il pensait de Kléber sous ce rapport. Il aurait voulu avoir quelqu'un capable de le remplacer, il l'aurait fait partir sur-le-champ; mais l'espèce d'hommes propres à un commandement de cette importance était rare, et, à cette occasion, il témoigna encore des regrets de la perte du général Desaix. Il réfléchit long-temps au choix qu'il pourrait faire; il m'a même fait l'honneur de m'en parler un jour, qu'il paraissait s'être arrêté sur le général Richepanse (1); mais il ne le nomma pas, espérant davantage de l'effet que produirait l'arrivée de ses escadres, qu'il croyait encore pouvoir faire partir.

Après la mort de Kléber, on rendit à ce général des honneurs magnifiques, et on lui éleva un monument. Malheureusement le commandement de l'armée revenait, par droit d'ancienneté, au général Menou, homme fort respectable sans nul doute, mais moins militaire que qui que ce soit au monde; du reste, ne s'en faisant pas accroire, et avouant qu'il ne s'était jamais occupé de le devenir. En outre, un mariage qu'il avait contracté, malgré son âge, avec une femme turque, lui avait donné du ridicule, et l'avait rendu l'objet des plaisanteries des officiers de l'armée, qui ne s'en gênaient même pas devant les Turcs, naturellement graves, et pour lesquels la raillerie est un inconvénient capital, quand elle s'attache à celui qui commande. Indépendamment de ce que le général Menou ne comptait point de gloire dans ses services, il avait à commander une armée gâtée sous ce rapport, et tout-à-fait intraitable sous celui de beaucoup d'exigences : ce fut donc dans cet état de décon-

(1) Il avait servi à l'armée de Sambre-et-Meuse et est mort à la Guadeloupe.

sidération militaire que l'armée anglaise le trouva à la tête de celle qu'elle venait combattre en Égypte. Cette armée, commandée par Abercrombie, après avoir été plusieurs mois à se réunir et à s'organiser au fond de la Méditerranée, dans le golfe de Satalie, arriva enfin à la vue d'Alexandrie, où nos escadres auraient pu entrer pendant deux mois consécutifs, sans y rencontrer une seule voile en croisière. Elle jeta l'ancre dans la rade d'Aboukir, entre Alexandrie et l'embouchure du Nil, et elle prit terre sur la même plage où les Turcs avaient débarqué quinze ou dix-huit mois auparavant. C'est ici que commencèrent une suite de fautes que, dans l'intérêt de l'histoire, il faut détailler.

Quoique, en quittant l'Égypte, le premier consul y eût laissé pour instruction de tenir l'armée rapprochée de la côte dans la saison favorable aux débarquemens, on n'en avait rien fait : elle se trouvait encore divisée et répandue sur la surface du pays, pour la plus grande commodité des troupes et celle de leurs généraux, sans que rien eût été préparé pour leur concentration. Il arriva de là que l'armée anglaise, en débarquant, ne trouva, pour lui disputer la plage, qu'un faible corps de la garnison d'Alexandrie, commandé par le général Friant, gouverneur de cette place. Friant se rappelait tout ce qui avait été dit sur celui de ses prédécesseurs qui s'était trouvé dans la même position lors du débarquement des Turcs : soit pour cette raison, soit pour d'autres motifs, il attaqua l'armée anglaise, en fut fort maltraité, et obligé de se retirer après avoir éprouvé inutilement une perte que la position de l'armée rendait importante.

Le général Menou, auquel on avait rendu compte de l'apparition de l'armée anglaise, était enfin parti du Caire après avoir mis plusieurs jours à s'arrêter à un plan d'opérations. Il avait fait marcher en avant le général Lanusse avec une partie de la division qu'avait le général Desaix. Cette division, arrivée après l'échec éprouvé par Friant, attaqua à son tour, et aussi désavantageusement, l'armée anglaise, qui la maltraita de même, et l'obligea de se retirer avec une perte plus considérable encore.

Ces affligeans résultats d'attaques partielles de la part de troupes auxquelles l'intérêt de leur position imposait la loi de n'agir que réunies, n'étaient que la conséquence des mauvaises dispositions du général Menou, qui avait imaginé de porter une partie de ses forces sur la lisière du désert, et de retenir l'autre au Caire, lorsqu'il eût dû tout pousser sur la côte.

Il arriva enfin lui-même avec le reste de l'armée, fit ses dispositions d'attaque, et livra, sous les murs d'Alexandrie, le 30 ventose, la bataille qui porte ce nom, et dont la perte décida du sort de l'Égypte.

Notre armée aurait été plus forte que l'armée anglaise, sans toutes les pertes que Kléber, d'une part, et ces deux attaques décousues, de l'autre, lui avaient fait éprouver : elle avait une supériorité incontestable en cavalerie et en artillerie. Elle était devenue inférieure en infanterie ; mais ce qui surtout fut nuisible au dernier point, c'est que la plupart des généraux marquans de cette armée excitaient la jalousie ou la défiance du général Menou. Il avait de la peine à se résoudre à appeler au secours de son inexpérience les lumières de ceux qu'il avait longuement offensés. Il fut cependant obligé d'en venir là. Il fit demander un plan d'attaque au général Lanusse, qui le concerta avec le général Reynier. Les dispositions arrêtées furent aussitôt converties en ordre du jour, et tout se prépara pour l'action; mais Lanusse fut atteint dès les premiers coups. La tentative sur laquelle reposait le nœud de l'action échoua : il ne fut pas possible d'y remédier.

Les corps firent, comme à leur ordinaire, beaucoup de traits de bravoure dont on ne sut point tirer parti. Le général en chef de l'armée anglaise fut tué, et néanmoins notre armée se retira le soir dans les lignes d'Alexandrie, laissant le champ de bataille aux Anglais. Ceux-ci s'approchèrent bientôt de la place, qui, à la vérité, était inattaquable pour les moyens qu'ils avaient apportés avec eux; mais ils conduisirent le reste de leur campagne de la manière la plus habile.

Le général Menou avait renfermé l'armée dans Alexandrie. Il ne pouvait plus communiquer avec l'Égypte que par la route que suit le canal de Rahmanié, les Anglais étant maîtres de la mer ainsi que de la presqu'île d'Aboukir.

Leurs ingénieurs firent la reconnaissance des rives du canal du grand Alexandre. Ils virent bientôt que cette construction avait été exécutée au moyen de grands travaux à travers le lac Maréotis, qui se trouve sur la droite du canal en allant d'Alexandrie au Nil, et n'est séparé du lac d'Aboukir, et par conséquent de la mer, que par ce même canal, dont les bords servaient de digues à ces deux lacs. Ils reconnurent de même que le lac d'Aboukir était plus élevé que le lac Maréotis, dont les eaux étaient évaporées par le soleil, et couvraient le sol de cristallisations salines.

Les ingénieurs anglais, après avoir déterminé

le point le plus bas du lac Maréotis, ouvrirent à ce point les deux digues qui formaient les bords du canal, lesquelles existaient depuis sa construction; et après avoir fait repasser toutes leurs troupes en deçà de la coupure, ils introduisirent les eaux du lac d'Aboukir dans l'ancien lac Maréotis, qui, en peu de jours, s'en remplit jusqu'à la tour des Arabes, à huit lieues à l'ouest d'Alexandrie.

Par cette opération, Alexandrie fut entourée d'un côté par la mer, et de l'autre côté par ce nouveau lac Maréotis : au moyen d'un petit corps de troupes que les Anglais avaient posté pour empêcher le rétablissement de la coupure du canal, et intercepter les communications, ils tinrent l'armée du général Menou bloquée dans Alexandrie, où il y avait heureusement d'immenses magasins.

Les eaux avaient envahi le lac Maréotis au point que, si le général Menou avait eu la pensée de reprendre le chemin du Caire, il n'aurait pu y parvenir qu'en faisant le tour de cette inondation et en passant par la tour des Arabes. Or, il aurait eu vingt-six lieues à faire dans le désert avant d'arriver à de l'eau potable, et il n'avait point de chameaux de convoi pour emporter de quoi faire ces vingt-six lieues, tandis qu'avant l'introduction des eaux salées dans ce lac, il n'avait que cinq ou six lieues à faire pour trouver de l'eau douce.

Dans cette position, il ne pouvait donc que s'amuser à manger ses magasins. Les Anglais, après avoir pris toutes ces mesures, avaient fait transporter leurs munitions de toute espèce à l'embouchure de la branche du Nil qui se jette dans la mer à Rosette; ils firent ensuite marcher leur armée sur le Caire, en remontant le Nil, où ils arrivèrent sans coup férir, et trouvèrent le général Belliard, que le général Menou y avait laissé avec un petit nombre de troupes pour garder cette ville, ses hôpitaux, ses magasins et toute l'administration de l'armée, c'est-à-dire qu'à proprement parler, le général Belliard n'était entouré que d'embarras, et n'avait point de soldats. Les choses se trouvaient dans une position inverse de celle où elles auraient dû être.

Menou, avec toute l'armée, était bloqué dans Alexandrie par une petite troupe anglaise qui gardait la coupure du canal, et Belliard était dans une ville ouverte avec tout le matériel de l'armée, et une très petite troupe pour se défendre contre toute l'armée anglaise. Dans cette position, il ne pouvait songer qu'à capituler, et c'est aussi ce qu'il fit.

On a beaucoup dit qu'il aurait dû remonter

dans la Haute-Égypte. Cela n'était pas impossible; mais qu'y eût-il fait? Quels magasins, quelles ressources y eût-il rencontrés? Avec quoi eût-il alimenté la guerre? Pouvait-il avec la poignée d'hommes qu'il commandait faire à la fois tête aux Cipayes qui venaient de l'Inde, et aux troupes que l'Europe et l'Asie avaient déjà jetées sur lui? A quoi bon d'ailleurs courir de nouvelles chances, plus périlleuses que les premières? Pour attendre des secours? Mais comment la métropole lui eût-elle fait parvenir, au milieu des déserts du Saïd, les secours qu'elle n'avait pu lui fournir au centre du Delta? Y avait-il plus de facilité de pénétrer dans la mer Rouge que de débarquer sur les bords de la Méditerranée; de prendre terre à Cosséir, que d'atteindre Alexandrie, Bourlos ou Damiette? La fortune avait prononcé; prolonger la lutte était verser du sang à pure perte. La critique se rencontre plus souvent, parce qu'elle est plus facile, surtout quand on l'exerce loin des dangers.

Belliard capitula, et obtint d'être transporté en France avec son monde.

L'armée anglaise ramena sur les bords de la mer toute cette grande ambulance, et arriva tout à propos pour recevoir à composition le général Menou, qui était à peu près à son dernier morceau de pain, et qui ne voulut pas attendre qu'il fût sans ressource, afin d'avoir une meilleure capitulation.

D'un autre côté, les Anglais, dont la flotte était au mouillage dans la rade d'Aboukir, étaient impatiens de pouvoir la mettre dans le port d'Alexandrie : ils eussent tout accordé pour en finir plus vite.

Ainsi se termina cette éclatante entreprise, qu'un puissant génie avait formée pour la régénération de l'Orient. Il en avait plus soigné les moindres détails, que ses successeurs n'en soignèrent les intérêts principaux, où ils ensevelirent leur gloire. Depuis son départ, tout ce qui fut fait en Égypte portait le caractère de la médiocrité, et avait préparé le premier consul au dénoûment qui devait en être la conséquence. Avec le retour de l'armée d'Orient s'évanouirent les espérances qui étaient attachées à l'occupation de cette colonie.

Malte avait été pris, par capitulation, la saison précédente. Il ne restait plus de moyens de rétablir les affaires d'une expédition qui avait paru devoir changer la face du monde.

Le premier consul avait reçu officiellement l'avis de ces événemens dans l'été de 1801. Il devenait, par conséquent, inutile de faire partir les escadres de Toulon et de Rochefort. L'on débarqua, au contraire, tout ce qu'elles avaient à bord, et on fit, dans le premier de ces deux ports, les dispositions nécessaires pour y recevoir l'armée d'Égypte, que les Anglais y ramenèrent sur les mêmes vaisseaux qui y avaient transporté la leur.

Quoique le premier consul eût lieu d'être fort mécontent de ce qui avait été fait, et particulièrement de la conduite qu'avaient tenue plusieurs officiers-généraux de cette armée, il ne laissa échapper aucun mouvement d'humeur contre qui que ce fût, et ne fit rechercher la conduite de personne. Tous les individus de cette armée eurent toujours une préférence marquée dans les distributions des grâces et dans la nomination aux emplois avantageux, hormis cependant quelques officiers qui avaient fait partie de l'armée d'Italie, et qui s'étaient fait remarquer par leurs mauvais sentimens et leur ingratitude; encore n'en tira-t-il d'autre vengeance que de les oublier.

## CHAPITRE XXV.

Améliorations intérieures. — Lettre de Macdonald. — Préliminaires de paix.

J'ai anticipé sur le cours des événemens, pour ne pas interrompre la narration des affaires d'Égypte; je reviens à ce qui se passait en France pendant que le sort des armes décidait de cette colonie. Le premier consul se livrait à tous les soins que réclamait la réparation des maux causés par les discordes civiles et par l'anarchie révolutionnaire. Il créait des commissions, faisait réviser les comptes de ceux qui avaient eu des rapports avec les différentes branches de l'administration; et, pour la première fois, le trésor eut des reprises à exercer, au lieu d'être, selon l'usage, constitué débiteur de fournitures incomplètes ou même imaginaires. Le crédit national se ressentit de cette sévérité. Le conseil d'État renfermait, à cette époque, un grand nombre d'hommes à talens et d'un patriotisme incorruptible; la plupart étaient en état de prendre le timon des grandes branches de l'administration et de les bien diriger. Jamais les rouages d'un gouvernement n'avaient mieux obéi à l'impulsion qui leur était donnée ; il semblait que chacun eût mesuré l'abîme où les fautes du dernier gouvernement avaient failli précipiter l'État, et se tenait en garde contre de nouveaux écarts. La régularité avait succédé au désordre ; la comptabilité était claire, l'administration rapide ; tout était à jour : la situation du présent faisait bien augurer de l'avenir.

On jugera de la disposition où l'on était alors par la pièce qui suit :

### ARMÉE DES GRISONS.

RÉPUBLIQUE FRANÇAISE.

LIBERTÉ. ÉGALITÉ.

Au quartier-général de Trente, le 3 pluviose an ix de la république.

*Macdonald, général en chef de l'armée des Grisons, au général Reynier.*

« En cheminant à travers les montagnes et les déserts de neiges et de glaces des plus hautes Alpes, j'ai reçu avec bien de la joie, mon cher Reynier, la lettre que vous m'avez fait l'amitié de m'écrire le 12 brumaire. Je n'ai jamais manqué de m'informer de vos nouvelles toutes les fois qu'un bâtiment arrivait d'Égypte, mais j'éprouve un plus sensible plaisir d'en recevoir directement.

« Vous voilà donc devenu momie vivante, séparé de votre famille et de vos amis. S'il est une consolation pour eux et pour vous, c'est le courage et la grandeur du nom français, que vous avez porté et fait respecter chez ces peuples barbares; aussi commandez-vous l'admiration du monde en attendant les récompenses nationales.

« Peu de temps après votre embarquement, la guerre s'est de nouveau rallumée, et nous avons été jusqu'à Naples, chasser un roi imbécile et faible de son trône sur lequel il n'a pas osé remonter, ni rentrer dans sa capitale, malgré les vicissitudes de l'inconstante fortune : nous avons éprouvé depuis les caprices de cette dame, vaincus partout par la faiblesse de l'ancien, tyrannique et trop orgueilleux Directoire.

« Enfin Bonaparte paraît, renverse ce gouvernement présomptueux, en saisit les rênes, et d'une main ferme dirige le char de la révolution au point où les gens honnêtes le désiraient depuis long-temps. Cet homme extraordinaire n'est point effrayé du fardeau qui pèse sur lui; il recrée les armées, rappelle les proscrits, ouvre les prisons où l'innocence gémissait, abolit les lois révolutionnaires, rétablit la confiance, protége l'industrie, vivifie le commerce; et la république, triomphante par ses armes, redoutée de ses ennemis, et respectée de l'Europe, s'élève aujourd'hui au premier rang, que la Providence lui a éternellement marqué.

« Je ne connais, mon cher Reynier, ni l'adulation ni la flatterie; austère dans mes principes, je blâme et condamne le mal avec la même franchise que je loue le bien : sans être l'apôtre de Bonaparte, je me borne à rendre hommage à la vérité. Nos affaires militaires et guerrières vont à merveille, et il faut enfin espérer que l'Empereur, mieux éclairé sur ses intérêts, se débarrassera de l'odieuse influence des flibustiers d'Angleterre, et conclura une paix aussi durable que vivement désirée.

« Tandis que nous envahissons les États héréditaires, M. de Cobentzel traite lentement à Lunéville, et donne l'assurance formelle d'une paix prochaine. Puisse-t-elle arriver, mon cher Reynier, et vous ramener dans votre famille; vos amis vous désirent, et je vous prie de me ranger du nombre des premiers.

« Votre général en chef a reçu sa confirmation; si l'on juge les hommes par leurs actes ostensibles, le général Menou obtiendra l'assentiment général; il faut être sur les lieux, comme vous, pour apprécier son vrai mérite.

Lacroix et...... sont toujours avec moi; le premier se propose de vous donner directement des nouvelles détaillées; j'ai autour de moi peu de personnes de votre connaissance.

« Adieu, mon cher Reynier, j'ai beaucoup regretté la perte de ce pauvre Kléber, enthousiaste, comme vous, de votre expédition.

« On assure que douze à quinze mille Anglais sont allés vous rendre visite, vous leur ferez probablement la même réception qu'ils ont reçue de nous en 94.

« Je vous embrasse, ainsi que Millet,

« *Signé* MACDONALD. »

Les préliminaires de la paix ayant été ratifiés à Paris, le premier consul envoya un de ses aides-de-camp, le général Lauriston, les porter à Londres, où ils furent échangés. Le canon des Invalides annonça bientôt cet événement; la satisfaction fut générale, et alla jusqu'à l'ivresse. Les puissances contractantes, la France, l'Espagne et la Hollande d'une part, et l'Angleterre de l'autre, s'étaient engagées à envoyer des plénipotentiaires à Amiens. Nous touchions à une paix générale; les relations extérieures de France travaillaient avec ardeur à l'obtenir.

## CHAPITRE XXVI.

Congrès de Ratisbonne. — Lord Cornwallis. — Négociations d'Amiens. — Communications au sujet des affaires d'Italie.

M. DE TALLEYRAND avait hâté l'exécution des dispositions du traité de Lunéville, d'après lesquelles on devait fixer les indemnités que devaient recevoir les princes de l'Empire qui avaient éprouvé quelques pertes, tant par les concessions faites à la France que par les nouveaux arrangemens qui avaient eu lieu en Allemagne. Il avait fait presser, autant que possible, les opérations de cette assemblée, afin de constater le nouvel ordre de choses. Il lui semblait qu'on ne pouvait terminer trop tôt des difficultés de nature à entretenir l'aigreur et à empêcher la France de consolider sa nouvelle fortune.

Ces négociations duraient depuis un an, sans que les prétentions et les intrigues pussent s'accorder. La France et la Russie s'interposèrent pour y mettre fin. Le premier consul témoigna sa satisfaction à M. de La Forêt, en le nommant son ministre plénipotentiaire à Ratisbonne, où il fut à l'égal de M. de Buller, que la Russie y envoya pour le même objet.

Ces deux ministres parvinrent à terminer les travaux de Ratisbonne, qui firent acquérir au premier consul une grande influence en Allemagne, par tous les arrangemens nouveaux qui furent placés sous la protection de la France.

C'est à cette époque que commencèrent à circuler des bruits de concussions exercées sur les princes qui avaient des prétentions à émettre. Une foule d'intérêts étaient froissés. Les uns ne voulaient rien perdre, les autres prétendaient tout obtenir. Le mécontentement engendra les propos. Les premiers n'avaient échoué que parce qu'ils n'avaient pas voulu se soumettre au tribut; les seconds avaient vu accueillir une partie de leurs réclamations, mais ils ne conseillaient à personne d'avoir droit à si haut prix. Ainsi est le monde; le rang ni les distinctions ne changent pas sa nature. A force de répéter ces propos, on réussit à les faire arriver aux oreilles du premier consul, que j'ai entendu dans la suite se plaindre vivement à ce sujet. On dit même qu'en 1810 et 1811, on lui donna des preuves de ces concussions, et la liste des sommes qui avaient été perçues illégalement à cette occasion.

Quoi qu'il en soit, cette négociation de Ratisbonne fut conduite avec une rare habileté, et la marche des affaires prit une tournure favorable.

Les Anglais avaient long-temps balancé à évacuer l'Égypte : ils avaient même ouvertement soutenu la révolte des mamelouks; mais enfin ils avaient cédé aux justes représentations du sultan, et avaient fait voile pour l'Europe. Un grand nombre d'officiers avaient traversé la France pour se rendre dans leur patrie. Ils avaient été à Paris l'objet des politesses les plus recherchées; quelques uns même avaient été admis chez le premier consul. Tous avaient pu se convaincre de la turpitude des contes à l'aide desquels on égarait chez eux l'opinion publique sur l'état de la France et de son gouvernement. Les militaires n'étaient pas les seuls que la curiosité eût conduits sur les rives de la Seine. Un grand nombre de personnages recommandables par le rang qu'ils occupaient dans leur pays, ainsi que par leur caractère et leurs talens personnels, avaient partagé le même empressement.

Les notions que ces hommes de bien répandirent à Londres servirent utilement la politique du premier consul; car on commençait à craindre que les Anglais, qui avaient épuisé toutes les subtilités de leur diplomatie pour éluder la restitution de Malte, ne voulussent plus de la paix. Les plénipotentiaires chargés de la conclure devaient se réunir à Amiens; mais le ministre anglais n'arrivait pas : on n'était pas sans inquiétude sur les motifs de ce retard inattendu.

Le premier consul pressa lord Hawkesbury, et lui témoigna son impatience de voir convertir les préliminaires de la pacification en un traité définitif qui pouvait seul consolider le repos du monde. Ses instances et sans doute le langage des Anglais qui avaient vu la France, triomphèrent de la répugnance du cabinet. Lord Cornwallis se rendit enfin à Paris. Il fut présenté au premier consul, qui le reçut avec une grande distinction, et lui fit donner, à l'occasion des préliminaires, la plus belle fête qu'on eût encore vue. On avait hérité de cette habitude du Directoire, qui improvisait des fêtes à tout propos, et dépensait en concerts, en illuminations, les sommes qu'il n'avait pas.

Les conférences marchaient de front avec les fêtes. La négociation se présenta d'abord sous un aspect fâcheux. Lord Cornwallis, dans une conférence qu'il eut avec Joseph Bonaparte, chargé de négocier pour la France, laissa entrevoir toutes les difficultés qu'allait faire naître la possession de Malte. Néanmoins, comme les préliminaires avaient décidé la question, qu'il ne restait plus qu'à désigner la puissance à qui le soin de garantir l'île serait remis, on vit, sans trop de défiance, transporter la négociation à Amiens. Mais à peine y fut-elle, que le ministre anglais éleva les prétentions les plus inattendues.

Il demanda, puisqu'il y avait une *langue française* à Malte, qu'il y en eût une de sa nation. On trancha la difficulté en offrant de stipuler que les deux puissances n'en auraient aucune.

Il témoigna des inquiétudes sur le sort qui attendait l'île. Il demanda que non seulement on désignât la garantie, mais encore qu'on spécifiât la protection en établissant une garnison étrangère à Malte. On lui proposa un moyen simple de parer à tout inconvénient; c'était de rendre l'Ordre à son institution primitive, d'en faire, au lieu d'un ordre nobiliaire qu'il était devenu par les progrès du temps, un simple ordre hospitalier tel qu'il était d'abord; de raser les fortifications dont l'île était couverte, et de la convertir en un grand lazaret, qui serait également ouvert à toutes les nations qui fréquentent la Méditerranée. Cet expédient n'allait pas aux vues de son gouvernement, il s'y refusa. Joseph Bonaparte, que son goût, ses instructions portaient à aplanir les difficultés, présenta un nouveau projet, dans lequel il offrit de mettre l'île sous la protection des grandes puissances de l'Europe. Cette proposition ne fut pas mieux accueillie que les précédentes. L'Angleterre demanda que Malte fût confié à la garde du roi de Naples. Le plénipotentiaire répondit en invoquant l'exécution littérale des préliminaires: « Ces sti-

« pulations, ajouta-t-il, sont devenues une loi
« primitive de laquelle il n'est permis à aucune
« des puissances contractantes de s'écarter. Ne
« pas en vouloir l'exécution c'est ne pas vouloir
« la paix. J'ai sacrifié à l'observance religieuse de
« ce principe plusieurs articles qui n'étaient en
« rien préjudiciables aux intérêts de la Grande-
« Bretagne. J'ai dû y renoncer sans hésiter, lors-
« qu'il m'a été démontré qu'ils n'étaient pas ri-
« goureusement compris dans les préliminaires.
« Comment peut-on exiger aujourd'hui un ar-
« ticle qui leur est en tout point opposé? Que
« disent les préliminaires? que Malte sera rendu
« à l'ordre de Saint-Jean de Jérusalem. Le roi de
« Naples est-il l'ordre de Saint-Jean de Jérusalem?

« L'Ordre est-il trop faible? Le projet lui donne
« pour garans et protecteurs les principales puis-
« sances de l'Europe.

« Les préliminaires se contentent d'une puis-
« sance. Le gouvernement français a pensé que
« le but des préliminaires serait encore mieux
« rempli par la garantie simultanée des grandes
« puissances; qu'elle était plus imposante et plus
« convenable. Cependant, comme avant tout il
« veut l'exécution absolue, littérale même, si on
« l'exige, des préliminaires, il est prêt à leur sa-
« crifier cet article, qu'une espèce de décence
« politique avait dicté. »

Lord Cornwallis répondit par une contre-note, où, se prévalant du mot *protection,* qui se trouvait dans les préliminaires, et de la haine que les naturels portaient aux chevaliers de Saint-Jean, il insistait sur la nécessité, la convenance de remettre Malte à la garde de Ferdinand IV. Le dénûment de l'Ordre, qui était hors d'état de solder les troupes qu'exigeait la sûreté des forts, quelques paroles échappées au plénipotentiaire français dans les conférences préalables qu'ils avaient eues ensemble à Paris, lui paraissaient des motifs suffisans pour persister dans la demande qu'il avait faite. Joseph Bonaparte n'en jugea pas ainsi; il releva vivement les prétentions du ministère anglais, et demanda l'insertion, au protocole, d'une note que je joins ici :

« Le soussigné a relu avec une extrême attention toutes les pièces de la négociation, sans découvrir aucune trace de la proposition qui aurait été faite par la France, pour la remise de l'île de Malte aux troupes de Sa Majesté sicilienne.

« L'article IV des préliminaires ne peut être interprété de cette manière.

« Lorsque le soussigné eut, pour la première fois, l'honneur de voir lord Cornwallis à Paris, le 24 brumaire, il était loin de penser que leurs félicitations réciproques sur la facilité de terminer la mission qui leur était confiée, pussent être regardées comme des propositions et des plans de traités. Il n'avait pas encore alors reçu ses pouvoirs; ce ne fut que le 30 brumaire qu'ils lui furent remis, et le 14 frimaire seulement ils ont été communiqués au ministre britannique. Celui-ci, au contraire, arrivait à Paris muni des instructions de son gouvernement. Dès la première visite, il parla de Malte comme d'un article embarrassant, quoiqu'on fût convenu qu'il y aurait dans cette île une garnison composée de troupes d'une puissance tierce, jusqu'à ce que l'Ordre eût le temps d'organiser sa force armée. L'Espagne parut à lord Cornwallis *inadmissible* comme puissance garante, à cause de son alliance avec la France; la Russie sembla trop éloignée, et Naples trop faible.

« Le gouvernement anglais, parlant toujours d'une garantie à fournir par la puissance garante, comme d'une base convenue, observa que Naples ne pourrait pas en supporter les frais. Il est possible que le soussigné ait ajouté qu'une considération de cette espèce ne pouvait pas arrêter deux puissances comme la France et l'Angleterre. Au reste, la discussion réelle de tous ces objets fut remise au temps où la négociation serait entamée.

« Dans les conférences qui ont eu lieu à Amiens, dans les protocoles, dans le projet de traité du 14 nivose (4 janvier), le soussigné n'a jamais énoncé une seule idée qui ait pu faire penser que son gouvernement consentirait à ce que l'île de Malte fût remise aux troupes napolitaines pour être gardée par elles pendant trois ans. Il a proposé au contraire, dans le protocole du 23 nivose (13 janvier), de mettre Malte sous la protection et garantie des principales puissances de l'Europe, qui auraient fourni chacune deux cents hommes. Cette île se serait ainsi trouvée gardée par douze cents hommes de bonnes troupes, qui auraient été soldées par l'Ordre, lord Cornwallis ayant lui-même observé que les revenus de commanderie mis en réserve pourraient en donner les moyens.

« L'écrit anonyme qui a été remis au soussigné de la part de lord Cornwallis, ne porte aucun caractère d'authenticité; il paraît avoir été rédigé par des mécontens. Ce n'est pas le langage des habitans de Malte, pays qui n'est quelque chose que par l'Ordre : lorsqu'ils connaîtront les articles du traité qui les concernent, ils seront charmés du rétablissement à Malte d'un ordre dont ils deviendront partie intégrante. En admettant que les circonstances exigent une garnison provisoire et intermédiaire pour occuper Malte, depuis le moment où les forces britanniques l'évacueront jusqu'à celui où l'Ordre aura formé un corps composé de Maltais et d'étrangers, il est toujours démontré que l'on doit s'écarter le moins possible de l'article IV des préliminaires, qui veut que l'*île soit rendue à l'Ordre;* cet article prévoit la nécessité d'une puissance garante et protectrice; les moyens d'exécution sont abandonnés à la sagesse et à la bonne foi des deux gouvernemens. Ils doivent faire tout pour que Malte soit à l'Ordre et rien au-delà, rien de ce qui pourrait restreindre sa prérogative, rien de ce qui, au lieu d'offrir un protecteur aux chevaliers, semblerait leur donner un maître, ou diminuerait l'influence exclusive qu'ils doivent avoir à Malte. Le gouvernement français donne, par son projet, pour protecteurs à l'Ordre, l'Angleterre, l'Autriche, l'Espagne, la Prusse, la Russie; il était difficile que l'Ordre fût relevé avec plus d'éclat, et fût plus efficacement protégé. Pourquoi une garnison de deux mille Napolitains pendant trois ans? Serait-ce contre des ennemis extérieurs? La protection des six puissances nommées plus haut est sans doute suffisante. Serait-ce contre les Maltais? L'Ordre en sera aimé, si les stipulations sont remplies : ce sera la meilleure défense intérieure qu'on puisse lui donner.

« Mais en convenant de la nécessité d'une garnison, ne fût-ce que pour la sûreté et la police intérieure, faut-il donc trois ans pour former un corps de mille hommes, qui, réunis à quatre cents chevaliers et à six cents Maltais, seront plus que suffisans? Aujourd'hui que l'on a admis le projet de déléguer la protection et la garantie de l'Ordre aux grandes puissances, sera-t-il fort important, fort convenable que le roi de Naples tienne à Malte garnison pendant trois ans ? Les protecteurs, les protégés, le grand-maître enfin, de quelque nation qu'il soit, aimeront-ils beaucoup à voir l'Ordre gardé par les troupes du seul prince qui ait des prétentions à faire valoir sur Malte ? Ne serait-il pas plus conforme aux préliminaires, aux convenances, s'il est reconnu qu'il faille une force étrangère à Malte, de faire lever un corps de mille Suisses, dont les officiers, nommés par le landamman actuel, seraient choisis parmi ceux qui n'auraient pas porté les armes dans la guerre actuelle? Ils finiraient par se fixer à Malte, loin de toute influence étrangère; dépendans du grand-maître seul, ils seraient réellement les soldats de l'Ordre, et Malte deviendrait pour eux une seconde patrie. L'Ordre aurait donc tout à gagner en considération et en indépendance, avec une garnison composée de chevaliers, de Maltais, et d'un corps suisse tel que les autres puissances en ont à leur solde.

« Il résulte des observations ci-dessus que la France n'a jamais consenti à ce que les troupes napolitaines fussent installées à Malte; à plus forte raison, *que l'île fût remise à Sa Majesté sicilienne, qui fournirait la force nécessaire pour former, conjointement avec les forces maltaises, la garnison des forts principaux pendant l'espace de trois ans.* C'est ce qui a été proposé par lord Cornwallis dans la conférence du 23 nivose (13 janvier).

« Le gouvernement français, d'après la persévérance de celui d'Angleterre à prolonger pendant trois ans le séjour d'une garnison étrangère dans Malte, et à remettre cette île de la manière la plus formelle, non pas à l'Ordre, mais à Sa Majesté sicilienne, a dû penser, et a bien été fondé à dire que l'on s'écartait des préliminaires; et l'on sait que ces préliminaires sont les bases de la paix. Si ce langage a paru moins conciliant, ce n'est pas que les dispositions de la France soient changées; mais lorsque, dans une discussion, l'on a épuisé tous les argumens sans pouvoir se convaincre, il est impossible, d'après la marche naturelle du raisonnement que chacune des parties ne conclue que l'autre renonce à toute espèce d'arrangement.

« Si l'intention du gouvernement anglais est de maintenir l'ordre de Saint-Jean et l'île de Malte dans une entière indépendance (comme le soussigné aime à se le persuader), il espère que le projet suivant, dans lequel il s'est attaché à éloigner toute influence étrangère, obtiendra l'approbation de lord Cornwallis. Ce projet est sans contredit préférable, sous tous les points de vue, à ceux qui ont été présentés jusqu'ici. Le soussigné ne peut assez insister sur son adoption.

« Si cependant le projet qui établit une garnison napolitaine à Malte était irrévocablement adopté par le gouvernement britannique, le soussigné, pour hâter le moment de la pacification, consentirait à l'adopter tel qu'il se trouve rédigé à la suite de cette note.

« Lord Cornwallis verra, dans les deux versions du projet relatif à Malte, l'application du principe que le soussigné vient de développer.

« Il est encore chargé d'insister sur l'insertion au traité de l'article relatif aux Barbaresques, tel qu'il se trouve dans son projet, et sur le concours des puissances contractantes pour mettre fin aux hostilités que les Barbaresques exercent sur la Méditerranée, à la honte de l'Europe et des temps modernes.

« La seule notification qui leur serait faite à cet égard, de la volonté des puissances contractantes, donnerait la paix au commerce des États-Unis, du Portugal, du roi de Naples, et de tous les autres États de l'Italie; et si quelques nations avaient à redouter la concurrence qui deviendrait plus grande dans le commerce de la Méditerranée, ce seraient sans doute la France et l'Espagne, qui, tant par leur position que par leurs rapports particuliers avec les Barbaresques, ont dans tous les temps le plus de sécurité et d'avantages dans ce commerce. Ce sont donc elles qui feraient le plus grand sacrifice; mais dans une question qui intéresse la morale politique et la dignité des nations européennes, pourrait-on se conduire uniquement par des motifs d'intérêt personnel ?

« La force est donnée aux puissances comme aux individus pour protéger le faible ; il serait consolant et glorieux de voir qu'une guerre qui a produit tant de calamités, se terminât du moins par un grand acte de bienveillance envers toutes les nations commerçantes.

« Cette question se lie d'ailleurs à celle de Malte, et n'en peut être séparée ; car si les parties contractantes ne prennent pas sur elles de mettre un terme aux hostilités des Barbaresques, il serait vrai de dire que l'ordre de Saint-Jean ne peut pas, sans manquer à son engagement primitif, et sans encourir la perte de tous ses biens, cesser lui-même d'être en guerre avec les Barbaresques.

« Les hommes généreux qui ont fondé les commanderies ne l'ont fait que pour protéger les chrétiens contre les pirateries des Barbaresques, et tous les publicistes de l'Europe seraient d'accord que l'ordre de Malte, renonçant à remplir ce devoir, et oubliant ainsi le but de son institution, perdrait ce droit à la possession des biens qui lui ont été concédés pour ce seul usage. »

Un nouvel incident vint compliquer la négociation, et amena une déclaration qui n'eût pas dû être perdue pour l'Angleterre. La question des nouveaux États formés en Italie avait été agitée. Le ministère anglais avait répondu par la déclaration formelle qu'il ne pouvait, entre autres, reconnaître le roi d'Étrurie. Le premier consul essaya de lui faire comprendre l'imprudence d'une telle résolution, et lui adressa, par l'intermédiaire de son négociateur, les observations qui suivent :

« En réponse à la déclaration du ministre anglais, relati-
« vement au roi d'Étrurie, contenue dans le même protocole,
« et aux déclarations verbales qu'il lui a faites précédemment
« sur les républiques d'Italie, le citoyen Joseph Bonaparte a
« annoncé qu'il avait fait connaître à son gouvernement la
« répugnance qu'aurait S. M. B. à reconnaître le roi d'Étrurie,
« la république italienne et la république de Gênes.

« La reconnaissance de ces puissances par S. M. B. n'étant
« d'aucun avantage pour la république française, le plénipo-
« tentiaire français n'y insistera pas davantage. Il désire ce-
« pendant que les observations qu'il va faire soient prises en
« grande considération par le cabinet britannique.

« Le système politique de l'Europe est fondé sur l'existence
« et la reconnaissance de toutes les puissances qui partagent
« son vaste et beau territoire. Si S. M. B. refuse de reconnaître
« trois puissances qui tiennent une place aussi distinguée,
« elle renonce donc à prendre aucun intérêt aux peuples qui
« composent ces trois États. Cependant comment admettre
« l'hypothèse que le commerce anglais soit indifférent au
« commerce de Gênes, de Livourne, des bouches du Pô et
« de la république italienne; et si son commerce souffre des
« entraves de ces trois États, à qui S. M. B. aura-t-elle à s'en
« plaindre, la réciprocité qu'elle pourrait exercer étant nulle,
« puisque les États de Gênes, de Toscane et de la république
« italienne, ne font aucune espèce de commerce en Angle-
« terre, mais sont des débouchés utiles et même nécessaires
« au commerce anglais ? Et si ces trois puissances, frap-
« pées de voir qu'elles ne sont pas reconnues par les grandes
« puissances, font des changemens dans leur organisation,
« et cherchent un refuge dans leur incorporation à une

« grande puissance continentale, S. M. B. se refuse donc
« aussi le droit de s'en plaindre, et cependant elle ne le ver-
« rait pas avec indifférence. On se plaint quelquefois de l'ex-
« tension continentale de la république française, et comment
« ne s'augmenterait-elle pas nécessairement, lorsque les gran-
« des puissances mettent les petites puissances italiennes dans
« la nécessité de chercher refuge et protection dans la France
« seule?

« La république cisalpine, reconnue dans le traité de Campo-
« Formio par l'Empereur, ne put cependant jamais obtenir
« que son ministre fût reçu à Vienne; elle continua d'être
« traitée par ce prince comme si le traité de Campo-Formio
« n'eût pas existé. Alors, sans doute, vu que la paix géné-
« rale n'était pas faite, la cour de Vienne regardait son
« traité comme une trêve; mais aujourd'hui que la paix géné-
« rale est faite, si ces puissances restent incertaines de voir
« leur indépendance reconnue, elles craindront de voir se
« renouveler la déconsidération qu'elles ont déjà éprouvée,
« et sentiront la nécessité de se serrer davantage au peuple
« français. Le même principe qui a fait que la France a éva-
« cué les trois quarts des conquêtes qu'elle avait faites, a dicté
« au premier consul la conduite de ne se mêler des affaires
« de ces petites puissances qu'autant qu'il le fallait pour y
« rétablir l'ordre et y fonder une organisation stable. Sa
« modération aurait-elle donc à combattre des mesures,
« nous le disons avec franchise, fausses et mal calculées des
« autres puissances, ou bien ne considérerait-on la paix que
« comme une trêve? Perspective affligeante, décourageante
« pour l'homme de bien, mais qui aurait pour effet infailli-
« ble de produire des résultats que l'on ne saurait calculer. »

## CHAPITRE XXVII.

Fox à Paris. — La consulte s'assemble à Lyon. — Elle défère la présidence au général Bonaparte. — M. de Melzi, vice-président. — Mariage de Louis Bonaparte. — Paix d'Amiens. — Expédition de Saint-Domingue. — Défaite et soumission de Toussaint-Louverture. — Enlèvement de Toussaint-Louverture. — Détails sur ce chef. — Mort du général Leclerc. — Le général Rochambeau prend le commandement. — Les noirs s'insurgent de nouveau. — Cruautés commises sur eux.

Pendant qu'on travaillait à la dernière paix qui nous restait à conclure, les Anglais de marque continuaient d'affluer à Paris.

Un des plus empressés fut le célèbre Fox, membre de l'opposition dans le parlement anglais. La curiosité de voir le général Bonaparte lui avait fait devancer l'époque de la paix. Le premier consul n'éprouvait pas un moins vif désir de s'entretenir avec lui. Il le goûta beaucoup, et je les ai vus souvent passer de longues soirées en conversation tête à tête.

M. Fox parut s'être formé une idée juste du caractère du premier consul, et avoir conçu de l'affection pour lui. De retour en Angleterre, ayant eu connaissance d'une trame contre sa vie, il lui en fit donner avis, et cet avis fut utile.

Le premier consul tourna ses regards du côté de l'Italie. Ce pays était encore dans l'état où l'avait replacé la bataille de Marengo. Il avait un Directoire exécutif, des Conseils, et par conséquent un renouvellement d'élections qui ouvrait la carrière aux intrigues et par suite aux désordres. On venait de décider en France, par un vote national, que la dignité de premier consul serait à vie; on avait reconnu la nécessité de cette mesure pour prévenir les troubles que pouvaient amener quelques ambitions rivales qui s'étaient laissé apercevoir. Le premier consul chercha à mettre l'Italie en harmonie avec la France, et fit insinuer à la première d'adopter les modifications que la seconde avait subies, c'est-à-dire de substituer au gouvernement qui la régissait, un président, un sénat et un corps législatif. Il souhaitait que cette transition s'opérât d'une manière insensible, et aurait même désiré aller la diriger lui-même. Mais sa présence était indispensable en France; il ne pouvait passer les monts, et ne voulait cependant se faire représenter par personne. Il prit un terme moyen; il fit convoquer à Lyon les députés des départemens et villes d'Italie, qui devaient exprimer le vœu de leur pays. Tous accoururent avec un empressement que ne put arrêter ni le froid, ni la neige qui obstruait les montagnes.

Le premier consul, de son côté, ne se fit pas attendre. Les Italiens étaient l'objet de son voyage; il s'occupa d'eux exclusivement. Les débris de l'armée d'Égypte, qu'il avait réunis à Lyon, où il voulait les voir, purent seuls faire un instant diversion.

Il reçut toute la députation italienne en audience solennelle, mais par sections composées chacune de quarante députés à la fois, parce qu'il voulait les entretenir de sa sollicitude pour leur pays. Il adressa à chaque section un long discours sur les dangers des révolutions. Il peignit les fatales conséquences qu'entraînent toujours les agitations politiques, la guerre civile, les proscriptions, tous les fléaux qui les accompagnent. Il parla de la nécessité d'oublier les haines, les injures; de se mettre en harmonie avec les peuples voisins pour leur inspirer de la sécurité.

Ce langage n'était pas assurément celui d'un conquérant farouche. Il aurait fait honneur aux plus grands philosophes de l'antiquité, et fut parfaitement accueilli.

Les Italiens avaient envoyé à Lyon tout ce que

que leur pays offrait d'hommes recommandables dans le clergé, la noblesse, la bourgeoisie. Ils semblaient avoir mis une sorte d'orgueil national dans le choix de leurs députés. Ils s'étaient plus à étaler, à la vue de la seconde ville de France, les trésors de leur civilisation.

Le premier consul fut fort satisfait de cette assemblée, dont les principes et la composition lui plaisaient. Il revint souvent, dans la suite, sur les sentimens qui l'animaient.

Les Italiens, de leur côté, ne furent pas moins charmés du discours qu'il leur avait adressé. Ils furent surtout sensibles à la défense qu'il fit aux Français de s'immiscer dans leurs discussions.

Ils ouvrirent leurs séances après plusieurs délibérations, dans lesquelles plusieurs d'entre eux se firent remarquer par leurs talens. Ils acceptèrent le mode de gouvernement qui leur était proposé, savoir, un président, un sénat, un corps législatif et un conseil d'État. La présidence fut déférée au premier consul, qui, d'abord, n'accepta ni ne refusa.

Tout était terminé, les modifications étaient adoptées; il ne restait plus qu'à dissoudre l'assemblée. Il voulut lui-même en faire la clôture; il se rendit dans la salle où elle délibérait, et lui dit en italien qu'il prendrait toujours intérêt à la prospérité et au bonheur du peuple qu'elle représentait; mais que, ne pouvant se livrer tout entier aux soins que réclamait la patrie italienne, il était obligé de se faire suppléer par quelqu'un qui résidât sur les lieux, qu'en conséquence il nommait M. de Melzi vice-président. Il avait voulu, par ce choix, prouver la sollicitude qu'il portait à la Cisalpine, où il savait qu'on estimait M. de Melzi, dont il faisait le plus grand cas lui-même.

Cette nomination fut accueillie par les plus vifs applaudissemens. L'assemblée se sépara; les députés retournèrent chez eux, et le premier consul revint à Paris.

Il avait, peu de jours avant de se rendre à Lyon, uni son frère Louis à mademoiselle Hortense Beauharnais, et donné, à cette occasion, une nouvelle preuve de l'austérité de ses principes religieux. Il s'était marié lui-même pendant la terreur. Sa sœur Caroline avait été unie au général Murat dans l'intervalle qui s'écoula du 18 brumaire à la bataille de Marengo. A l'une comme à l'autre de ces premières époques, l'exercice du culte était proscrit. Il n'était pas encore toléré à celle dont je parle; les temples présentaient toujours le même état de profanation. Aussi le mariage de Louis fut-il célébré, suivant ce qui se pratiquait alors, dans la maison particulière du premier consul, rue de la Victoire, à la chaussée d'Antin. Un prêtre vint y donner la bénédiction nuptiale aux deux jeunes époux. Le premier consul profita de l'occasion pour faire bénir l'union de sa sœur Caroline, qui n'avait pas été mariée devant l'église, pensant sans doute que ce grand acte de la vie devait être sanctionné par la religion, après avoir été consenti devant le magistrat. Quant à lui, il s'en abstint; ce qui nous fit faire quelques réflexions.

Il ne se trouvait ainsi lié à Joséphine que par l'acte civil, lien susceptible d'être annulé, conformément aux dispositions de la loi sur le mariage. La discipline ecclésiastique n'avait donc rien à voir à son divorce, quelles qu'aient été ses prétentions en 1810.

L'hiver touchait à sa fin; les plénipotentiaires avaient enfin triomphé des répugnances du ministère anglais. Ils avaient clos leurs discussions et s'étaient rendus à Paris. Du 11 au 19 vendémiaire an x, la paix avec la Russie et celle avec la Porte, les préliminaires de Londres et la paix de Badajoz avec le Portugal, furent publiés à Paris. Le 18 brumaire suivant, la paix générale était rétablie et fut célébrée avec une grande pompe. C'était, des travaux du premier consul, celui qui causait le plus de joie, et auquel se rattachaient le plus d'espérances. Les réjouissances publiques attestèrent l'allégresse qu'il avait répandue partout. (1)

L'Angleterre accrédita lord Withworth à Paris, et le premier consul choisit, pour le représenter à Londres, le général Andréossy. Nous étions, pour la première fois depuis l'origine de nos troubles, en paix avec le monde entier; la république française était universellement reconnue, et tout cela était le fruit de la modération et de

(1) Cet événement amena, comme je l'ai déjà dit, le changement du ministère en Angleterre. Rien n'avait pu vaincre les répugnances de M. Pitt à se rapprocher de ce qu'il persistait à appeler la révolution française : aussi se retira-t-il du ministère; mais il fit nommer à sa place M. Addington, qui était sa créature et ne devait se conduire que d'après ses directions. M. Pitt ne renonçait pas à l'espérance de renouer une coalition, et il fut y travailler dans l'ombre de sa retraite. Il avait surtout besoin de quelques mois de repos pour se mettre en rapport avec les ministres des puissances qui avaient été successivement placées dans la nécessité de faire la paix avec la France. Il fondait ses espérances principales sur la Russie, et ce fut la paix conclue entre la France et cette puissance qui le força de consentir à la paix de l'Angleterre et de la France : aussi mit-il un soin infini à obtenir une copie du traité conclu entre Paul et le premier consul; il se la procura d'abord à Paris par des infidélités, et ensuite par des moyens semblables à Pétersbourg. Ce fut lorsque la confrontation de ces deux pièces ne lui eut plus permis de douter qu'on ne le trompait pas, qu'il traça de nouveaux plans pour l'avenir.

l'habileté : aussi jamais chef de gouvernement n'a excité une admiration aussi générale, aussi profondément sentie, que celle qu'obtint le premier consul à cette époque.

La paix nous remit en possession du petit comptoir que nous avions dans les Indes orientales, et toutes nos colonies d'Amérique nous furent rendues.

Les Hollandais perdirent Ceylan. Quelques autres stipulations moins importantes eurent lieu.

La reprise de possession des colonies où la liberté des nègres n'avait pas anéanti le travail, n'éprouva aucune difficulté. Il n'en fut pas ainsi de Saint-Domingue, la plus riche de nos colonies avant sa révolution; elle était devenue le plus funeste présent qu'on pût faire à la France. Il fallut cependant se disposer à y faire passer des troupes, l'intérêt de la métropole le demandait; ainsi qu'une foule de familles ruinées par les désordres auxquels la colonie avait été en proie. Elles s'imaginaient qu'elles rentreraient en possession des biens qu'elles avaient perdus, comme l'on rentre dans un château que l'on a momentanément quitté; et, dans leur impatience de voir l'expédition mettre à la voile, elles se plaignaient qu'on prolongeât gratuitement l'indigence dans laquelle elles étaient tombées. Le premier consul ne se laissa pas imposer par ces clameurs. Il n'entreprenait rien à la légère. Il voulut, avant de faire appareiller, étudier Saint-Domingue, comme il avait étudié l'Égypte avant de prendre terre au Marabout.

Il s'occupa plus d'un mois à recueillir des renseignemens sur ce pays, auprès de tout ce qui avait été employé dans les Antilles comme militaires, comme administrateurs ou planteurs. La position lui importait peu; il faisait appeler à la Malmaison tout ce qui pouvait lui donner quelques lumières. Je l'ai vu garder des heures entières dans son cabinet des commis subalternes de la marine qu'on lui avait indiqués comme des hommes qui avaient des notions positives sur Saint-Domingue. C'est à cette occasion qu'il connut plus particulièrement M. de Barbé-Marbois, qui avait été intendant-général de cette colonie, et était alors conseiller d'État. Il le goûta, et à la mort de M. Dufresne, il le nomma directeur, et quelques mois après ministre du trésor. Il ne changea cependant la dénomination, du moins je le crois, que pour faire entrer M. Marbois au conseil, et pouvoir travailler avec lui, sans exciter la jalousie des autres conseillers d'État qui étaient placés à la tête des diverses branches de l'administration.

Le premier consul ne négligeait rien, comme

je l'ai dit, pour acquérir les lumières dont il avait besoin sur Saint-Domingue; il employait les journées à les recueillir, et passait une partie de la nuit à expédier les ordres qu'exigeait l'expédition; il avait demandé à Charles IV de lui prêter son escadre, qui était encore à Brest, pour faire un voyage à Saint-Domingue avant de rentrer dans les ports d'Espagne, et le roi l'avait mise à sa disposition.

Celles qui de Rochefort et de Toulon avaient dû faire voile pour l'Égypte, furent de nouveau mises en état d'appareiller, ainsi que tout ce qui avait été amené à Brest et à Lorient. On assembla en outre un grand nombre de transports, et on embarqua sur ces divers bâtimens, non pas une simple expédition d'occupation, mais une véritable armée. L'escadre mit à la voile pour se rallier au Cap Français, capitale de Saint-Domingue, où elle arriva sans accident.

Cette armée renfermait une foule d'hommes qui avaient témoigné le désir de faire partie de l'expédition; elle comptait aussi beaucoup de ces esprits remuans et inquiets, pour qui l'état de paix est insupportable, et qui ne se trouvent bien que là où ils ne sont pas. De tels élémens étaient plus propres à conquérir qu'à conserver, à faire un établissement durable sur une terre qui n'avait besoin que d'espérances et de consolations : aussi Saint-Domingue fut-il traité en ennemi.

Le premier consul avait renvoyé à Toussaint-Louverture ses deux fils, qui faisaient leur éducation à Paris. En même temps, il lui avait adressé une lettre dans laquelle il le félicitait de la prospérité qu'il avait maintenue dans l'île, et lui annonçait qu'il ne pouvait plus être un homme ordinaire, que le gouvernement saisirait avec empressement l'occasion de lui témoigner le cas qu'il faisait de ses services, et lui renvoyait ses enfans comme une première marque de l'estime qu'il lui portait.

Arrivée à la vue du Cap, l'escadre détacha une division sur Port-au-Prince. Toussaint était absent; Christophe commandait la place. Il hésita d'abord, chercha à gagner du temps; mais il revint bientôt à sa férocité naturelle, et livra le Port aux flammes. On débarqua, on occupa la ville; mais en se retirant, les nègres semèrent partout les ravages et l'incendie.

On se mit à leur suite, on les serra dans les mornes; les uns cédèrent, les autres persistèrent à courir la fortune de Toussaint, avec lequel ils furent défaits à la Crête à Pierrot. Hors d'état de continuer la guerre, le gouverneur traita (1).

(1) D'après cette convention, la colonie était remise aux

Le général Leclerc lui accorda paix et sécurité ; les troupes noires passèrent dans nos rangs, et la colonie rentra sous les lois de la métropole.

Cette transaction, qui terminait heureusement la lutte, donnait l'espoir de voir promptement fleurir la colonie. Malheureusement le général Leclerc, quoique d'une habileté véritable, ne comptait aucun succès capable d'imposer. Il ne put obtenir une obéissance prompte, entière, et l'expédition fut manquée. Ses officiers-généraux aimèrent mieux travailler pour eux-mêmes que pour la gloire de leur chef. Il n'y eut plus ni frein ni discipline. Pour comble de maux, Leclerc fut attaqué de la fièvre jaune, qui l'em-

---

troupes envoyées de la métropole pour l'occuper, et Toussaint et les siens devaient se retirer chacun chez eux pour y vivre en paix sous les ordres des généraux qui allaient être nommés pour commander dans les contrées où se trouvaient leurs demeures.

La même convention stipulait que les troupes noires seraient conservées pour le service de la colonie, et continueraient à garder leurs armes, qui étaient les fusils que leurs chefs avaient pris dans les arsenaux du Cap et du Port-au-Prince, au moment où les Européens avaient dû évacuer ces points.

Il fut de même convenu que ces troupes entreraient en garnison avec les blanches, et seraient en tous points traitées comme elles.

porta avant qu'il eût pu justifier le choix du premier consul.

La maladie, qui avait frappé une partie des troupes, continuait ses ravages; les renforts qui arrivaient journellement des ports de France et d'Italie ne pouvaient suffire à combler les vides qu'elle faisait dans nos rangs. Des régimens entiers périrent dans la semaine qui suivit leur débarquement.

Ce malheur affecta vivement le premier consul: il manda ceux qu'il savait avoir habité Saint-Domingue, et n'apprit rien qui lui permît de prévenir le résultat qu'il commençait à prévoir. Il ne pouvait s'expliquer comment l'administration de la colonie ni celle de l'armée n'avaient pris aucune mesure pour préserver les corps d'une contagion dont les effets étaient connus. Il comprenait encore moins comment les troupes qu'il envoyait étaient à l'instant débarquées et mises en contact avec celles qui étaient attaquées de l'épidémie. L'île de la Tortue et les mornes offraient mille moyens de les garantir jusqu'à l'époque ordinaire où ce fléau disparaît.

On négligea les mesures sanitaires les plus simples; on laissa l'armée dans les lieux où la fièvre la décimait. Sa destruction attesta l'insouciance coupable de ceux qui n'étaient déjà que trop accoutumés à considérer les soldats comme des instrumens de fortune.

Cette effrayante consommation d'hommes rendit l'espérance aux noirs. Leurs troupes avaient échappé à l'action de ce fléau cruel, elles se trouvaient plus nombreuses que les blanches; ils résolurent de lever de nouveau l'étendard de l'insurrection. Le général Leclerc commandait encore; il eut vent de leurs trames, et se décida à exécuter ce qu'il aurait dû faire dès les premiers jours de la pacification. Le premier consul, tout en garantissant à l'armée noire les grades, les honneurs qu'elle avait acquis, avait appelé en France les principaux chefs; il savait que l'homme qui a bu à la coupe du pouvoir se résigne difficilement à un rôle subalterne, et avait chargé son beau-frère de faire passer les généraux noirs sur le continent. Leclerc, séduit par leurs protestations, ne le fit pas : il ne tarda pas à s'en repentir. Les mornes se remplissaient d'armes, de subsistances; les troupes étaient agitées; tout annonçait une explosion. Quand il n'aurait pas surpris sa correspondance, ces apprêts, cette inquiétude, suffisaient pour rendre Toussaint suspect. Ce nègre, qui avait appartenu à l'ancienne habitation de M. Galifet, avait, indépendamment de la finesse qui caractérise les noirs, reçu de la nature une rectitude de jugement, une force de caractère qui se trouvent rarement unies. Son esprit n'était pas sans culture. Il avait entendu les imprudentes dissertations des planteurs, et dévoré les écrits qui traitent de l'esclavage et de la liberté. La lecture de Raynal avait enflammé son imagination. Le chapitre où ce philosophe, après avoir dépeint l'humiliation des noirs, annonce qu'il se présentera quelque jour un nègre généreux qui secouera les chaînes sous lesquelles gémit sa race et la vengera des outrages dont l'accablent les blancs, ne sortit jamais de sa mémoire; il crut que ce rôle lui était destiné. Il s'appliqua à se concilier, à s'attacher les siens, et obtint bientôt sur eux un ascendant sans bornes.

Cet homme redoutable tenait dans ses mains tous les fils du mouvement qui se préparait. Leclerc résolut de le prévenir, et le fit arrêter. On a prétendu qu'il eût été plus sage de s'aider de ses lumières; que la différence du blanc au noir entre des hommes qui, dans des hémisphères différens, avaient fait leur fortune politique à l'aide des révolutions, ne pouvait être qu'une question de vanité; que peu importait la couleur du général en chef, s'il avait le talent de faire prospérer la colonie.

Ces considérations sont spécieuses. Mais si Toussaint eût été un homme à se contenter du second rang, il n'eût pas mis le général Laveaux dans la nécessité d'accepter une députation qu'il ne sollicitait pas; il n'eût pas outrageusement renvoyé le général Hédouville et levé l'étendard de l'insurrection; il n'eût pas tout risqué pour conquérir ce qu'on ne lui contestait pas. Il connaissait les conséquences d'une prise d'armes, et n'avait pas affronté une armée pleine de vigueur pour être témoin paisible de ses funérailles. Toussaint jouait son jeu en se préparant à profiter de nos malheurs, Leclerc joua le sien en le prévenant. Les preuves étaient d'ailleurs positives, et ne l'eussent-elles pas été, qui pouvait croire qu'un homme du caractère de Toussaint-Louverture vît l'occasion de proclamer la liberté des nègres sans la saisir? Il fut envoyé en France et relégué dans le château de Joux : les chagrins, l'âge, un climat trop sévère, eurent bientôt consumé ce qui lui restait de vie; il mourut quelques mois après son arrivée. On ne manqua pas de faire, sur cet événement, les contes les plus absurdes; et tandis que des Français, jeunes, vigoureux, périssaient par milliers à Saint-Domingue, on ne concevait pas qu'un vieillard, précipité du faîte du pouvoir, transporté à deux mille lieues du climat sous lequel il avait vécu, s'éteignît sans violence dans le fort où il était enfermé.

On croyait avoir assuré le repos de la colonie

en éloignant Toussaint ; ce fut tout le contraire, son enlèvement jeta l'alarme parmi les chefs noirs. Les troupes blanches étaient hors d'état de tenir la campagne ; celles de couleur étaient fraîches, vigoureuses. La fortune se déclarait pour eux : ils levèrent le masque et se jetèrent, l'un après l'autre, dans les mornes. La fièvre jaune continuait à décimer nos rangs ; l'armée presque entière avait péri, la désertion devint générale ; nous ne comptâmes plus que quelques nègres parmi nous. Ils se disposaient à nous chercher ; les hostilités allaient recommencer, lorsque Leclerc mourut. Il fut remplacé par le général Rochambeau, qui lui succéda par droit d'ancienneté : c'était un homme d'un courage incontestable, mais le moins propre à commander dans les circonstances où se trouvait la colonie ; il eût fallu un esprit doux, conciliant, et Rochambeau n'était connu que par sa dureté.

A la tête d'une armée puissante, Leclerc avait préféré la voie des négociations à celle des armes : son successeur adopta un système opposé ; il voulait, quoiqu'il n'eût que des débris, dompter par la force, et déploya une sévérité qu'il poussa jusqu'à la folie. Comme il faut être vrai quand on écrit, je dirai tout ce que j'ai su, dans la suite, de ces événemens, et de l'indignation qu'éprouva le premier consul, lorsqu'il apprit les souillures dont on avait terni ses armes.

Le nouveau général en chef, qui portait un nom consacré par l'indépendance de l'Amérique, vint s'établir au Cap, où il fut bientôt entouré de cette foule de propriétaires qu'avait exaspérés la révolution, et que rien n'arrêtait dès qu'il s'agissait de recouvrer ce qu'ils avaient perdu : tous moyens leur étaient bons. L'emportement du général en chef se prêtait à leurs vues; ils l'applaudirent, flattèrent ses passions, et ne se firent faute d'aucun des moyens qui peuvent entraîner un tempérament ardent. Le général Rochambeau ne se connut bientôt plus lui-même : il devint un instrument aveugle des atroces projets de ses adulateurs, qui avaient imaginé d'exterminer l'espèce noire tout entière. Cette affreuse conception fut adoptée. On mit la main à l'œuvre; on déploya une barbarie qui fait honte à notre siècle, et sera en horreur à ceux qui le suivront. On enlevait partout, de toute manière, les malheureux qu'on avait proscrits; on les embarquait, sous prétexte de les déporter, et la nuit on les noyait au large. On fit encore plus : lorsque la terreur que répandait une condamnation en masse eut fait prendre la fuite à cette population désolée, pour lui donner plus sûrement la chasse, on alla chercher dans l'île de

Cuba des dogues d'une espèce particulière ; on lâcha ces animaux dans les taillis, on traqua les noirs jusqu'au fond des mornes. Ce nouveau moyen de démasquer l'ennemi qui se blottissait sous le feuillage révolta les troupes ; elles refusèrent de fusiller des malheureux que débusquaient des chiens, et de prêter l'appui de leurs armes aux meutes qui allaient fouiller les bois. Ce fut bien pis, lorsqu'elles apprirent qu'au lieu de les déporter, on noyait les malheureux qui leur tombaient dans les mains ; elles se mutinèrent, et déclarèrent « qu'elles « étaient venues à Saint-Domingue, non pour « alimenter de sauvages exécutions, mais pour « combattre ; qu'elles n'étaient pas faites pour « accepter comme auxiliaires les meutes dont on « les faisait précéder ; que, si semblable chose ar- « rivait encore, elles feraient justice des dogues « et de leurs barbares conducteurs. » On fut obligé de céder ; on n'osa pas poursuivre une chasse inhumaine, contre laquelle ces braves étaient soulevés.

Voilà ce qui se passait à Saint-Domingue, pendant qu'en France on se livrait à la douce illusion de voir bientôt cette riche colonie répandre, comme autrefois, son opulence dans la métropole. Plusieurs lettres particulières, qui donnaient le détail de ces barbares exécutions, étaient parvenues en France de divers points de l'Amérique; elles avaient été communiquées au premier consul, mais le tableau qu'elles présentaient était si révoltant, que, quoiqu'elles fussent unanimes à cet égard, il refusait de croire à un tel excès de barbarie. Il s'étonnait de ne pas recevoir des rapports de ceux dont il devait en attendre, et répétait avec amertume que, si ces atroces exécutions étaient vraies, il répudiait la colonie; qu'il n'eût eu garde de la faire occuper, s'il eût pu prévoir les coupables excès auxquels l'expédition avait donné lieu.

## CHAPITRE XXVIII.

Détails intérieurs.—M. de Bourrienne.—Moyens employés pour le perdre. — Tournée du premier consul dans quelques départemens. — M. de Menneval. — Discussions ecclésiastiques. — Concordat.

Depuis que le premier consul exerçait l'autorité suprême, sa vie n'était qu'un travail continuel. Il avait pour secrétaire particulier M. de Bourrienne, qui avait été l'ami de son enfance, et il lui faisait partager toutes ses fatigues. Il le mandait souvent plusieurs fois dans la nuit, et exigeait en outre qu'il fût chez lui dès les sept heures du matin. Bourrienne s'y rendait assidument avec les journaux, qu'il avait déjà parcourus. Le premier consul les relisait presque toujours lui-même, expédiait quelques affaires et se mettait à table dès que neuf heures sonnaient. Son déjeûner, qui durait six minutes, achevé, il rentrait dans son cabinet, en sortait pour dîner, y rentrait immédiatement après pour ne le quitter qu'à dix heures du soir, qui était l'heure à laquelle il se couchait.

Bourrienne avait une mémoire prodigieuse; il parlait, écrivait plusieurs langues, faisait courir sa plume aussi vite que la parole. Ces avantages n'étaient pas les seuls qu'il possédait. Il connaissait l'administration, le droit public, et avait une activité, un dévoûment, qui en faisaient un homme indispensable au premier consul. J'ai connu les divers moyens qui lui avaient valu la confiance illimitée de son chef; mais je ne saurais parler avec la même assurance des torts qui la lui ont fait perdre.

Bourrienne avait beaucoup d'ennemis; il en devait à son caractère et plus encore à sa place. Les uns étaient jaloux du crédit dont il jouissait auprès du chef du gouvernement; les autres, mécontens de ce qu'il ne l'employait pas à les servir. Plusieurs même lui imputaient le peu de succès avec lequel leurs demandes avaient été accueillies. On ne pouvait l'attaquer sous le rapport de l'habileté, de la discrétion; on épia ses habitudes, on sut qu'il se livrait à des spéculations financières. L'imputation devenait facile, on l'accusa de péculat.

C'était l'attaquer par l'endroit sensible, car le premier consul n'abhorrait rien tant que les moyens illégitimes d'acquérir de l'or. Une seule voix cependant n'eût pas suffi pour perdre un homme qu'il était habitué à aimer et à estimer; aussi en fit-on entendre plusieurs. Que les accusations fussent fondées ou non, toujours est-il certain qu'on ne négligea rien pour les faire arriver sous les yeux du premier consul.

Le moyen qu'on employa avec le plus d'efficacité fut la correspondance qu'on établit, soit avec l'accusé lui-même, soit avec les personnes avec lesquelles on avait intérêt de le mettre en rapport; correspondance toute mystérieuse et relative aux opérations dénoncées. C'est ainsi que plus d'une fois on s'est servi, pour porter le mensonge jusqu'au chef de l'État, d'un moyen destiné à lui faire connaître la vérité. Je m'explique.

Sous le règne de Louis XV, ou même sous la régence, on organisa à la poste une surveillance qui s'exerçait non sur toutes les lettres, mais sur celles qu'on avait quelque motif de suspecter. On les ouvrait, et quand on ne jugeait pas utile de les supprimer, on en tirait des copies, puis on les rendait à leur cours naturel en évitant de les retarder. A l'aide de cette institution, un individu qui en dénonce un autre peut donner du poids à sa délation. Il lui suffit de jeter à la poste des lettres conçues de manière à confirmer l'opinion qu'il veut accréditer. Le plus honnête homme du monde peut ainsi se trouver compromis par une lettre qu'il n'a pas lue, ou même qu'il n'a pas comprise.

J'en ai fait l'expérience sur moi-même; j'ouvrais une correspondance sur un fait qui n'avait jamais eu lieu. La lettre était ouverte ; on m'en transmettait copie, parce que mes fonctions d'alors le commandaient ; mais quand elle me parvenait, j'avais déjà dans les mains les originaux, qui m'avaient été transmis par la voie ordinaire. Sommé de répondre aux interpellations que ces essais avaient provoqués, j'en pris occasion de faire sentir le danger qu'il y avait à adopter aveuglément des renseignemens puisés à une telle source. Aussi finit-on par donner peu d'importance à ce moyen d'information, mais il inspirait encore pleine confiance à l'époque où M. de Bourrienne fut disgracié; ses ennemis n'eurent garde de le négliger; ils le noircirent auprès de M. Barbé-Marbois, qui donna à leurs accusations tout le poids de sa probité. L'opinion de ce rigide fonctionnaire et d'autres circonstances encore déterminèrent le premier consul à se séparer de son secrétaire, dont les attributions furent en partie réunies à celles de M. Maret, qui n'avait été jusqu'alors que secrétaire général du consulat.

M. de Bourrienne fut remplacé au cabinet par M. de Menneval, homme d'honneur et de talent, qui se concilia l'affection du premier consul, et qui justifia sa faveur par un dévoûment qui ne s'est jamais démenti.

Nous étions arrivés à l'automne, lorsque le

premier consul fit une tournée dans les départemens voisins de celui de la Seine. Il partit de Saint-Cloud, traversa le département de l'Eure, parcourut le champ de bataille d'Ivry, et se rendit à Évreux, à Louviers et à Rouen, où il arriva par le Pont-de-l'Arche : il visita les fabriques de cette ville, celles d'Elbeuf, et poussa jusqu'au Havre, d'où il gagna Dieppe. Ce fut sur la route qui sépare ces deux ports, qu'il reçut la dépêche qui lui annonçait la mort du général Leclerc. Elle lui annonçait aussi la prochaine arrivée de sa sœur Pauline (1), qui avait fait voile avec son fils unique sur le vaisseau de guerre où étaient déposées les dépouilles de son mari. Cette nouvelle fit sur lui une impression pénible. Il rentra à Paris plus tôt qu'il ne l'avait résolu; il revint par Neufchâtel, Beauvais et Gisors, et fut partout accueilli avec acclamations. A Beauvais entre autres, les autorités constituées vinrent fort loin à sa rencontre ; elles avaient en tête une troupe de jeunes personnes fort élégantes, dont la plus belle portait un drapeau que l'une de ses compatriotes, la célèbre Jeanne Hachette, enleva dans une sortie aux troupes du duc de Bourgogne qui assiégeait la place. Louis XI, charmé de ce trait de bravoure, voulut en per-

(1) Morte depuis princesse Borghèse.

pétuer le souvenir; il accorda la préséance aux femmes de Beauvais, et voulut qu'elles parussent avant les hommes dans les cérémonies publiques.

Le premier consul était rentré depuis quelques jours dans la capitale, lorsqu'il apprit que le vaisseau que montait madame Leclerc, chassé par des vents contraires qui l'avaient empêché de gagner les ports de l'Ouest, venait d'entrer à Toulon. Il fit partir de suite pour cette place le général Lauriston, qui ramena madame Pauline à Paris.

La tranquillité régnait au-dedans, la paix était rétablie au-dehors; il aborda une matière importante, difficile, qui lui prit le reste de l'automne et une partie de l'hiver suivant.

On avait contracté pendant la révolution l'habitude de dire la messe dans les maisons particulières : c'étaient des prêtres insermentés qui la célébraient. Les dévots prétendaient qu'elles étaient meilleures, plus agréables à Dieu que celles que disaient les prêtres assermentés. Beaucoup d'individus y assistaient par esprit d'opposition, quelques athées même affectaient de l'empressement à les entendre pour contrarier le gouvernement.

Il y avait peu d'ancienne maison qui n'eût sa chapelle. On disait la messe tantôt dans l'une, tantôt dans l'autre. Les affiliés étaient prévenus et se réunissaient sous divers prétextes, quelquefois même comme s'ils eussent rendu une simple visite. Bientôt on ne se contenta pas de célébrer la messe; on baptisa, on confessa, on donna la bénédiction nuptiale, on fit des sépultures; enfin on se constitua en véritable schisme. Cet état de choses datait des premiers jours de la révolution. Le premier consul n'avait pas voulu employer la rigueur pour le faire cesser; il le considérait comme le résultat des alarmes de quelques consciences timorées et non comme une conception malveillante. Il résolut cependant d'y mettre un terme, d'y remédier d'une manière efficace; il alla droit au mal, et résolut de fixer tout ce qui touche soit aux intérêts religieux, soit à la discipline ecclésiastique. Le chargé des affaires de France à Rome reçut ordre d'ébaucher la besogne; et, comme dans cette discussion, le premier consul n'avait pas seulement pour but de mettre fin aux querelles qui divisaient les prêtres, mais qu'il voulait encore se préserver d'une influence qui se faisait déjà sentir, il se réserva le soin de conduire la négociation. En conséquence, il se plaignit au pape d'un commencement de schisme qui menaçait la tranquillité des fidèles et peut-être même la religion. Il lui manifesta l'intention de prévenir ce malheur, et le pria de lui envoyer un légat avec lequel il pût en conférer.

Le pape accepta sa proposition avec empressement, et envoya à Paris le cardinal Gonsalvi, Spina, archevêque de Gênes, et Caselli, pour traiter du concordat. De son côté, le premier consul nomma son frère Joseph, M. Crettet, et l'abbé Bernier, curé de Saint-Lô d'Angers, pour en discuter les articles avec les prélats. Le concordat fut signé le 18 juillet 1801.

Par suite de cet acte, le clergé redevint en France une branche de l'administration, qui fut dirigée par M. Portalis père, que le premier consul nomma ministre des cultes. C'est dans le courant de l'année qui suivit, que le pape envoya à Paris comme son légat, le respectable cardinal Caprara, qui acheva l'œuvre commencée par ses prédécesseurs.

La réconciliation de la France avec l'Église fut encore un triomphe pour le premier consul, auquel elle concilia tous les dévots. Elle lui valut en outre l'avantage de voir cesser toutes ces momeries d'offices divins célébrés à domicile. Les fidèles revinrent aux temples qu'il avait fait rouvrir, et les prêtres de toutes les orthodoxies ne craignirent pas d'y venir officier. Le pape soumit à la même discipline les ecclésiastiques assermentés et insermentés; il somma les évêques absens de rentrer sur-le-champ dans leurs diocèses ou d'envoyer leur démission. Quelques uns obéirent, et ceux qui résistèrent furent remplacés.

Le premier consul voulut célébrer la réconciliation de la France avec l'Église : une grande cérémonie eut lieu à Notre-Dame. A l'avénement du premier consul, cette métropole était dans l'état le plus déplorable; elle n'avait plus ni marbres, ni ornemens, tout avait été pillé ou vendu. On ne s'en était pas tenu là; en 1793, on avait coupé l'édifice, on l'avait distribué en une série de magasins qu'on avait loués au plus offrant. Le premier consul fit cesser cette odieuse profanation; il restitua la basilique, fit remettre à neuf les tables, les autels que le jacobinisme avait abattus, et assista à la cérémonie d'inauguration avec tous les membres du gouvernement.

Cette action, louable en elle-même, et tout à la fois politique et religieuse, lui valut, d'une part, un surcroît d'affection, et de l'autre une explosion de mécontentemens.

Le premier consul avait à diverses fois engagé M. de Talleyrand à reprendre la prêtrise; il lui observait que ce parti convenait à son âge, à sa naissance, et lui promettait de le faire faire cardinal, ce qui le placerait sur la même ligne que

Richelieu, et donnerait du lustre à son ministère.

Quelque peu de vocation que M. de Talleyrand eût pour l'Église, il ne laissa pas de réfléchir à cette proposition ; mais telle était la faiblesse de son caractère, qu'une femme, qui avait pris de l'empire sur son esprit en faisant les honneurs de sa maison, paralysa l'influence immédiate du chef de l'État. Elle fit jouer tant de ressorts pour se préserver d'une expulsion qui aurait été la conséquence immédiate du retour de M. de Talleyrand à la prélature, qu'elle parvint à se faire épouser, et figura dans la suite, non pas aux Tuileries, mais au milieu des représentans de toutes les cours de l'Europe, sous le nom de princesse de Bénévent. Dans cette occasion, le premier consul avait poussé la condescendance au point de solliciter du pape un bref de sécularisation pour M. de Talleyrand, et la permission de se marier. Il avait cédé particulièrement, dans cette circonstance, aux instances de madame Bonaparte.

## CHAPITRE XXIX.

Mécontentemens de quelques généraux. — Bernadotte. — Scène chez le général Davout.

J'ai dit plus haut que la cérémonie de Notre-Dame fit éclater des mécontentemens. Il me reste à rapporter ce qu'ils produisirent.

Des envieux, des brouillons, la plupart esprits médiocres, et qui, cependant, voulaient trancher sur des matières qu'ils n'étaient pas en état d'entendre, cherchaient à agiter la multitude. Ils s'attachaient à la marche du gouvernement, critiquaient amèrement ses actes, lui imputaient des vues qu'il n'avait pas, et protestaient qu'ils mourraient plutôt que de voir périr la liberté. Ne pouvant ou ne voulant pas pénétrer quels étaient les projets du chef de l'État, ils lui attribuaient ceux qui convenaient à leurs desseins. Le premier consul était décidé à rétablir les prêtres sur le pied où ils étaient avant la révolution; on ne pouvait trop se hâter de prévenir un semblable attentat. Les armes, les moyens étaient indifférens; tout était bon, pourvu qu'on détournât l'orage. On ne s'en tint pas aux propos; on avisa aux mesures de résistance, on se constitua en état flagrant de conspiration. Ces réunions insensées, qui devenaient inquiétantes par la folie même de ceux dont elles se composaient, avaient pour chef le général Bernadotte, qui commandait, à cette époque, l'armée de l'Ouest. Quoique allié à la famille Bonaparte (1), il avait plusieurs fois assisté aux réunions où l'on discutait les moyens de se défaire du premier consul. A la vérité, il s'opposait à ce qu'on lui arrachât la vie; mais il conseillait un enlèvement à force ouverte, qui eût toujours été suivi du même résultat. Quant aux autres, tous opinaient pour la mort.

Le premier consul, dont la conservation était le besoin de l'époque, fut bientôt averti de ces réunions et du mauvais esprit qui les animait; mais il était si peu organisé pour la crainte, qu'il se borna à éloigner de Paris les mauvaises têtes dont elles se composaient. Quant à Bernadotte, il eut ordre de rejoindre son armée.

Un général qui se perdait alors dans la foule de ceux qui commandaient, était spécialement lié avec l'un des plus ardens de ceux qu'avait atteints la mesure du premier consul. D'abord soldat au service d'Espagne, il l'abandonna fur-

---

(1) Madame Bernadotte était sœur de madame Joseph Bonaparte.

tivement pour gagner la France, où venait d'éclater la révolution. Il s'attacha aux représentans qui allaient exalter, épurer les armées, et poursuivit les aristocrates avec un zèle qui ne fut pas sans utilité pour lui. Il trouvait une nouvelle occasion de servir la chose publique ; il la saisit, et signala au premier consul les vues, les moyens de ces conciliabules qu'il avait souvent échauffés de ses élans de républicanisme. Il signalait, entre autres, le colonel F... et le général D..., avec lequel il était étroitement lié. Il les représentait comme exaltés au point de ne pas rejeter peut-être l'idée d'un attentat à la vie du premier consul, considération qui, disait-il, avait pu seule le déterminer à donner l'avis qu'il transmettait. Muni d'une pièce aussi précise, le chef de l'État ordonna l'arrestation des deux officiers qui lui étaient désignés. Le ministre de la police lui avait laissé ignorer l'existence de ces trames odieuses. Il ne savait si elles avaient échappé à sa surveillance, ou si Fouché avait intérêt à l'abuser. Dans le doute, il ne voulut pas recourir aux voies ordinaires, et chargea la gendarmerie d'élite, dont j'étais colonel, de s'assurer des prévenus. F..... fut arrêté ; mais D..... échappa par les soins officieux de celui qui l'avait dénoncé.

Celui-ci n'avait pas transmis son rapport au

premier consul, qu'il courut prévenir son ami que tout était découvert, qu'il prît garde à lui, croyant sans doute soulager sa conscience par cet avis officieux. D....., touché de sa sollicitude, plein de confiance dans une vieille liaison contractée au milieu des chances d'une homogénéité de fortune politique, lui demanda asile.... Il n'osa refuser, et accueillit le fugitif; mais il prévint en même temps qu'il n'avait pu repousser les sollicitations de l'amitié, que D..... s'était réfugié chez lui.

J'étais à la Malmaison quand l'avis y arriva. Le premier consul, que ces intrigues avaient indisposé, m'envoya de suite à Paris, avec un ordre de diriger un détachement de gendarmerie sur la maison de campagne de ce général. Le détachement se rendit au village, mais ne trouva personne. D... était en route pour ses foyers, où le premier consul ordonna de le laisser tranquille.

L'apparition des gendarmes chez le général dont le zèle pour le premier consul paraissait diriger la conduite dans cette occasion, éleva cependant une mésintelligence entre lui, qui avait provoqué cette mesure, et moi, qui avais reçu l'ordre de l'exécuter. Il se plaignit de l'insulte qui lui était faite, en appela aux officiers, écrivit au premier consul, voulut à toute force avoir satisfaction à mes dépens. Tant de tapage pour une visite de gendarmerie parut suspect. Je ne pouvais concevoir qu'un pareil désagrément auquel, après tout, chacun est exposé, excitât véritablement cette inépuisable colère dont *** paraissait animé. Je demandai à mon tour satisfaction. Je souffre, dis-je au premier consul, les propos que m'attire le commandement dont je suis revêtu, parce que le bien du service l'exige. Mais s'il doit toujours en être ainsi; si je suis sans cesse poursuivi par les clameurs de ceux contre lesquels je reçois des ordres, veuillez me le retirer, et me donner en échange un régiment de cuirassiers. « Et que vous font ces « clameurs? me répliqua le premier consul; ne « voyez-vous pas d'où elles partent? *** ne crie si « haut que parce que c'est lui qui m'a prévenu « des vues de D... et de l'asile qu'il avait choisi. « Au reste, soyez tranquille, je me charge de le « calmer. » Je sus, en effet, qu'il lui avait fait dire que sa manière ne menait à rien; qu'il fallait être pour ou contre; qu'il vît ce qu'il préférait.

Mes pressentimens étaient vérifiés; il ne restait plus qu'un point à éclaircir. Je voulus en avoir le cœur net, et demandai, dans la suite, à D... (1), qui était retiré dans ses foyers, par qui

(1) Il vécut dix ans dans la disgrâce avant d'être réemployé, et fut tué à la bataille de Leipsick.

il avait été avisé de quitter la maison où il s'était retiré. C'était encore, comme je le soupçonnais, son officieux ami qui l'avait prévenu que la gendarmerie était sur ses traces. Il eût pu faire davantage, il eût pu dire comment elle s'y trouvait.

Je n'ai rien oublié de toutes ces malheureuses circonstances, dans lesquelles je n'ai dû voir qu'une preuve de plus de la faiblesse humaine : si celui auquel elles s'appliquent lit ces Mémoires, qu'il ne croie pas que sa nouvelle position m'a imposé de ne pas le nommer : c'est à ses enfans que j'ai dû ce ménagement.

La confidence du premier consul m'avait mis au fait. Je laissai aller les propos. Tout ce grand fracas, dont on étourdissait les salons, n'avait pour but que de voiler les rapports que l'on entretenait avec le cabinet. Ce n'était pas la peine de s'en inquiéter.

Parmi les sujets assez minces dont se composaient les réunions, se trouvait un officier supérieur, que les révélations de *** signalaient comme capable de se porter aux derniers attentats. Renvoyé pour des motifs qui me sont inconnus, du régiment où il servait, sans emploi, sans fortune, il devint naturellement un des boute-feu du mouvement qui se préparait. La perte du premier consul devait lui rouvrir la carrière; il annonçait hautement l'intention de la consommer.

Sa décision était connue; il fut arrêté et mis au Temple. Une fois enfermé, il pesa, examina sa conduite, et n'y trouvant que des sujets d'alarmes, il résolut de recourir à la clémence du premier consul. Il s'y détermina d'autant mieux, qu'il ne doutait pas que la perte de sa liberté ne fût le résultat de la délation de quelque faux frère qui avait fait la paix à ses dépens, ce qui était vrai.

Il offrit de faire des révélations; le général Davout fut chargé de les recueillir, et se rendit au Temple, où il reçut les confidences de ce chef d'escadron : elles étaient importantes. Le premier consul le chargea de nouveau de voir le prisonnier, de lui proposer cinq cents louis, s'il voulait accepter une mission pour Londres, où, en se donnant pour échappé du Temple, il parviendrait à surprendre les projets des Anglais et des émigrés sur les départemens de l'Ouest, ainsi que les relations qu'ils y conservaient.

Le général Davout envoya chercher le prisonnier, et le fit conduire dans la maison qu'il occupait aux Tuileries, sur l'emplacement où est aujourd'hui la terrasse qui se trouve en face de la rue Saint-Florentin.

Le hasard amena, sur ces entrefaites, le général ***, déjà désigné plus haut, chez Davout. Il reprenait ses criailleries ordinaires. Le premier consul, disait-il, voulait rétablir l'ancien régime; il avait commencé par faire rentrer les émigrés; il faisait rentrer les prêtres, et dépouillerait bientôt les acquéreurs de biens nationaux. Enfin, ajouta-t-il, pour dernier trait, il venait de faire étrangler ce pauvre chef d'escadron, prisonnier au Temple.

Le général Davout, qui ne devinait pas encore où son interlocuteur voulait en venir, imaginait tantôt qu'il cherchait à se faire interroger pour se débarrasser d'un poids qui chargeait sa conscience, tantôt qu'il cherchait s'il ne serait pas possible de le détacher du premier consul. Toutefois le général Davout le laissa s'engager, écouta toutes les folies qu'il lui débitait, et laissa échapper un mouvement de pitié qui mit fin à la philippique. Pour toute réponse, au lieu de le reconduire par la sortie ordinaire, il le fit passer par une pièce où se trouvait D...

Le général *** aperçoit bien vivant le pauvre chef d'escadron, qu'il venait de dire avoir été étranglé; son esprit en fut bouleversé; mais, se remettant bientôt, et ne se méprenant pas sur les motifs qui amenaient cet officier chez le commandant de la place, il rentra précipitamment dans le cabinet de Davout, et lui dit : « Je vois
« que l'on sait tout, puisque D... est là; on m'a
« trompé; je t'en prie, mène-moi de ce pas chez

« le premier consul. » Davout y consentit. Le général *** se jeta aux pieds du chef de l'État, avoua tout, et fixa par cette démarche sa position présente qui vacillait, et prépara sa position à venir. Il appartint dès-lors au premier consul, pour lequel il affecta un dévoûment exclusif. Quant au chef d'escadron, il avait peu de choses à ajouter aux révélations qui étaient déjà connues. Il accepta la proposition que lui fit Davout. Il se rendit à Londres, séjourna long-temps dans cette capitale, et ne la quitta que lorsqu'il eut des renseignemens précis sur un projet qui avait pour but d'abattre le premier consul. Il rejoignit le maréchal au camp d'Ostende, et lui dévoila le complot, qu'on essaya de mettre à exécution à quelques mois de là. Il vécut quelque temps tranquille; mais la nature l'emporta, il reprit ses premières habitudes, et devint l'objet d'une surveillance sévère. Des ordres rigoureux avaient même été donnés pour le cas où il serait aperçu rôdant autour du premier consul. Depuis on essaya plusieurs fois de le placer; mais l'âge n'avait pas mûri sa tête, il ne put se tenir nulle part. Il joua la victime en 1814, en 1815, etc., etc...... L'histoire dira le reste.

A l'époque où se passèrent les faits dont je viens de parler, le premier consul venait de s'établir au palais de Saint-Cloud, qu'il avait fait réparer, pour jouir de la facilité d'une promenade qui s'y trouvait de plain-pied avec son cabinet, et être plus près de Paris que ne l'était la Malmaison ; ce qui était important pour tous ceux qui avaient des communications journalières avec lui.

## CHAPITRE XXX.

Discussions du Code civil. — Tribunat. — Exposition des produits de l'industrie. — Canal de l'Ourcq.

Ce fut à la fin de mars 1802 qu'une commission du conseil d'État, composée de MM. Tronchet, Portalis père, Merlin de Douai et autres, sous la présidence du second consul Cambacérès, fut chargée de présenter le projet du Code civil; le premier consul fit ouvrir les discussions sur cette grave matière par le conseil d'État. Ce corps tenait ordinairement trois séances par semaine : elles commençaient à deux heures, et finissaient à quatre ou cinq; mais cet hiver le conseil ne se sépara jamais qu'il ne fût huit heures du soir, et le premier consul ne manqua pas une seule de ses séances.

Jamais il ne s'était tenu un cours de droit public de cette importance. Le conseil d'État comptait, à cette époque, une foule d'hommes dans la maturité de l'expérience et la force de l'âge : aussi la discussion était-elle profonde, lumineuse, empreinte du cachet de la méditation.

Le premier consul s'intéressait si vivement à ces débats, que le plus souvent il retenait quelques conseillers d'État pour dîner, et reprendre ensuite la discussion. S'il rentrait seul, il restait dix minutes à table, et remontait dans son cabinet, d'où il ne sortait plus.

Quand il n'avait pas été au conseil d'État, il allait à l'Institut, où je l'ai quelquefois accompagné. Cette société s'assemblait alors au Louvre. Il se rendait à la séance par la galerie du Muséum; et, lorsqu'elle était finie, il retenait quelquefois un ou deux membres, s'asseyait sur une table comme un écolier, et entamait une conversation qui se prolongeait souvent fort avant dans la nuit. En général, quand il rencontrait quelqu'un qui lui convenait, le temps coulait sans qu'il s'en aperçût.

La rédaction du Code civil achevée, ce grand travail fut porté avec les formalités ordinaires à la discussion du Tribunat. On avait déjà eu plusieurs occasions de s'apercevoir que ce corps deviendrait tôt ou tard un obstacle à la marche administrative du gouvernement. Quoique généralement composé d'hommes d'un mérite reconnu, il s'était mis en hostilité avec le conseil d'État. Il avait quelquefois montré une opposition qui tenait peut-être plus à l'esprit de corps et à la rivalité de talens qu'à l'intrigue et à une tendance à l'exagération.

Le premier consul avait été prévenu de cette

disposition; mais elle était si peu raisonnable, qu'il refusait d'y croire. Il fit, comme je l'ai dit, faire la communication. Il ne tarda pas à se convaincre qu'il avait mieux auguré de ce corps qu'il ne méritait. La discussion fut aigre, passionnée, minutieuse. On ne put plus se promettre de faire passer le Code sans le mutiler. Le besoin de ce grand travail était vivement senti; mais, comme il était à craindre que la même opposition ne se manifestât au Corps Législatif, et ne frappât ainsi de discrédit le premier œuvre de la législation consulaire, on retira le projet. Les élections amenèrent des hommes plus sages au Corps Législatif. Le Tribunat, qu'on avait eu la prudence de réduire de moitié, revint lui-même à un système moins hostile. Le Code fut reproduit et adopté.

Le premier consul abolit plus tard le Tribunat; et, comme il en voulait non aux membres, mais à l'institution qui n'était propre qu'à entraver sa marche, il plaça tous les tribuns, qui, pour la plupart, furent des administrateurs remarquables et tous des hommes distingués.

Je lui ai quelquefois entendu dire au sujet de ceux dont il était le plus satisfait : « Eh bien ! « voyez; au Tribunat, il aurait été opposé à ce « qu'il fait aujourd'hui mieux qu'un autre. Voilà « ce que produit l'esprit de corps. Il faut conve-

« nir, ajoutait-il à cette occasion, que les hommes
« ne sont en général que des enfans. »

Depuis que le premier consul gouvernait, il s'était fait dans toutes les branches administratives un travail prodigieux, et cependant les créations continuaient encore. On forma l'administration des eaux et forêts, qui arrêta le pillage des bois, et lui substitua un mode d'exploitation sage et raisonné; on établit des lycées; on doubla les moyens d'instruction gratuite, que plus tard on compléta par l'organisation d'un corps enseignant; on fit des agens-de-change; on recréa la loterie, qui anéantit une multitude de petites loteries, de banques particulières tout aussi ruineuses pour le public et stériles pour l'État; enfin, on institua les droits-réunis.

Le ministre de l'intérieur, M. Chaptal, protégeait, stimulait les manufactures et tout ce qui tenait à l'industrie avec un zèle qui ne laissait rien à désirer. C'est lui qui imagina d'établir, dans chaque département et plus tard à Paris, des muséum d'exposition où l'on apporterait, à une époque fixe, les produits de l'industrie nationale. Cette heureuse conception fut aussitôt réalisée. L'exposition eut lieu, et montra les inconcevables progrès qu'avaient faits les arts pendant un espace de temps qu'on n'avait cru fécond qu'en calamités. M. Chaptal rendit, dans cette circonstance, un service signalé à la nation; il ouvrit les yeux à une foule d'incrédules qui s'obstinaient à mettre nos fabricans au-dessous de ceux de l'étranger. La comparaison les convainquit. Ils furent obligés de s'avouer que des produits qu'ils achetaient comme de fabrique anglaise, sortaient de nos ateliers, étaient confectionnés par les ouvriers dont ils contestaient l'aptitude. Ce fut par des moyens aussi simples qu'il fit cesser les petites supercheries de quelques fabricans, qui ne rougissaient pas d'employer une estampille étrangère pour mieux écouler leurs produits. Il ne mérita pas moins bien de l'agriculture. Il fonda les prix qu'on décerne encore dans les départemens aux plus belles productions agricoles. Avec le temps et de pareilles institutions, un pays ne peut manquer d'obtenir de grandes améliorations et parvenir à la prospérité. Au reste, tous les actes de l'administration de M. Chaptal portaient le cachet d'un patriotisme éclairé, comme ceux de sa vie privée portent celui d'un homme de bien.

Il ne se passait guère de semaine que le premier consul n'allât visiter quelques établissemens. Il ne songeait qu'à embellir, améliorer, administrer; il traçait des canaux, ouvrait des routes, ou rétablissait celles de l'ancienne France, qui avaient été totalement négligées pendant la révolution. Le chef de l'État avait donné l'impulsion : tout était en mouvement d'un bout de la république à l'autre. On réparait, on réédifiait, on travaillait, comme on fait après un naufrage pour remettre à flot le bâtiment qu'un pilote inhabile a échoué.

A Lyon, on rétablissait la place Bellecour ; à Paris, on déblayait le Louvre, on nettoyait le Carrousel, on restaurait les monumens publics ; on rendait au culte les temples échappés à la destruction, on relevait ceux qu'une fureur insensée avait fait abattre.

Les ports, les canaux, toutes les constructions marchaient de front. On ne concevait pas comment le premier consul pouvait faire face aux dépenses que tant d'entreprises exigeaient ; on s'étonnait, on criait au miracle : le miracle était simple, c'était celui de l'ordre et de la probité. Je m'explique.

Avant le 18 brumaire, les receveurs-généraux retenaient les deniers publics, sous le prétexte que leurs recettes éprouvaient des lenteurs. Ainsi, privé de rentrées fixes et hors d'état de connaître jamais le juste état de ses caisses, le ministre des finances était obligé de faire le service avec des traites sur les receveurs-généraux à une date plus ou moins reculée. Ces traites passaient dans le commerce ; mais, comme on ne croyait pas plus à la solidité qu'à la bonne foi du gouvernement, elles altéraient journellement la confiance que l'on aurait voulu chercher à mettre dans le crédit public. Les receveurs-généraux profitèrent de ce cruel état de choses; ils se firent banquiers, achetèrent les effets qu'ils devaient solder, et réalisèrent des bénéfices énormes. Ces scandaleux trafics avaient disparu avec le gouvernement qui les tolérait. M. Gaudin en avait fait justice en prenant la direction des finances. En voyant la hausse des fonds publics, on criait à la magie; cette magie était la probité et le retour de l'ordre; l'économie présidait à la perception de l'impôt. Aucun fonds n'était détourné, aucune valeur n'était avilie : le crédit, la confiance, s'étaient rétablis partout.

Une autre entreprise, qui était tout entière dans l'intérêt de la capitale et du commerce, signala encore cette année. On projetait depuis long-temps la construction d'un canal qui rassemblât les eaux de la rivière de l'Ourcq, et les amenât dans Paris; mais les travaux qu'il exigeait étaient immenses, on avait toujours reculé devant les difficultés que présentait l'exécution. On avait cependant essayé quelques ébauches d'après les plans de M. Girard, que le premier consul avait eu occasion d'apprécier en Égypte; mais l'opposition avait été si vive, que tout avait été abandonné, lorsqu'il prit fantaisie au chef de l'État d'aller chasser (1) dans la forêt de Bondi.

La meute qu'il suivait le mena dans les travaux du canal, qui se trouvaient en partie entravés dans cette forêt; sur-le-champ il laissa là les chiens, et nous ordonna de le suivre : il ne pensait déjà plus à la chasse. Il fit lui-même la reconnaissance des travaux déjà achevés, et comme il avait été long-temps auparavant faire celle de tout le cours de la rivière de l'Ourcq, ainsi que celle du canal projeté dans toute sa longueur, les contradictions qui en avaient fait suspendre les travaux revinrent à son esprit : sans rejoindre la chasse, il retourna de suite à Paris, et donna des ordres pour la réunion aux Tuileries, le soir même, de tous les ingénieurs des ponts-et-chaussées qui étaient pour et contre le projet. Il les mit en présence, suivit attentivement la discussion, trouva les objections faibles, les réponses péremptoires, et ordonna sur-le-champ la reprise des travaux, qui furent conduits avec célérité, mais qu'il n'eut pas la satisfaction de mener à terme.

(1) Les médecins avaient ordonné cet exercice au premier consul. Il avait alors une *petite* meute de chasse, mais qui n'avait rien de semblable à ce qu'on voit aujourd'hui.

## CHAPITRE XXXI.

Suppression du ministère de la police.—Le général Rapp. — Médiation helvétique. — Intérieur des Tuileries. — Anecdote.

L'ÉTAT de paix dans lequel on vivait avait peu à peu amorti la défiance. Le premier consul avait rayé de la liste des émigrés tous ceux qui avaient demandé cette grâce : il les avait même mis en possession de la partie de leurs biens qui n'avait pas été vendue et se trouvait encore sous le séquestre national. Sa facilité multiplia les démarches. Il fut obligé de prendre une mesure générale pour couper court aux réclamations qui l'assiégeaient. Il eut d'abord dessein de faire rapporter la loi sur l'émigration ; mais on lui démontra que cette mesure aurait des conséquences pires que le mal auquel il voulait remédier. Un premier arrêt du conseil d'État excepta de la liste des émigrés les ecclésiastiques qui avaient subi la déportation, les enfans au-dessous de seize ans, les laboureurs, artisans, etc.; un senatus-consulte de 1802 les amnistia. Le premier consul fit ensuite dresser une liste de ceux que leurs antécédens ou leur naissance constituaient en état d'hostilité avec les lois nouvelles, et raya les autres en masse.

La suppression du ministère de la police devint la conséquence de cette détermination : il n'y avait plus besoin de surveillance là où il n'y avait plus rien à surveiller. On saisit cette occasion pour essayer de démontrer au premier consul que cette autorité ne pouvait plus subsister sans de graves inconvéniens pour la popularité comme pour la considération dont il cherchait à entourer son pouvoir. La tolérer encore, c'était fournir des prétextes à la calomnie, faire suspecter les intentions du gouvernement. Le premier consul eut l'air de se laisser persuader, et ne fut peut-être pas fâché d'essayer ce que personne n'avait osé tenter avant lui, de maintenir l'ordre avec les tribunaux et la gendarmerie. M. Fouché était furieux contre M. de Talleyrand, qu'il regardait comme l'auteur d'une mesure qui l'éloignait à la fois du conseil et le privait du ministère, qu'il regardait comme un apanage inamovible. Aussi usa-t-il de représailles; il jeta des soupçons sur la fidélité, les intentions politiques du ministre des relations extérieures, et employa mille moyens de les faire parvenir aux oreilles du premier consul, qui, malheureusement pour lui et pour M. de Talleyrand, leur donna plus d'importance qu'ils n'en méritaient. Le ministère de la police fut néanmoins supprimé, et M. Fouché entra au sénat conservateur.

M. Abrial, qui avait le portefeuille de la justice, y fut également nommé. Le premier consul réunit les deux ministères sous la dénomination de ministère du grand-juge, qu'il confia à M. Reignier, qui était conseiller d'État : il lui adjoignit M. Réal, qu'il chargea de la direction de tout ce qui se rattachait à la sûreté générale, ou qui exigeait des informations qu'un procureur-général aurait conduites le plus souvent d'une manière imparfaite. Les choses marchèrent d'abord assez bien. On était fatigué de guerre, de dissensions; chacun aspirait au repos et cherchait à réparer les pertes qu'il avait faites. Personne ne songeait à troubler une situation prospère qui n'était due qu'à la concentration du pouvoir.

Les Suisses étaient encore régis par le gouvernement que le Directoire de France leur avait imposé; mais l'exaspération que causait un pouvoir assis sur les ravages de l'étranger était au comble. De toutes parts, on courut aux armes : ce ne fut partout que trouble et confusion, et l'orage, qui se calmait chez nous, souffla avec violence en Suisse. Les partis ne tardèrent pas à en venir aux mains.

Celui qui repoussait le Directoire était si nombreux, qu'il anéantit l'autre en un instant. Les vaincus se prévalurent aussitôt d'un traité conclu avec la France, et réclamèrent l'assistance du premier consul. Sa position était délicate; il ne voulait ni laisser la guerre civile s'allumer, ni opprimer l'indépendance helvétique : il venait cependant de faire entrer en Suisse le général Ney avec un corps de troupes, et en même temps de faire arrêter Reding, instigateur de troubles. Il dépêcha en toute diligence son aide-de-camp Rapp, qui arriva comme un envoyé de la Providence au moment où l'on allait en venir aux mains. Rapp, avec une rare présence d'esprit, descend de sa voiture, se place entre les deux armées, déclarant à haute voix et en allemand qu'il était autorisé à déclarer ennemi du peuple français celui des deux partis qui commencerait le feu, et qu'il avait l'ordre de faire entrer de nouvelles troupes françaises sur le territoire suisse. Sa fermeté imposa d'autant plus, que l'un et l'autre parti avait les mêmes conséquences à redouter d'une seconde invasion. Ils se rapprochèrent, convinrent d'assembler les cantons et de remettre leurs différends à la médiation du premier consul.

Celui-ci accepta; il accueillit la députation qui vint lui exposer les vœux, les besoins d'un peuple que l'inquiétude du Directoire avait fait courir aux armes, et nomma une commission de sénateurs, au nombre desquels se trouvait Fouché, pour discuter avec elle la constitution qui convenait aux peuples des montagnes qu'elle représentait.

L'acte constitutionnel fut promptement arrêté. La députation, satisfaite, pria le premier consul de conserver le titre de médiateur qui lui avait été déféré. Le pays recouvra la tranquillité qu'il avait perdue, sans qu'elle coûtât une seule goutte de sang; et le célèbre M. de La Harpe (1), qui l'avait régi sous le nom de directeur, vint fixer sa résidence à Paris.

L'hiver qui suivit la conclusion de la paix fut remarquable par l'affluence des étrangers de distinction; ils accouraient de toutes parts en France. Cependant tel avait été le récit qu'on leur avait fait de nos discordes, qu'ils croyaient la capitale à moitié dévastée. Ils furent étrangement surpris de ne trouver aucune trace de destruction, et d'entendre dire de toutes parts que la ville était plus belle qu'avant les troubles dont on leur avait fait un si triste tableau.

Le cérémonial n'était pas réglé. Madame Bonaparte ne recevait personne; elle craignait de

---

(1) Ancien instituteur de l'empereur Alexandre.

se voir compromise par les prétentions que pourraient élever quelques dames étrangères dans un palais qui était encore sans étiquette, ou de les blesser elles-mêmes par l'exigence que lui inspirait son rang : aussi n'y avait-il rien de plus monotone alors que le château des Tuileries. Le premier consul ne quittait pas son cabinet; madame Bonaparte était obligée, pour tuer le temps, d'aller tous les soirs au théâtre avec sa fille, qui ne la quittait pas. Après le spectacle, dont le plus souvent elle n'attendait pas la fin, elle revenait terminer sa soirée par un whist, ou, s'il n'y avait pas assez de monde, par une partie de piquet, qu'elle faisait avec le second consul, ou quelque autre personnage de cette gravité.

Les femmes des aides-de-camp du premier consul, qui étaient de l'âge de madame Louis Bonaparte, venaient lui tenir compagnie. C'étaient chaque jour les mêmes personnes, les mêmes jeux : la semaine s'écoulait de la même manière à la Malmaison qu'à Paris. Le second consul recevait les fonctionnaires ainsi que les membres de la magistrature; sa maison était la seule où l'on rencontrait une partie de la représentation du gouvernement. Les étrangers, de leur côté, remplissaient les salons, dont M. de Talleyrand seul leur faisait les honneurs.

Ce fut dans le cours de cet hiver que le premier consul fit arrêter et mettre au Temple M. T\*\*\*, qui revenait d'Angleterre par la Hollande. L'arrestation fut représentée comme tyrannique. Voici cependant ce qui la détermina.

Ancien membre du parlement de Paris, M. T\*\*\* avait mené une vie fort agitée depuis qu'il avait quitté la France : il avait successivement séjourné en Angleterre, en Allemagne, et avait fini par se réfugier en Amérique. Il n'y avait pas plus trouvé le repos qu'ailleurs. Mais ses opinions étaient tout pour lui ; il aima mieux souffrir que d'en faire le sacrifice. Il était dans cette pénible situation, lorsqu'il apprit les événemens qui suivirent le retour du général Bonaparte. Las de courir le monde, et pressé de revoir ses enfans, il se décide à repasser en Europe. Il rencontre, à bord du bâtiment qu'il montait, des Hollandais de Surinam, se lie avec eux, apprend que la colonie, fatiguée d'appartenir à un gouvernement qui ne peut plus la protéger, envoie négocier, c'est-à-dire inviter le ministère anglais à venir prendre possession de l'établissement. Ils ne connaissaient personne à Londres, et auraient cependant voulu que leur mission fût ignorée de la Hollande, dont ils étaient si près, et où ils avaient des relations. M. T\*\*\* les tira d'affaire ; il avait d'anciennes liaisons en Angleterre ; il se mit en rapport avec le gouvernement, et fit si bien, que les Hollandais obtinrent sans bruit la protection qu'ils sollicitaient.

Le ministère, à qui cette intrigue livra Surinam, en usa généreusement avec celui qui l'avait conduite, en sorte que M. T*** vit à la fois la France s'ouvrir devant lui et sa fortune se rétablir. La négociation qu'il avait faite avait amené une sorte d'intimité entre le ministère et lui. Pitt le consulta sur la confiance que méritait un ambassadeur français qui venait de lui adresser un mémoire sur les moyens de restreindre la puissance du premier consul.

M. T***, qui avait connu ce personnage avant son émigration, s'imagina, d'après cette ouverture, qu'il était resté fidèle aux principes qu'il professait alors, et en rend bon compte au ministre. Sur cette assurance, Pitt lui confie le mémoire; T*** le parcourt, retrouvé ses opinions, et se persuade qu'il peut compter sur son ancien ami. Il se rend aux lieux qu'il habite; il va le voir, lui compte sa bonne et mauvaise fortune, et lui demande son appui. Il reçoit les plus belles promesses; mais il démêle, à travers la conversation, des principes politiques tout-à-fait contraires à ceux qu'il attendait. « Quoi! à moi! lui dit T***; mais j'ai lu ton mémoire; je sais ce que tu penses; Pitt me l'a confié. »

Le diplomate nia le fait, redoubla de caresses, d'offres de service. L'émigré crut à ses protestations, et se mit en route pour Paris ; mais il avait été signalé à la police comme un agent anglais, qui arrivait avec des sommes considérables. Son bienveillant ami avait eu soin de divulguer la part qu'il avait prise à l'intrigue de Surinam.

Le premier consul dut le faire arrêter. Le chagrin, l'irritation que cause toujours la perfidie, mirent promptement T*** au tombeau. Il mourut avec l'amertume d'un homme qui succombe sous les trames d'un faux ami.

## CHAPITRE XXXII.

Première réception de la cour consulaire. — Vive allocution du premier consul à l'ambassadeur anglais. — Calculs et espérances de l'Angleterre.

On établit enfin vers le mois de mars 1802 un peu d'étiquette, et l'épouse du chef du gouvernement eut autour d'elle des dames, des officiers civils chargés de veiller à la représentation. Les dames ne furent d'abord qu'au nombre de quatre, mesdames de Rémusat, de Thalouete, de Luçay, et madame de Lauriston, dont le premier consul faisait un cas particulier. Les quatre officiers civils du palais consulaire furent MM. de Cramayel, de Luçay, Didelot et de Rémusat.

Cette cour n'avait encore que quelques mois d'installation, lorsque les étrangers furent reçus pour la première fois. La réception eut lieu dans les appartemens de madame Bonaparte, au rez-de-chaussée, sur le jardin. Elle fut nombreuse, composée de tout ce que nos voisins avaient de plus aimables femmes, qui y parurent avec un luxe de pierreries dont notre cour naissante n'avait pas encore d'idée. Le corps diplomatique y assista tout entier. Enfin l'affluence fut telle, que les deux salons du rez-de-chaussée purent à peine suffire au concours que cette cérémonie avait attiré. Quand tout fut prêt, que chacun eut pris sa place, madame Bonaparte entra, précédée du ministre des relations extérieures, qui lui présenta les ambassadeurs étrangers. Elle fit ensuite le tour du premier salon, toujours précédée par le ministre, qui lui nommait successivement chacune des personnes qui se trouvaient sur son passage. Elle achevait de parcourir le second, lorsque la porte s'ouvrit tout à coup, et laissa voir le premier consul, qui se présentait au milieu de cette brillante assemblée. Les ambassadeurs le connaissaient déjà; mais les dames l'apercevaient pour la première fois. Elles se levèrent spontanément et avec un mouvement de curiosité très prononcé. Il fit le tour de l'appartement, suivi des ambassadeurs des diverses puissances, qui se succédaient l'un à l'autre, et nommaient les dames de leurs pays respectifs.

Ce fut dans une de ces réceptions qu'il laissa éclater plus tard l'humeur que lui donnait la conduite de l'Angleterre. Il venait de lire les dépêches de son ambassadeur à Londres, qui lui envoyait la copie d'un message que le roi avait transmis au parlement, sur de prétendus armemens qui avaient lieu dans les ports de France.

Tout préoccupé de la lecture qu'il venait de faire, il ne passa pas ce jour-là dans le second salon, et fut droit aux ambassadeurs. J'étais à quelques pas de lui, lorsque, s'arrêtant devant l'ambassadeur d'Angleterre, il l'interpelle avec vivacité : « Que veut donc votre cabinet? que « signifient ces bruits d'armemens dans nos « ports? Peut-on abuser ainsi de la crédulité des « peuples, ou ignorer à ce point ce qui nous « occupe? On doit savoir, si l'on connaît le véri- « table état des choses, qu'il n'y a en appareil- « lage que deux bâtimens de transport qui sont « destinés pour Saint-Domingue ; que cette co- « lonie absorbe toutes nos pensées, tous nos « moyens. Pourquoi donc ces plaintes? Est-on « déjà las de la paix? Faut-il encore ensanglanter « l'Europe? Des préparatifs de guerre ! nous im- « poser ! On pourra vaincre la France, peut-être « même la détruire ; mais l'intimider, jamais ! »

L'ambassadeur salua respectueusement, et ne répondit pas un mot. Le premier consul s'éloigna ; mais, soit que cette sortie l'eût un peu échauffé, soit toute autre cause, il n'acheva pas le tour, et rentra dans ses appartemens. Madame Bonaparte suivit ; le salon fut vide en un instant. Les ambassadeurs de Russie et d'Angleterre s'étaient retirés dans l'embrasure d'une fenêtre. Ils s'entretenaient encore, qu'il n'y avait plus personne dans les appartemens. « Ma foi, disait le « premier au second, vous ne pouviez vous attendre à cette sortie, ni par conséquent être « préparé à y répondre ; il faut vous borner à en « rendre compte, et en attendant vous conduire « en conséquence. »

Il le fit. Les communications devinrent froides, réservées. La résolution de l'Angleterre était prise, l'aigreur ne tarda pas à se manifester.

On échangea des notes; on demanda des explications catégoriques, et enfin des passe-ports. Le premier consul les accorda sur-le-champ. J'étais à Saint-Cloud, dans son cabinet, lorsqu'on introduisit M. Maret, qui apportait la rédaction de la réplique dont il voulait les accompagner. Il la fit lire à haute voix, et dit, à cette occasion, des choses bienveillantes sur le caractère personnel de lord Withworth, qu'il estimait beaucoup. Il était persuadé que, dans cette circonstance, il n'avait pris aucune part à la conduite de son gouvernement.

Quelques points étaient restés en litige depuis le traité d'Amiens ; Malte, d'après les stipulations, devait être restitué à l'ordre de Saint-Jean de Jérusalem. L'Angleterre s'y refusa, parce que cette possession lui assurait la domination de la Méditerranée. La France attendait de même l'évacuation du cap de Bonne-Espérance et celle de l'Égypte, d'après les engagemens contractés par l'Angleterre. La France avait strictement exécuté les siens.

Il y avait de la dérision à arguer de nos armemens maritimes pour nous faire la guerre, lorsqu'il était notoire qu'ils ne pouvaient pas suffire à alimenter la colonie de Saint-Domingue. C'était le génie du premier consul, et la prospérité qu'il procurait à la France qui effrayaient l'Angleterre. Elle l'avait jugé, et lui avait voué dès-lors une guerre à mort. Il fallait bien que l'on fût résolu de la recommencer dans une circonstance opportune pour avoir donné pour prétexte l'état de ses armemens.

Il eût été, je crois, plus conforme à la vérité de dire que le vrai motif de cette guerre était, au contraire, le désarmement complet de la France, parce qu'il offrait des chances de succès, et que la circonstance opportune qu'on était résolu d'attendre en signant la paix, était enfin arrivée.

Je me suis confirmé dans cette opinion, lorsque plus tard je suis entré dans les affaires, et d'après les observations que j'ai eu occasion de faire dans différentes positions où j'ai été placé.

Après la bataille de Zurich, gagnée par Masséna, les Russes ne parurent plus prendre de part active aux événemens de la guerre en Allemagne ni en Italie; et les rapports qui s'établirent entre l'empereur Paul et le premier consul, ayant été suivis de la paix entre les deux pays, les Russes disparurent des champs de bataille. La Prusse gardait, depuis le traité de Bâle, la plus stricte neutralité.

L'Autriche était restée seule sur le champ de bataille; l'Angleterre, à la vérité, lui avait promis l'alliance de la guerre civile en France, mais le premier consul avait triomphé des efforts qu'elle faisait pour l'entretenir. Il avait conduit en Italie toutes les troupes républicaines que la pacification de l'Ouest rendait disponibles. L'Empereur était hors d'état de soutenir la lutte; et si l'armée du Rhin, victorieuse à Hohenlinden, eût été en des mains plus habiles, Vienne était occupée. Aussi l'Autriche s'était-elle empressée de conjurer l'orage; elle avait souscrit à la paix, parce qu'elle ne pouvait, sans s'exposer à sa ruine, prolonger la guerre. Ainsi, de tous les ennemis de la France, l'Angleterre était le seul dont les forces physiques et morales fussent encore dans toute leur vigueur. Cette situation tenait à des circonstances qu'il n'est pas inutile de développer.

Les États du continent reposent tous sur l'agriculture, et ne fleurissent qu'autant qu'elle est prospère. L'Angleterre est assise sur une autre base; elle est fondée sur le commerce, et n'a, pour alimenter sa puissance, que les ressources qu'il lui fournit. Il résulte de là qu'étendre le premier, c'est augmenter la seconde, et qu'accroître la seconde, c'est développer le premier. Tout ce qui désole les autres nations de l'Europe, tout ce qui éteint l'industrie, ce qui entrave le négoce, la guerre, les prohibitions, font la prospérité de l'Angleterre. Elle méconnaît les droits des pavillons, surprend, enlève les bâtimens qui mettent en mer, et oblige, à force de violences, les peuples du continent de s'approvisionner chez elle. Seule à la fin pour acheter, fabriquer et vendre, elle est maîtresse de tous les prix, en possession de tous les marchés. L'état de guerre, qui est ruineux pour les autres nations, fait sa prospérité : aussi ne manqua-t-elle jamais une occasion de pousser l'Europe sur les champs de bataille.

Une calamité pour l'Angleterre, et qui lui porterait un coup funeste, serait une paix raisonnable; mais comment l'y contraindre avec les passions et les convoitises des cabinets? Elle a pour elle la séduction. Ce moyen la soutiendra long-temps.

Lors de la paix de Lunéville, les agens de cette puissance, qui cherchaient partout des ennemis à la France, un tarif à la main, s'étonnaient de trouver les nations du continent rebutées d'une guerre qui n'avait été pour elles qu'une suite de désastres. Ils leur promettaient des subsides plus abondans encore que ceux qu'elles avaient eus. Ces offres furent inutiles. Le continent était las; il fallut renoncer à l'espoir de perpétuer la guerre, et souscrire à ce qu'on ne pouvait empêcher. Cette transaction n'était d'ailleurs qu'une trève qui devait compliquer la position du premier consul. Le gouvernement anglais s'était fait une fausse idée de l'état intérieur de la France. Il s'était persuadé, sur la foi de cette foule de misérables qu'il entretenait parmi nous, que la paix consommerait ce que la guerre n'avait pu faire.

Il avait admis comme principe que le pouvoir du premier consul ne parviendrait pas à se consolider; qu'il n'était pas moral, et reposait uniquement sur la force des baïonnettes. S'il souscrivait à la paix, son adversaire, hors d'état de solder cette masse de troupes, serait obligé de désarmer et s'affaiblirait d'autant. On éveillerait les ambitions particulières, on ranimerait la guerre civile, et la puissance consulaire, placée entre les ruines que la révolution avait faites, et les résistances qu'on lui ménagerait, ne pourrait rétablir ses finances. Elle serait obligée de pressurer, de mécontenter le peuple, ou de peser sur les étrangers, de recourir à des spoliations qui rameneraient la guerre.

Une autre considération : le peuple français était devenu indifférent aux contestations qui ne concernaient que le pouvoir; il était désormais impossible de le mettre en mouvement.

Tout promettait la chute du pouvoir consulaire; il ne s'agissait que de bien engager l'attaque. Or, jamais circonstances ne seraient plus favorables, puisqu'il aurait désarmé.

Les choses avaient été, depuis la paix, précisément en sens inverse de ce qu'attendait le ministère anglais. La Vendée était restée soumise; le premier consul, devenu plus populaire, avait poursuivi ses travaux. Il avait relevé ce que les orages politiques avaient abattu, développé des branches d'industrie inconnues jusque-là parmi nous. Son administration était rapide, uniforme; partout on bénissait l'heureuse étoile qui l'avait ramené. Les fonds publics étaient à la hausse; aucune ambition rivale ne s'était montrée; rien de ce qu'avait espéré l'Angleterre ne s'était réalisé, si ce n'est le désarmement, qui, à la vérité, était complet.

## CHAPITRE XXXIII.

Situation de l'armée. — Le général Marmont. — Dons patriotiques. — Conscription. — Occupation du Hanovre. — Voyage de Napoléon en Belgique. — La descente en Angleterre est arrêtée.

Le premier consul s'était flatté que la paix serait durable. Il se le promettait d'autant plus, qu'on affectait de répandre que, de tous les États, la France était le seul qui fût à craindre. Enfin telle était sa bonne foi, qu'il avait fait donner des congés absolus à tous les soldats qui en demandaient; et ceux-ci avaient si largement profité de la disposition, que la plupart des régimens d'infanterie se trouvaient à peu près réduits à leurs cadres. Ils eussent même été dissous, si les officiers, qui avaient perdu l'habitude du travail, n'avaient eu besoin de leur solde pour exister.

La cavalerie, proportion gardée, était encore dans un état plus fâcheux : elle était réduite à rien, ou peu s'en faut. Des régimens de cuirassiers, le 6$^e$, entre autres, étaient hors d'état de fournir trois escadrons de soixante-quatre hommes chacun. Le train d'artillerie, et à plus forte raison les équipages militaires, n'existait plus. On n'avait cherché partout qu'à faire des économies.

Le matériel de l'artillerie était de même fort loin de se trouver en bon état. Le général Marmont, qui avait été nommé premier inspecteur de cette arme, venait d'y introduire des idées nouvelles qui auraient exigé la refonte de toutes les pièces de campagne, ainsi qu'une reconstruction totale des caissons et des affûts. Tout avait été conduit dans les grands établissemens, où déjà on avait commencé à scier les pièces pour les jeter dans les fourneaux; aucun des élémens dont se compose une armée n'était prêt, ni même sur le point de l'être.

Or, je le demande, cet état pouvait-il exciter les alarmes de nos voisins; ou plutôt n'était-ce pas cet état qui avait ranimé l'espérance de nos ennemis, qui leur avait fait reprendre des armes qu'ils n'avaient déposées qu'à regret? N'était-ce pas évidemment une combinaison arrêtée pour prendre la France au dépourvu, et rassurer les vieilles aristocraties menacées par la consolidation du nouvel ordre social établi parmi nous, comme par le pouvoir qu'il avait concentré dans une seule main? La rupture du traité d'Amiens ne pouvait avoir d'autre cause, et le premier consul conserva long-temps de l'humeur de ce que son ministre des relations extérieures l'avait entretenu dans une fausse sécurité, ou du moins n'avait pas pénétré les trames qui s'ourdissaient autour de lui. Jamais il ne lui avait été si important d'être bien informé, et la réputation dont jouissait le ministre ne fut pas justifiée dans cette circonstance.

En France, où tout le monde était témoin de l'ardeur avec laquelle le premier consul travaillait à des choses qui ne pouvaient convenir qu'à un état de paix, on repoussa avec indignation les imputations de l'étranger, qui accusait ses projets d'agression. Il était trop notoire qu'il n'avait porté l'activité de son génie que vers l'administration, les manufactures et les développemens à donner à l'industrie. Mais ces soins exclusifs, qui le justifiaient aux yeux des peuples, avaient failli tout compromettre. Comme il ne rêvait que repos et améliorations intérieures, il avait signé, sans le lire, l'arrêté que le ministre de la guerre (c'était le général Berthier) lui avait présenté, comme celui-ci l'avait reçu de son côté, sans défiance, du général Marmont, dont il connaissait le dévoûment et la capacité; en sorte que la destruction de toute l'artillerie de campagne se poursuivait à l'insu du premier consul, lorsque des cris de guerre vinrent tout à coup retentir à ses oreilles.

On juge aisément de l'humeur que lui donna une contrariété si fâcheuse. Il envoya chercher le ministre de la guerre, manda Marmont avec une vivacité que je lui ai rarement vue. Ils arrivèrent bientôt : je les annonçai, mais ni l'un ni l'autre ne voulait entrer le premier. Il fut obligé de les appeler. « En vérité, leur dit-il, si vous « n'étiez pas mes amis, je croirais que vous me « trahissez. Envoyez promptement dans les arse- « naux, dans les fonderies ; que l'on suspende « vos désastreux projets, et mettez-moi sur pied « le plus d'artillerie qu'il vous sera possible. »

Il avait à se plaindre de ses deux plus anciens compagnons de gloire ; mais il sentit sa colère s'apaiser à la vue de l'embarras qu'ils éprouvaient.

La marine n'était pas dans un état moins défavorable. Ce qu'elle avait encore de matelots avait été prendre possession des colonies qui nous avaient été rendues. Une bonne partie des bâtimens qu'elle avait armés y étaient encore en commission. Elle venait de faire appareiller la flottille chargée de recevoir le petit comptoir que nous avions recouvré aux Indes orientales. Ainsi, par une fatalité singulière, elle avait fait sortir des vaisseaux au moment même où il devenait dangereux de mettre en mer, sous quelque face qu'on envisageât notre position militaire ; à cette époque, on n'apercevait aucun motif d'agression : aussi crut-on généralement que l'Angleterre n'avait repris les armes que parce que les progrès de notre industrie ne l'alarmaient pas moins que nos principes politiques ne l'irritaient.

Le premier consul fut vivement contrarié de cette rupture qui l'obligeait à ajourner tous ses projets d'améliorations intérieures pour se livrer de nouveau à des combinaisons de guerre. Elles exigeaient des fonds immenses; il fallut suspendre des travaux utiles pour assurer les besoins de la défense à laquelle on le condamnait.

Les difficultés qu'il avait à vaincre étaient inouïes, et faites pour arrêter un autre esprit que le sien; mais plus elles étaient grandes, plus il mettait de gloire à en triompher. Si quelquefois il éprouva de l'embarras, il ne le laissa du moins jamais apercevoir. Anvers était encore dans l'état où il l'avait reçu; les travaux projetés pour en faire un port de guerre n'étaient pas commencés; aucune construction navale n'avait été faite, les matériaux nécessaires n'étaient pas encore achetés.

Le premier consul avait alors l'excellente habitude de faire connaître à la France sa véritable position. Les premiers comptes de son administration qu'il rendit au Corps-Législatif avaient répandu partout l'espérance et la satisfaction. Il répéta ce qui lui avait si bien réussi. Il exposa aux corps constitués les diverses communications qui avaient précédé la rupture; et comme elles démontraient évidemment qu'il n'avait pu éviter la guerre, la plus injuste dont on eût encore vu d'exemple, la nation prit fait et cause, elle se serra autour de son chef, et lui prodigua tous les moyens nécessaires pour sortir victorieux d'une lutte qu'il n'avait pas provoquée.

Les grandes villes votèrent les fonds nécessaires pour établir des vaisseaux de guerre, qui furent construits, armés, et prirent chacun le nom des lieux qui en avaient fait les frais. Ces libéralités patriotiques soulagèrent le trésor public, et accrurent les moyens de réorganisation qu'il avait déjà.

Ce fut à cette époque que l'on adopta le mode de recrutement qui fut consacré sous le nom de conscription. Le premier consul en avait, quelque temps auparavant, fait discuter le projet au conseil d'État; mais la paix régnait, il ne l'avait pas fait convertir en loi. Les choses étaient changées aujourd'hui, les besoins urgens. Le décret fut rendu, et l'armée vit accourir dans ses rangs des hommes jeunes, vigoureux, accoutumés aux travaux rustiques et capables de supporter les fatigues du soldat.

Les provocations à la guerre avaient imposé la nécessité d'adopter cette mesure. D'ailleurs, la conscription n'a pas diminué la population : elle a donné au peuple le sentiment de sa dignité. Les décorations, les grades, les places accordées aux soldats ont fait de la masse du peuple un peuple nouveau. Quels qu'aient été toutefois les avantages que la nation pouvait en tirer, je dois admettre qu'on a été forcé d'abuser de ce moyen; et que, s'il eût été ménagé davantage, il eût sauvé la France d'une invasion.

On remonta la cavalerie, l'artillerie; tout se mit à la guerre. La troupe manœuvrait, les officiers dressaient des plans. Chaque jour, le premier consul recevait des foules de projets sur les moyens d'attaquer l'Angleterre. Il les parcourait, n'en adoptait aucun; il ne jugeait pas qu'il fût temps. Enfin tout étant prêt, il résolut de porter les premiers coups. Il mit en mouvement une partie des troupes qui étaient stationnées sur le Bas-Rhin, et les dirigea vers le Hanovre, une des possessions du roi d'Angleterre. Il confia la conduite de cette expédition au général Mortier, qui était alors commandant de la première division militaire (Paris). L'armée hanovrienne se retira à notre approche, occupa successivement les diverses positions que le terrain présentait; mais elle était hors d'état de nous tenir tête : elle accepta les propositions du général Mortier, mit bas les armes et se dissipa.

Le pays fut alors paisible, et nous fournit une immense quantité de chevaux. La cavalerie s'y reforma. Les régimens qui étaient en France allaient en remonte en Hanovre, comme ils allaient auparavant en Normandie. On y trouva une artillerie qui aurait suffi à un grand État. Cette conquête nous fut, en un mot, d'un secours inappréciable pour tout ce qui était nécessaire à la recomposition du matériel de l'armée.

Depuis que le premier consul était à la tête des affaires, il n'avait pu exécuter le projet qu'il avait formé de visiter la Belgique; il se décida à tenter cette excursion l'été qui suivit la rupture avec l'Angleterre. Il profita de l'occasion pour parcourir la côte et voir les ports qu'elle renferme.

Je fus au nombre de ceux qui furent désignés pour l'accompagner. Il partit de Saint-Cloud avec madame Bonaparte, qui avait désiré être du voyage, et fut dîner à Compiègne, qu'il n'avait pas encore vu. Il visita le château. L'école des arts et métiers y était établie. Les appartemens de ce beau palais avaient été transformés en ateliers de toutes les professions. Ils renfermaient des enclumes, des soufflets, des forges, des tables de menuisiers, des établis de tailleurs, de cordonniers, et ne présentaient pas vestige de leur ancienne destination. Les glaces, les marbres, les parquets et les boiseries avaient été enlevés; il ne restait que les murs et les plafonds. La seule pièce qui ne fût pas marquée par quelque dégât était le vestibule en haut du grand escalier. Ce fut aussi la seule où l'on pût lui servir à dîner.

Le premier consul ne fut pas maître du mouvement d'humeur que lui causa l'état de dégradation où se trouvait un si bel édifice : il écrivit le même jour au ministre de l'intérieur de lui présenter un projet pour transporter ailleurs l'école, qui ne tarda pas en effet à être transférée à Châlons. Il fit travailler immédiatement aux réparations les plus urgentes, et petit à petit ce vaste amas de décombres redevint le magnifique palais que l'on voit aujourd'hui. De Compiègne il alla coucher à Amiens, dont la population le reçut avec un enthousiasme qui tenait du délire. Il passa plusieurs jours dans cette ville, dont il voulut voir tous les établissemens, toutes les fabriques, où il ne se rendait qu'accompagné de MM. Monge, Chaptal et Berthollet.

Il se remit en route ; il prit par Montreuil, Étaples, Boulogne, Ambleteuse, Vimereux, Calais et Gravelines, et arriva à Dunkerque, où il rejoignit madame Bonaparte, qui était venue d'Amiens par Arras et Saint-Omer.

Il avait envoyé d'avance des chevaux de selle sur les divers points qu'il parcourait, et avait fait donner ordre aux plus habiles ingénieurs, tant des ponts-et-chaussées que de la marine, qui se trouvaient dans ces stations, de se joindre à sa suite. Il parcourut la côte avec ce cortége, en épuisant de questions toutes les personnes d'art qu'il rencontrait sur son passage. Ses idées furent bientôt arrêtées sur la plupart des projets dont elles l'avaient entretenu. Il leur ordonna de le suivre à Dunkerque, où il les discuta avec elles, et acheva de les asseoir. De Dunkerque il se rendit à Lille, de Lille à Bruges, et de Bruges à Ostende, où étaient encore allés l'attendre les ingénieurs. D'Ostende il alla visiter Blankenberg, puis revint à Bruges et de là à Gand, puis à Anvers.

La reconnaissance qu'il fit faire de cette dernière ville fut complète. On mit de suite la main à l'œuvre pour commencer ces prodigieux travaux, dont on ne peut pas se faire d'idée quand on n'a pas vu l'état où était alors Anvers. Le premier consul faisait une foule de remarques dans ces courses, et chaque jour il réunissait les personnes qui l'avaient accompagné pour les discuter avec elles. Il rassemblait ensuite ses idées, écrivait aux ministres, et se couchait rarement avant de leur avoir transmis les observations qu'il avait faites sur des objets qui avaient rapport à leurs départemens.

Il fit discuter dans un conseil de marine les

ressources qu'il avait à opposer aux Anglais, et il se convainquit que celles dont il pouvait immédiatement disposer étaient tout-à-fait insuffisantes. Le conseil convint unanimement que la flotte de haut-bord n'offrait aucune chance de succès. Elle avait besoin d'être créée, exercée, et pouvait être détruite avant qu'elle fût en état de combattre. En conséquence, le seul moyen d'égaliser la partie était de tenter la descente, parce qu'une fois à terre, nous combattrions avec des élémens supérieurs à ceux que les Anglais pourraient nous opposer. Mais pour la descente il fallait une flottille. Elle n'existait pas, il est vrai; mais nous avions des matériaux, et d'ailleurs elle en exigeait moins que n'en demandaient les vaisseaux. Le ministre Decrès, qui assistait au conseil, augurait mal de ce projet; il observait que, si nous construisions une flottille, les Anglais, de leur côté, en établiraient une avec laquelle ils viendraient au-devant de nous. L'amiral Bruix répondit à cela que ce serait avoir beaucoup fait, que de les amener à ce point, car alors ils seraient obligés de désarmer leur flotte pour armer leur flottille. Leurs moyens de recrutement n'étaient pas en effet aussi étendus à cette époque qu'ils le sont devenus depuis : les matelots des pays maritimes que nous avons successivement occupés n'étaient pas encore obligés d'aller servir sur leurs flottes pour exister. L'avis de Bruix l'emporta, et la descente fut résolue.

Le premier consul s'occupa aussitôt de la construction de sa flottille; il donna aux ingénieurs des ponts-et-chaussées l'ordre de lui faire les plans ainsi que les devis des travaux qui les concernaient, et demanda à ceux de la marine les modèles des bâtimens les plus propres à la nature de l'entreprise : il leur assigna aux uns et aux autres une époque à laquelle ils devaient lui apporter le résultat de leurs méditations. Il partit ensuite pour Bruxelles, où il se rendait pour la première fois; il y entra à cheval, en cortége, et accompagné de ses gardes. Sa présence répandit une sorte de délire dans toutes les classes de la population. Le pauvre comme le riche, le soldat comme le citoyen, l'ami des lois, le partisan d'une liberté sage, chacun voulait le voir, lui témoigner par ses acclamations la reconnaissance qu'il lui portait.

Le premier consul resta plusieurs jours dans cette ville, où il reçut des fêtes de toute espèce; il se rendit ensuite à Maestricht, puis revenant par Liége, Givet, Mézières, Sedan, Reims, Soissons, il gagna Paris.

Il ne traversa pas dans ce voyage une ville qui cultivât quelque branche d'industrie sans visiter ses ateliers, ses manufactures : M. Chaptal ne lui en laissait pas échapper une; il paraissait d'ailleurs lui-même y avoir pris goût, et regretta vivement d'être obligé de détourner son attention de cette source de prospérité nationale pour la porter ailleurs.

Il n'était de retour que depuis peu de temps, lorsqu'il reçut les plans, les devis, qu'il avait demandés au génie; il les fit discuter, et arrêta définitivement la construction d'une immense quantité de chaloupes-canonnières, de bateaux plats et autres plus petites embarcations. Les grandes villes avaient voté la construction d'un vaisseau de haut-bord; celles qui étaient moins riches, moins populeuses, offrirent des chaloupes-canonnières, les autres des bateaux plats. Leurs offres furent acceptées, et pour que ces constructions allassent promptement, ne nuisissent pas à celles de haut-bord qui étaient sur les chantiers, on les plaça sur les bords des rivières navigables, où l'on assembla les charpentiers et autres ouvriers du voisinage sous la direction des ingénieurs que la marine avait envoyés pour conduire les travaux.

C'est ainsi que l'on vit les bords des rivières qui portent leurs eaux à l'Océan, se couvrir de chantiers de construction. On employait les matériaux et les hommes du pays; on laissait par conséquent sur les lieux l'argent qu'il aurait fallu en tirer pour exécuter les chaloupes qu'ils avaient votées. La Hollande fournit aussi sa flottille, qui se réunit d'abord à Flessingue; elle était composée comme la flottille française, et commandée par le vice-amiral Verhuel, marin plein de résolution et de talent, et qui l'emmena, à travers mille obstacles, de Flessingue à Ostende, d'Ostende à Dunkerque, à Calais et Ambleteuse.

FIN DU PREMIER VOLUME.

# TABLE DES MATIÈRES

CONTENUES

DANS LE PREMIER VOLUME.

## CHAPITRE PREMIER.

Entrée au service, *page* 2. — Les représentans du peuple aux armées, 4. — Exécution de M. de Tosia, 6. — Je suis en danger d'être arrêté comme royaliste, 7. — Premiers faits d'armes, 8. — Intelligences de Pichegru avec le prince de Condé, 10. — Périlleuse mission à l'armée de Sambre-et-Meuse, 12. — Pichegru, soupçonné, est remplacé par Moreau, 14. — Je suis nommé chef de bataillon au passage du Rhin, 15. — Cessation des hostilités après les préliminaires de Léoben, 19. — Aide-de-camp du général Desaix, je l'accompagne à Paris, 20.

## CHAPITRE II.

Retour du général Bonaparte à Paris, 23. — Réception que lui fait le Directoire, 24. — Sa nomination à l'Institut, 25. — Faux projet de descente en Angleterre, 28. — Mission secrète du général Desaix en Italie, 32. — Préparatifs pour l'expédition d'Égypte, 34. — Bernadotte à Vienne, 36. — Port de Civitta-Vecchia, 38. — Forçats, 39. — Départ pour l'Égypte, 40.

## CHAPITRE III.

Arrivée devant Malte, 41. — Réunion de la flotte, 44. — Attaque de la place, 45.—Capitulation de l'Ordre, 46. — Rencontre de nuit avec la flotte anglaise, 51. — Arrivée à Alexandrie, 52. — Débarquement, 53. — Le commandement de l'avant-garde m'est confié, *ibid.* — Expédient pour débarquer les chevaux, 54. — Attaque et prise d'Alexandrie, 56. — Première marche dans le désert, 59.—Rencontre d'une femme arabe, 62.

## CHAPITRE IV.

El-Kaffer, 66. — Première rencontre des Arabes, *ibid.* — Nouvelle monnaie imaginée par les soldats, 70. — — Damanhour, 71. — Danger que court le quartier-général, 73.— Arrivée au Nil, 74. — Ordre de marche dans le désert, 77. — Galériens en Égypte, 79. — Mamelouks, 80. — Combat sur le Nil, 81. — Bataille des Pyramides, 84. — Prise du Caire, 87.

## CHAPITRE V.

Mécontentement des troupes, 89.—Citadelle du Caire, 90. — Pyramides, 92. — Bataille navale d'Aboukir, 96.— Créations d'établissemens de tout genre, 99.

## CHAPITRE VI.

Expédition de Desaix dans la Haute-Égypte, 102. —Combat de Sédiman, 105. — Province de Faïoum, 106.— Faoué, 108.—Lac Mœris, 109.—Ville des morts, 113. — Tentative de Mourad-Bey après l'insurrection du Caire, 116.

## CHAPITRE VII.

Voyage de Desaix au Caire, 119. — Nouvelle expédition dans la Haute-Égypte à la poursuite de Mourad-Bey, 121. — M. Denon, *ibid.* — Le fils du roi de Darfour, 123. — Singulière maladie d'un Turc, 127. — Histoire de Mourad-Bey et d'Hassan-Bey, 130.

## CHAPITRE VIII.

Bataille de Samanhout, 134. — Tentira, 135. — Ruines de Thèbes, 136. — Sienne, 139. — Cataractes, 141. — Projet du pacha d'Égypte, 142. — Radeaux de poterie, 143. — Impôt du miri; moyens employés pour le lever, 146.

## CHAPITRE IX.

Organisation de la Haute-Égypte, 148. — Nouvelles de France, 149. — Le général Bonaparte à l'isthme de Suez, 151. — Danger qu'il court, 152. — Jaffa, 154. — Massacre des prisonniers, *ibid.* — Les Druzes et les Mutualis, 155. — Leur députation au général Bonaparte, 156.

## CHAPITRE X.

Prise par les Anglais d'un convoi expédié pour Saint-Jean-d'Acre, 159. — Siége de Saint-Jean-d'Acre, *ibid.* — Retraite, 161. — Le général Bonaparte à l'hôpital des pestiférés de Jaffa, 162. — Débarquement de l'armée turque, 167. — Bataille d'Aboukir, 168.

## CHAPITRE XI.

Perte de plusieurs officiers distingués, 172. — Ouvertures de Sidney Smith, 173. — Nouvelles désastreuses de France, 174. — Le général Bonaparte se dispose à quitter l'Égypte, 181 ; son départ, 182.

## CHAPITRE XII.

Disposition des esprits après le départ du général Bonaparte, 184. — Kléber, 186. — Négociations avec le visir, 194. — Belle conduite du général Verdier, 197. — J'accompagne le général Desaix à bord du *Tigre*, 200. — Armistice, 202.

## CHAPITRE XIII.

Le général Desaix et M. Poussielgue au camp du visir, 204. — Le général Desaix m'envoie vers le général Kléber, 207. — Adhésion du général Kléber au traité, 208. — Opposition du général Davout, 209. — Traité d'El-Arich, 212. — On reçoit la nouvelle des événemens du 18 brumaire, 213. — Arrivée de M. Victor de Latour-Maubourg, 216. — Départ du général Desaix pour la France, 219. — Nous sommes faits prisonniers et conduits à Livourne, 222. — Notre arrivée en France, *ibid*.

## CHAPITRE XIV.

Navigation du général Bonaparte, 224. — Arrivée à Ajaccio, *ibid*. — Les frégates se trouvent en vue de la croisière anglaise, 226. — Débarquement à Fréjus, 227. — Sensation que fait à Lyon l'arrivée du général Bonaparte, *ibid*. — Arrivée à Paris, 228. — Situation des affaires, 229.

## CHAPITRE XV.

Création du consulat, 242. — Bonaparte est nommé premier consul, 243. — Cambacérès, *ibid.* — Lebrun, *ibid.* Changemens opérés dans la marche des affaires, 244. — Composition du ministère, 245. — Les chefs vendéens à Paris, 246. — Pacification de la Vendée, 247. — Georges Cadoudal, 248.

## CHAPITRE XVI.

Formation d'un camp de réserve à Dijon, 251. — M. Necker, 253. — Passage du mont Saint-Bernard, *ibid.* — Fort de Bard, 255. — Arrivée du premier consul à Milan, 257. — Combat de Montebello, 260. — Le général Desaix rejoint le premier consul, 261.

## CHAPITRE XVII.

Mélas arrive à Alexandrie, 263. — Le premier consul craint qu'il ne lui échappe par la route de Novi, 264. — Bataille de Marengo, 270; elle est perdue jusqu'à quatre heures, 273. — Dispositions qui rétablissent les affaires, 275. — Mort de Desaix, 276. — L'armée autrichienne se retire sur l'Adige, 282.

## CHAPITRE XVIII.

Je suis nommé aide-de-camp du premier consul, 285. — Il repasse en France, 286. — Ivresse des Dijonnaises, 287. — Le maître de poste de Montereau, 289. — Fêtes de la capitale, 290. — Carnot, 291. — Causes de son renvoi, *ibid.* — Créations de tout genre, 293.

## CHAPITRE XIX.

Mission pour l'Italie, 295.—Passage du mont Cenis, *ibid.* — Les paysans savoyards, 296. — Brune succède à Masséna, 298. — L'Autriche refuse des passe-ports au général Duroc, 301. — Cette puissance cède les trois places de Philisbourg, Ingolstadt et Ulm, *ibid.* — Négociations, 302. — Préliminaires de paix, 303.

## CHAPITRE XX.

Translation des restes de Turenne, 314. — Cérémonie aux Invalides, *ibid.* — L'armistice est dénoncé, 316. — Bataille de Hohenlinden, *ibid.* — Joseph Bonaparte envoyé à Lunéville, *ibid.* — Le général Clarke, 317. — Canal de Saint-Quentin, 319.—La paix est conclue, 329. — Renvoi des prisonniers russes, 322.

## CHAPITRE XXI.

Paix de Lunéville, 325. — État de l'Europe, 326. — Négociations avec l'Angleterre, 327.

## CHAPITRE XXII.

Enlèvement de M. Clément de Ris, 336. — Le premier consul m'envoie à Tours à ce sujet, 337. — Indices divers, 338. — M. Clément de Ris est rendu à sa famille, 340. — Nouvelles d'Égypte, 341. — Préparatifs pour une nouvelle expédition, 342. — Le premier consul m'envoie à Brest pour en presser le départ, 343. — Le général Sahuguet, 344.—Machine infernale, 346.

## CHAPITRE XXIII.

Retour inattendu de l'escadre de l'amiral Gantheaume à Toulon, 353. — Le premier consul ordonne une seconde expédition, 355. — Je suis envoyé à Rochefort, *ibid*. — Misérable état de la Vendée, 357. — Instructions du premier consul, 358. — Le roi d'Étrurie, 363. — Madame de Montesson, 365.

## CHAPITRE XXIV.

Assassinat du général Kléber, 367. — Regrets du premier consul, 368. — Le général Menou prend le commandement en chef, 369. — Arrivée de l'armée anglaise commandée par Abercrombie, 370. — Bataille d'Alexandrie, 372. — Capitulation du général Belliard au Caire, 376. — Capitulation de Menou, 377. — Retour de l'armée d'Égypte, 378.

## CHAPITRE XXV.

Améliorations intérieures, 379. — Lettre de Macdonald, 380. — Préliminaires de paix, 383.

## CHAPITRE XXVI.

Congrès de Ratisbonne, 386. — Lord Cornwallis, 388. — Négociations d'Amiens, 389. — Communications au sujet des affaires d'Italie, 392.

## CHAPITRE XXVII.

Fox à Paris, 398. — La consulte s'assemble à Lyon, 399. — Elle défère la présidence au général Bonaparte, 401. — M. de Melzi, vice-président, 402. — Mariage de

Louis Bonaparte, 402. — Paix d'Amiens, 404. — Expédition de Saint-Domingue, 406. — Défaite et soumission de Toussaint-Louverture, 409. — Enlèvement de Toussaint-Louverture, 412. — Détails sur ce chef, 413. — Mort du général Leclerc, 414. — Le général Rochambeau prend le commandement, *ibid.* — Les noirs s'insurgent de nouveau, 415. — Cruautés commises sur eux, 416.

## CHAPITRE XXVIII.

Détails intérieurs, 418. — M. de Bourrienne, *ibid.* — Moyens employés pour le perdre, 420. — Tournée du premier consul dans quelques départemens, 422. — M. de Menneval, 421.—Discussions ecclésiastiques, 423. — Concordat, 426.

## CHAPITRE XXIX.

Mécontentement de quelques généraux, 428. — Bernadotte, 429. — Scène chez le général Davoût, 433.

## CHAPITRE XXX.

Discussions du Code civil, 438. — Tribunat, 440. — Exposition des produits de l'industrie, 441. — Canal de l'Ourcq, 444.

## CHAPITRE XXXI.

Suppression du ministère de la police, 447. — Le général Rapp, 449. — Médiation helvétique, *ibid.* — Intérieur des Tuileries, 451. — Anecdote, 454.

## CHAPITRE XXXII.

Première réception de la cour consulaire, 455. — Vive allocution du premier consul à l'ambassadeur anglais, 457.—Calculs et espérances de l'Angleterre, 458.

## CHAPITRE XXXIII.

Situation de l'armée, 465. — Le général Marmont, 466. — Dons patriotiques, 468. — Conscription, 470. — Occupation du Hanovre, 472. — Voyage de Napoléon en Belgique, 474. — La descente en Angleterre est arrêtée, 476.

FIN DE LA TABLE DES MATIÈRES DU PREMIER VOLUME.

www.ingramcontent.com/pod-product-compliance
Lightning Source LLC
Chambersburg PA
CBHW071619230426
43669CB00012B/1999